高等学校"十三五"规划教材

西安电子科技大学立项教材

商务网站设计与开发

（HTML5、ASP.NET 版）

温浩宇　编著

西安电子科技大学出版社

内 容 简 介

本教材系统地介绍了基于 HTML5 与 JSP 进行网站开发所需的基础知识和技术，用简洁、清晰的语言讲解了网站开发的前台技术和后台技术。

本教材共分 18 章，内容包括 Web 技术概述，HTML 元素，层叠样式表——CSS，脚本语言——JavaScript，XML 技术基础，.NET 技术概述，C#语言速览，Web 服务器端程序运行机制，ASP.NET 程序结构与执行过程，基本 Web 服务器控件，ASP.NET 请求、响应及页生命周期，ASP.NET 状态管理，微型项目实例——单位换算器，数据库应用开发基础，数据库应用的可视化开发，数据库应用开发实例，网站部署，其他网站开发技术及网站推广技术。为方便读者学习，每一章都给出了学习提示，以帮助读者理解本章的内容及其在网站开发过程中的作用。此外，每章均给出了课后思考题，便于教师对学生的学习情况进行考查；第 16 章给出了一个完整的客户管理网站的开发过程及相应的代码，通过案例驱动的教学方法，帮助读者构建完整的知识结构。

本教材可作为高等学校计算机、信息管理及电子商务等相关专业网站设计与开发的实训教程，也可供广大软件开发爱好者自学使用。

图书在版编目（CIP）数据

商务网站设计与开发（HTML5、ASP.NET 版）/温浩宇编著. — 西安：西安电子科技大学出版社, 2016.12
高等学校 "十三五" 规划教材

ISBN 978-7-5606-4312-0

Ⅰ. ① 商… Ⅱ. ① 温… Ⅲ. ①电子商务—网站—高等学校—教材 ②超文本标记语言—程序设计—高等学校—教材 ③网页制作工具—程序设计—高等学校—教材 Ⅳ. ①F713.36 ②TP312 ③TP393.092

中国版本图书馆 CIP 数据核字（2016）第 279008 号

策划编辑　李惠萍
责任编辑　唐小玉　阎　彬
出版发行　西安电子科技大学出版社（西安市太白南路 2 号）
电　　话　（029）88242885　88201467　　　　邮　　编　710071
网　　址　www.xduph.com　　　　　　电子邮箱　xdupfxb001@163.com
经　　销　新华书店
印刷单位　陕西天意印务有限责任公司
版　　次　2016 年 12 月第 1 版　　2016 年 12 月第 1 次印刷
开　　本　787 毫米×1092 毫米　1/16　　　　印　张　21.5
字　　数　514 千字
印　　数　1～3000 册
定　　价　40.00 元

ISBN 978-7-5606-4312-0/F

XDUP　4604001-1

＊＊＊＊＊ 如有印装问题可调换 ＊＊＊＊＊

前　言

　　随着互联网、云计算、物联网等热门技术的不断成熟，越来越多的软件开发者希望对网站开发技术进行深入系统的学习，进而成为技术市场上炙手可热的人才。但对于有兴趣学习 Web 技术的开发者而言，不断涌现的开发工具、程序设计语言和设计框架(有很多也是昙花一现)让人眼花缭乱，无所适从，很多网站开发的初学者徘徊在 JSP、PHP、ASP.NET 等技术之间，不知该从何学起。

　　本教材的作者从事网站开发和相关教学工作十多年，目睹了大量 Web 技术像走马灯一样快速流行，瞬间过时。在指导本科生和研究生的过程中，作者一直在思考究竟什么样的学习路径可以让开发者快速、系统地掌握 Web 开发技术。通过大量实践，在比较了 JSP、PHP、ASP.NET 等多种开发技术后，作者逐渐总结出了一些基本规律。

　　➤ PHP 技术：这是网站开发者最热衷的技术之一。它的特点就是"快"，学起来快，开发过程也快。如此说来 PHP 技术似乎是网站开发的不二法门，但快是有代价的，比如语言过于灵活，对代码的约束较少，程序员容易在不知不觉中写出错误代码。当然，在进行小型网站的开发过程中，这些缺点可能并不会带来严重的问题。但对于初学者而言，一个太容易上手的技术，往往会让开发者忽略了系统底层的运行机理。应该说，这本身并不是 PHP 的错，而是由于初学者在使用 PHP 开发小型网站时不必充分理解 Web 系统的运行机理。所以，"易学易用"本身就是一把双刃剑。

　　➤ JSP 技术：该技术需要开发者首先掌握 Java 程序设计技术，然后从最简单的"Hello World"程序开始学起。由于基本的 JSP 网站开发需要程序员书写大量代码，所以开发效率较低，学习过程较长。但这一缺点带来的好处是开发者可以逐渐掌握网站的运行机理，包括 Web 服务器的工作方式和浏览器对 HTML 的解析方式，进而构建出完整的网站开发知识结构。当然，在很好地掌握基本的 JSP 开发技术之后，可以进一步学习使用多种基于 Java 的开发框架，从而有效地提高开发效率。

　　➤ ASP.NET 技术：沿袭微软公司开发工具的一贯风格，基于 ASP.NET 技术的网站开发提供了"拖拖拽拽"的可视化开发工具，这种开发模式不仅可以让初学者很快掌握 Web 开发的大多数技术，而且也会大大提高资深程序员的工作效率。不得不承认，开发速度是软件公司生存的重要基础之一。但与 PHP 的情况类似，易于掌握的开发技术往往会让初学者忽略了本该了解的可视化背后的机理。我们看到许多自认为已经充分掌握 ASP.NET 网站设计技术的开发者在被问到"session 的运行机理是什么"或者"Cookie 是如何保存客户数据的"这类问题时，居然连问题都听不懂，这是多么尴尬啊！再次说明，这不是 ASP.NET 的错，而是学习的快车道让初学者太快体会到成功的喜悦，以至于根本无暇欣赏沿途的风景。

总结上述分析，作者建议初学者从 JSP 学起，在充分掌握 Web 运行机理和开发思路的基础上，再学习 ASP.NET、PHP 或基于 Java 的开发框架。扎实的基础将让开发者走得更远，且越走越快。但是，如果初学者选择直接学习 ASP.NET 技术，则应当特别重视其中的 Web 运行机理部分。在对非可视化代码编写有了较好的掌握后，再学习基于可视化的设计和开发，这也是本教材的章节安排思路。这样既能深刻理解相关知识，又可以通过可视化的开发方式提高开发效率。

任何教材都无法与网站开发技术的飞速发展相同步，本教材也不能例外。为了给读者提供进一步学习的思路，本教材提供了多个完整的开发实例，并对开发大型而复杂的网站时需要的设计框架进行了介绍。

温浩宇老师编写了本教材的主要内容，一些研究生也参与了编写：朱艳洁参与编写了第 2 章和相关的实例；程栋参与编写了第 4 章的实例；刘芬芳、孙策、李京京、陈玉兆、梁承希、杨璐、姚香秀、刘巧莉、王珺泽、张颖、王若雨等参与了程序实例的编写、修改和测试。值得一提的是，许多参与本教材编写的优秀研究生毕业后即进入了著名的 IT 公司工作，他们的成功经历也将激励着同学们认真、系统地学习 Web 网站的开发技术。

衷心感谢在本教材编写过程中提供帮助的同事和学生，同时也衷心感谢西安电子科技大学出版社的编辑和相关工作人员对本教材的大力支持！

Web 网站开发技术日新月异，同时作者水平有限，书中难免存在不足之处，敬请各位读者批评指正。

温浩宇
2016 年 8 月 1 日

目　录

第 1 章　Web 技术概述

学习提示

随着社会的发展，互联网在人类生活中越来越重要，云计算、物联网等热门技术也不断成熟，越来越多的软件开发者希望对网站开发技术深入系统地学习，进而成为技术市场上炙手可热的人才。但对于有兴趣学习 Web 技术的开发者而言，不断涌现的开发工具、程序设计语言和设计框架(有很多也是昙花一现)让人眼花缭乱，无所适从。

本章将从 Web 的历史开始介绍，通过讨论 B/S 架构和最基本的 HTML 文档结构，逐渐搭建稳健的 Web 开发技术知识大厦。

1.1　Web 系统简介

1980 年，瑞士日内瓦欧洲核子研究中心的软件工程师蒂姆·伯纳斯·李(Tim Berners-Lee)遇到了一个许多人都经常碰到的问题：工作过程中，他需要频繁地与世界各地的科学家们沟通联系、交换数据，还要不断地回答一些问题，这些重复而繁琐的过程实在令他烦恼。他希望能够有一种工具，让大家可以通过计算机网络快捷地访问其他人的信息和数据。于是他开始在业余时间编写一个软件程序，利用一系列标签描述出信息的内容和表现形式，再通过链接把这些文件串起来，让世界各地的人们能够轻松共享相关信息。蒂姆·伯纳斯·李将这种系统命名为 "World Wide Web"。1990 年 11 月，第一个 Web 服务器 nxoc01.cern.ch 开始运行。

1993 年，美国伊利诺伊州伊利诺伊大学的马克·安德森(Marc Andreessen)与同事们一起开发出了第一个支持图文并茂地展示网页的 Web 浏览器——Mosaic 浏览器，并成立了网景公司(Netscape Communication Corp.)。Mosaic 浏览器的界面如图 1-1 所示。

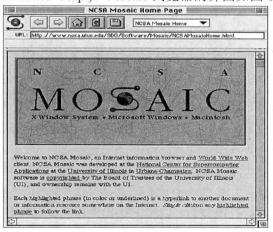

图 1-1　Mosaic 浏览器的界面

1994 年 10 月，蒂姆·伯纳斯·李联合 CERN(欧洲核子研究组织，European Organization for Nuclear Research)、DARPA(美国国防部先进研究项目局，Defense Advanced Research Projects Agency)和欧盟成立了 Web 的核心技术机构——W3C(World Wide Web Consortium，万维网联盟)。从此之后，Web 的每一步发展都离不开 W3C 的努力。W3C 的会员(大约 500 名会员)包括软、硬件产品及服务提供商、内容供应商、团体用户、研究机构、标准制定机构和政府部门，该组织已成为专门致力于创建 Web 相关技术标准并促进 Web 向更深、更广发展的国际组织。

从技术方面看，Web 通过超文本标记语言(HyperText Markup Language，简称 HTML)实现信息与信息的连接，通过统一资源标识符(Uniform Resource Identifier, 简称 URI)实现全球信息的精确定位，通过超文本传输协议(HyperText Transfer Protocol，简称 HTTP)实现信息在互联网中的传输。

作为一种典型的分布式应用架构，Web 应用中的每一次信息交换都要涉及客户端和服务端两个层面。因此，Web 开发技术大体上也可以被分为客户端技术和服务端技术两大类。Web 客户端的主要任务是采用 HTML 语言及其相关技术(包括 CSS 和 JavaScript 等)获取用户的输入并根据用户的访问需求展现信息内容，Web 服务器端的主要任务是按照用户的输入和需求搜索相关数据，并组成完整的 HTML 文档传输给客户端。

近年来，随着 Web 应用需求的不断增加，Web 的开发技术也飞速发展，出现了大量的 Web 开发工具、程序库和框架。面对这些纷繁复杂的技术，如何选择学习的入口，如何掌握技术发展的趋势，如何应对大型的 Web 开发项目，这些问题的解决都需要从理论和技术的基础出发，通过恰当的案例实践，逐步找到知识的脉络和规律。扎实的理论和技术基础不仅可以帮助我们进行 Web 的开发，而且有利于在实践中不断学习、掌握与应用新的理论和技术，形成可持续发展的知识结构。

1.2　B/S 结构和 Web 应用程序

基于 Web 服务器和浏览器共同构建的软件系统称为浏览器/服务器体系结构(Browser/Server architecture，简称 B/S 结构)，它是对传统客户机/服务器体系结构(Client/Server architecture，简称 C/S 结构)的一种变化或者改进的结构。

Web 应用程序(Web Application)是指在 B/S 结构中，通过浏览器访问的、在 Web 服务器端运行的应用程序。用户只需要具有浏览器、网站地址和权限就可以访问 Web 应用程序。与 Web 应用程序相对应的是传统 C/S 结构中的桌面应用程序(Desktop Application)，它需要在客户端进行安装和运行。

电子邮件应用就是一个典型的例子。我们可以通过特定的桌面应用程序(比如 Outlook、Foxmail 等)收发信件或管理邮箱，也可以只通过浏览器直接访问电子邮件服务网站(比如 mail.139.com 或 mail.google.com 等)。

可以看出，传统 C/S 结构中的客户机并不是毫无运算能力的输入、输出设备，而是具有了一定的数据存储和数据处理能力，通过把应用软件的计算和数据合理地分配在客户机和服务器两端，有效地降低了网络通信量和服务器运算量。而在 B/S 结构下，用户界面完全通过 Web 浏览器实现，一部分事务逻辑在浏览器端(有时称为前端)实现，主要事务逻辑在服务器端(有时称为后端)实现。

　　Web 应用程序利用了不断成熟的 WWW 浏览器技术，结合在浏览器端运行 JavaScript 程序的能力，在通用浏览器上实现了原来需要复杂专用软件才能实现的强大功能。B/S 结构相对于传统的 C/S 结构更加适合开发多层架构的系统，其系统结构图如图 1-2 所示。

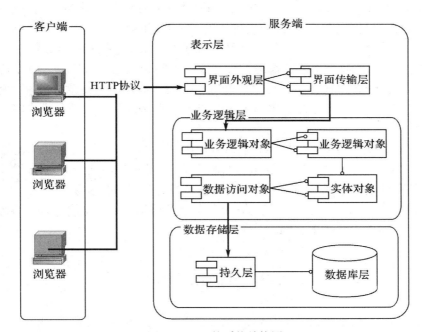

图 1-2　B/S 的系统结构图

　　B/S 结构相对于传统 C/S 结构是个巨大的进步。在搭建信息系统时，两者也体现出了明显的不同之处：

　　(1) 硬件环境不同。传统的 C/S 一般建立在专用的网络上，局域网之间再通过专门的服务器提供连接和数据交换服务。而 B/S 则建立在广域网之上，无需专门的网络硬件环境。

　　(2) 对安全要求不同。传统的 C/S 一般面向相对固定的用户群，对信息安全的控制能力很强，一般高度机密的信息系统采用 C/S 结构比较适宜。而 B/S 通常建立在广域网之上，对安全的控制能力相对较弱，面向的是不可知的用户群。因此，B/S 更适合发布各种公开信息。

　　(3) 对系统架构不同。传统的 C/S 结构更加注重流程，可以对权限进行多层次校验。而 B/S 系统所依托的 HTTP 协议缺少对流程、状态等方面的管理，因此在实际的 B/S 系统开发中需要采用更加优化的开发和运行平台，包括微软的 .NET 平台或 JavaEE 平台等。

　　(4) 系统维护不同。传统的 C/S 结构意味着必须在用户的计算机中安装特定的客户端软件。如果系统出现了问题或者需要对系统进行升级，就必须在每一个客户端计算机上进行操作。而 B/S 结构的维护和升级都发生在服务器端。

　　(5) 处理问题不同。传统的 C/S 结构适合对大量数据进行批量的增、删、改操作，尤其适合对数据库中的数据进行管理。而 B/S 结构适合面向不同的用户群，接受用户数据的汇集和用户对数据库的各种查询。

(6) 用户接口不同。传统的 C/S 结构的前台多建立在 Windows 平台上，客户端软件对操作系统有特定的要求，跨平台性较差。而 B/S 的前台建立在浏览器上，对操作系统没有特别的要求，一般只要有操作系统和浏览器就行，具有良好的跨平台性。因此，云计算或软件即服务(SaaS)的系统大多基于 B/S 结构建立。

(7) 投入成本构成不同。传统的 C/S 结构的软件随着应用范围的扩大，投资会连绵不绝，不利于软件项目控制和 IT 黑洞的避免，系统总拥有成本(Total Cost of Ownership,TCO)较高。而 B/S 结构软件一般只有初期一次性投入成本，系统总拥有成本较低。

(8) 系统规模的扩展性不同。快速扩张是成长中的企业的显著特点。对于传统的 C/S 结构软件来讲，由于必须到处安装服务器和客户端、招聘专业 IT 支持人员等，所以无法适应企业快速扩张的特点。而 B/S 结构软件一次即可安装成功，以后只需设立账号、进行人员培训即可。

总之，信息系统中的数据维护部分较适合使用 C/S 结构，而信息系统中的数据查询部分较适合使用 B/S 结构。当然，系统结构的选择是由多种因素决定的，系统设计人员需要根据系统的软硬件基础和用户的需求，结合业务特点选择适合的体系结构。

本教材将围绕 Web 应用程序开发的各个环节展开讨论，为开发基于 B/S 结构的信息系统打下较为坚实的理论和技术基础。

1.3　HTML 简介

无疑，HTML 是目前使用最为广泛的超文本语言，其历史可追溯到 20 世纪 40 年代。1945 年，美国科学家范内瓦·布什(Vannevar Bush，著名的曼哈顿计划的组织者和领导者)在一篇论文中描述了一种被称为 MEMEX 的机器，其中已经有了超文本和超链接的概念。美国发明家道格拉斯·恩格尔巴特(Douglas Engelbart，鼠标的发明者)等人则在 1960 年前后对信息关联技术做了最早的实验。与此同时，美国计算机学家泰德·尼尔森(Ted Nelson)正式将这种信息关联技术命名为超文本(HyperText)技术。随后在 1969 年，查尔斯·F·戈德法布(Charles F. Goldfarb)博士带领 IBM 公司的一个小组开发出了通用标记语言(Generalized Markup Language，简称 GML)，并在 1978 到 1986 年间，将 GML 语言进一步发展成为了著名的标准通用标记语言(Standard Generalized Markup Language，简称 SGML)。当美国计算机科学家蒂姆·伯纳斯·李和他的同事们在 1989 年试图创建一个基于超文本的分布式信息系统时，他意识到，SGML 是描述超文本信息的一个最佳方案。于是，他应用 SGML 的基本语法和结构为 Web 量身定制了 HTML。

HTML 是使用 SGML 定义的一种描述性语言，或者可以说 HTML 是 SGML 的一个应用。HTML 不是如 C++ 和 Java 之类的程序设计语言，而只是标示语言。HTML 的格式和语法非常简单，只是由文字及标签组合而成，任何文字编辑器都可以编辑 HTML 文件，只要能将文件另存成 ASCII 纯文字格式即可。当然，使用专业的网页编辑软件设计网页更加方便，如 FrontPage、Dreamweaver 等，甚至 Word 软件都可以将文件保存为 HTML 格式。

在开发技术的选型中，通常会选择传统的 HTML 扩展技术，包括可扩展超文本标记语言(eXtensible HyperText Markup Language，简称为 XHTML)和动态 HTML(Dynamic HTML，简称为 DHTML)。

　　XHTML 是与 HTML 同类的语言，不过语法上更加严格。从对象关系上讲，HTML 基于 SGML 的应用，但语法规则较为宽松；而 XHTML 则基于 XML 的应用，严格服从 XML 的语法规则。XML 是 SGML 的一个子集，关于它的技术将在后续章节中描述。XHTML 1.0 在 2000 年成为 W3C 的推荐标准，在各种网页的开发工具中都有对 XHTML 标准的设置选项。

　　DHTML 并非 W3C 的标准，而是微软等公司给出的相对传统静态 HTML 而言的一种开发网页的概念。DHTML 建立在原有技术的基础上，主要包括三个方面：一是 HTML(或 XHTML)，其中定义了各种页面元素对象；二是 CSS，CSS 中的属性也可被动态操纵从而获得动态的效果；三是客户端脚本(包括 JavaScript 等)，用以编写程序操纵 Web 页上的 HTML 对象和 CSS。

1.4　HTML 文档结构

　　下面所示的代码就是一个最简单的网页，由 HTML 文件中的各种元素组合而成，通过浏览器的解析和展现就形成各种各样的网页。代码的运行效果如图 1-3 所示。

```
<html>
<head>
    <title>网页制作教学</title>
</head>
<body>
    Hello World!
</body>
</html>
```

图 1-3　网页的浏览效果

　　在 HTML 中任何标签皆由"＜"及"＞"所围住，如 <P>，标签名与尖括号之间不能留有空白字符。在标签名前加上符号"／"便是终结标签，如 </font>。标签字母大小写皆可。

　　由开始标签和终结标签所构成的对象可以称为 HTML 元素(或 HTML 对象)。元素带有参数，也称为元素的属性。参数只可加于起始标签中。熟悉面向对象程序设计的开发人员更习惯将它们称为"HTML 对象和属性"，本教材并不特别强调它们的名称，但在不同的章节会根据上下文的情况给出不同的名称。

通常在一个完整的 HTML 文件中，HTML 元素是 HTML 文档的根元素，其中包含头部元素和体部元素两个部分，分别位于 <head> 标签和 <body> 标签中。

另外，CSS 和 JavaScript 增强了 HTML 的表现能力，同时也可以使 Web 浏览器端的开发更加符合模块化、可扩展性、面向对象等软件工程方面的要求。

思 考 题

(1) OSI 网络协议模型分为多少层，分别是哪些层?

(2) TCP/IP 协议栈分为几层?分别是哪些层?

(3) HTTP 协议属于 TCP/IP 协议栈中的哪一层?采用此协议的 Web 服务的默认端口是什么?

(4) GET 和 POST 都可以向 Web 服务器发送数据和请求，请问这两种方法的主要不同是什么?

(5) C/S 体系结构和 B/S 体系结构有何不同之处?

第 2 章　HTML 元素

学习提示

构建基于 B/S 结构的系统离不开两项技术：Web 浏览器端技术(前台技术)和 Web 服务器端技术(后台技术)。Web 浏览器端技术中包括了 HTML、CSS、JavaScript 等。HTML 语言是 Web 的核心技术，其标准由 W3C 制定。

经过 8 年的努力，2014 年 10 月 28 日，W3C 的 HTML 工作组正式发布了 HTML5 的正式推荐标准(W3C Recommendation)。作为下一代 Web 技术标准，HTML5 备受期待和瞩目。HTML5 的主要新特性在于多媒体信息的丰富表现方式、浏览器端的复杂应用支持及对性能的优化和改进等方面。HTML5 带来了一组新的用户体验，如 Web 的音频和视频不再需要插件；通过 Canvas 可更灵活地完成图像绘制，而不必考虑屏幕的分辨率；浏览器对可扩展矢量图(Scalable Vector Graphics，SVG)和数学标记语言(MathML)的本地支持；通过引入新的注释信息增强对东亚文字(包括简体及繁体中文、日文、韩文等)呈现(Ruby)的支持；对富 Web 应用(基于 JavaScript 和 AJAX 等技术实现的用户体验丰富的 Web 应用程序)等新特性的支持等。相对之前的版本，HTML5 增加了许多新的元素，同时也在标准中删除了一些不再适用的元素，但这并不意味着开发者将不能再使用那些元素，因为几乎所有支持 HTML5 技术的浏览器都会长期继续支持之前的标准。

本章中节的划分参考了 W3C 的 HTML5 推荐标准文档中的元素归类划分方式。在讨论各种元素时，会列出该元素在 HTML4 和 HTML5 中被支持的情况，以供参考。

很多初学者认为既然可以使用各种可视化网页设计工具(例如 Dreamweaver 等)"画"出网页，那就大可不必学习 HTML 语法并"手写"HTML 代码。诚然，设计工具确实可以事半功倍，但如果需要动态生成 Web 页面、产生各种交互效果、改善用户体验，那么学习 HTML 语法，特别是系统地学习 HTML 元素就是必需的。

2.1　文本元素

2.1.1　文本元素概览

在 HTML 中，文本元素(Text-level semantics)用来定义网页中的文本内容和语义，增加文字的易读性。文本元素主要包括 <a>、<em>、<strong>、<small>、<s>、<cite>、<q>、<dfn>、<abbr>、<time>、<code>、<var>、<samp>、<kbd>、<sub>、<sup>、<i>、<b>、<u>、<mark>、<ruby>、<rb>、<rt>、<rtc>、<rp>、<bdi>、<bdo>、<span>、
、<wbr> 等。虽然文本的显示样式通常是由 CSS 来定义的，但文本元素的语义也会影响文本的显示风格，比如上标(sup)、下标(sub)等文本。文本元素的语义如表 2-1 所示。

表 2-1 文本元素的元素名及语义说明

元素	语　义	HTML 支持版本
a	定义超链接	4、5
em	定义强调文本，指定文本的性质，显示为斜体字	4、5
strong	定义强调文本，指定文本的性质，显示为粗体字	4、5
small	定义小号文本	4、5
s	定义加删除线的文本	4、5
sub	定义下标文本	4、5
sup	定义上标文本	4、5
i	定义斜体文本，指定文字该如何显示	4、5
b	定义粗体文本，指定文字该如何显示	4、5
u	定义下划线文本	4、5
mark	定义有加亮记号的文本	5
ruby	定义注释，可显示中文注音或字符	5
rb	定义部分 ruby 注释	5
rt	定义字符(中文注音或字符)的解释或发音	5
rp	在 ruby 注释中使用，以定义不支持 ruby 元素的浏览器所显示的内容	5
rtc	定义 ruby 注释中的文本容器	5
cite	定义作品(比如书籍、歌曲、电影、电视节目、绘画、雕塑等)的标题	4、5
q	定义一个短的引用	4、5
dfn	定义一个定义项目	4、5
abbr	标记一个缩写	4、5
time	定义日期、时间	5
code	定义软件代码文本	4、5
var	定义变量	4、5
samp	代表从软件系统中输出的文本	4、5
kbd	代表通过键盘输入的文本	4、5
bdi	设置一段文本，使其脱离其父元素的文本方向设置	5
bdo	重新设置其中的文本方向	4、5
span	可以将文本的一部分独立出来进行格式设置	4、5
br	插入换行符，一个 元素代表一个换行	4、5
wbr	定义在文本中的特定位置折行	5
center	定义居中的文本	4
font	定义文本的字体外观、尺寸和颜色，常用属性为 face、size、color	4
strike	定义删除线文本	4
big	定义大号文本	4

　　值得注意的是，HTML5 不再支持 <center>、<font>、<strike>、<big> 等部分文字样式元素，同时又新增了 <mark>、<ruby>、<bdi> 等元素。建议在开发 Web 页面时，文本的样式可由 CSS 统一定义。

2.1.2　em\strong\small\s\sub\sup\i\b\u\mark 元素

　　em、strong、small、s、sub、sup、i、b、u、mark 等文本元素可以实现文字的特殊效果，下面的代码展示了多种文本元素的显示效果：

```
<html>
<body>
    <em>em 定义强调文本，显示为斜体字</em>    <br>
    <strong>strong 定义强调文本，显示为粗体</strong>    <br>
    <small>small 定义小号文本</small>    <br>
    <s>s 定义加删除线的文本</s>    <br>
    sub 定义下标文本，比如 a<sub>2</sub>    <br>
    sup 定义上标文本，比如 a<sup>2</sup>    <br>
    <i>i 定义斜体文本</i>    <br>
    <b>b 定义粗体文本</b>    <br>
    <u>u 定义下划线文本</u>    <br>
    <mark>mark 定义有加亮记号的文本</mark>
</body>
</html>
```

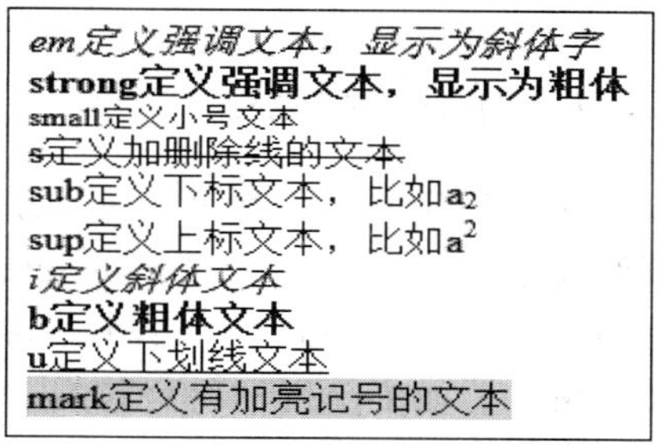

图 2-1　文本元素的浏览效果图

上述代码运行效果如图 2-1 所示。

2.1.3　ruby\rb\rt\rp\rtc 元素

　　HTML5 文本元素中 <ruby> 系列元素可以用来显示东亚文字的注音，比如显示中文的拼音，代码如下：

```
<html>
<body>
    <ruby>中  <rt>zhong </rt>文  <rt>wen </rt>
    </ruby>
</body>
</html>
```

拼音显示效果如下：

中文

2.1.4　span 元素

　　<span> 元素可以将文本的一部分独立出来进行格式设置，下面的代码展示了在一段文

字中将一部分文字设置为红色(#ff0000)。设置颜色使用了<span>元素的 style 属性,在<span>元素结束标签后,文本的颜色将恢复为之前的状态。

```
<html>
<body>
    <p>
        一个段落中
        <span style="color: #ff0000;">特殊的一部分</span>
        需要用红色表现
    </p>
</body>
</html>
```

2.2　群　组　元　素

2.2.1　群组元素概览

在 HTML 中,群组元素(Grouping content)用来定义网页中具有关联性的内容和语义。群组元素主要包括 <p>、<hr>、<pre>、<blockquote>、<ol>、<ul>、<li>、<dl>、<dt>、<dd>、<figure>、<figcaption>、<div>、<main> 等。与文本元素一样,群组元素的语义也会影响显示风格,比如多个列表项元素在显示时通常会在前面加上数字序号或图形符号。群组元素的语义如表 2-2 所示。

表 2-2　群组元素的元素名称及语义说明

元素	语　　义	HTML 支持版本
p	定义段落,一个<p>元素表示一个段落	4、5
hr	定义内容中的主题变化,并显示为一条水平线	4、5
pre	定义预格式化的文本,pre 元素中的文本会保留空格和换行符	4、5
blockquote	实现页面文字的段落缩进。一个<blockquote>元素代表一次缩进,可以嵌套使用以达到不同的缩进效果	4、5
ol	定义有序列表	4、5
ul	定义无序列表	4、5
li	定义列表项	4、5
dl	展示定义列表	4、5
dt	展示定义项目	4、5
dd	展示定义的描述	4、5
div	定义文档中的节	4、5
figure	规定独立的流内容(如图像、图表、照片、代码等),规定的内容应该与主内容相关。但如果被删除,对文档流并没有影响	5
figcaption	定义 figure 元素的标题。该标题被置于 figure 元素的第一个或最后一个子元素的位置	5
main	规定文档的主要内容	5

2.2.2　p\hr\pre\blockquote 元素

段落元素 <p> 可以分段显示文本，效果类似于"换行符"
。不同的是，
 除了作为"换行符"外没有其他的语义，在起始标签和结束标签之间不存在内容，因此多数情况是以
 的方式出现；<p> 则具有段落的语义，起始标签 <p> 和结束标签 </p> 之间为一个段落。虽然在网页中省略结束标记也不会产生显示错误，但在规范的 HTML5 代码中起始标签 <p> 和结束标签 </p> 应当成对出现。

浏览器在解析 HTML 文档时，会忽略其中的"段落开头的空格"或"回车符"等，因为 HTML 中"空格"或"回车符"等都有专门的字符或标签来描述。但如果要展示的文本中有大量的空格或其他格式具有一定的含义需要保留时，比如软件代码中的缩进和空格等，就需要使用 <pre> 元素来描述。

下面的代码展示了 <p>、<hr>、<pre><blockquote> 等元素的显示效果：

```
<html>
<body>
    <p>这是段落。</p>
    <p>hr 标签定义水平线：</p>
    <hr />
    <p>pre 标签很适合显示计算机代码：</p>
    <pre>
for i = 1 to 10
        print i
next i
    </pre>
    <blockquote>段落前面有缩进……</blockquote>
</body>
</html>
```

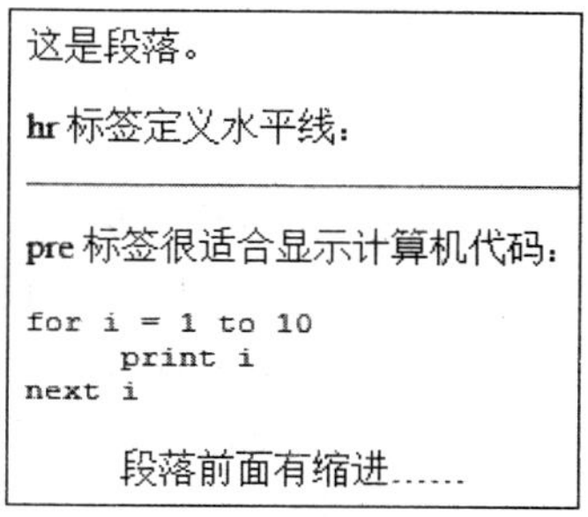

显示结果如图 2-2 所示。

图 2-2　代码运行效果图

2.2.3　ol\ul\li\dl\dt\dd 元素

<ol> 元素用来定义有序列表，列表项之前会显示序号；<ul> 元素用来定义无序列表，列表项之前会显示项目图形符号。列表元素可以嵌套，即一个列表项中可以包含一个完整的列表。下面的代码展示了有序列表和无序列表，同时也体现了列表的嵌套效果。

```
<html>
<body>
    <ol>
        <li>咖啡</li>
        <li>牛奶</li>
        <li>茶</li>
```

```
            </ol>
            <ul>
                <li>咖啡</li>
                <li>茶
                    <ul>
                        <li>红茶</li>
                        <li>绿茶</li>
                    </ul>
                </li>
                <li>牛奶</li>
            </ul>
        </body>
    </html>
```

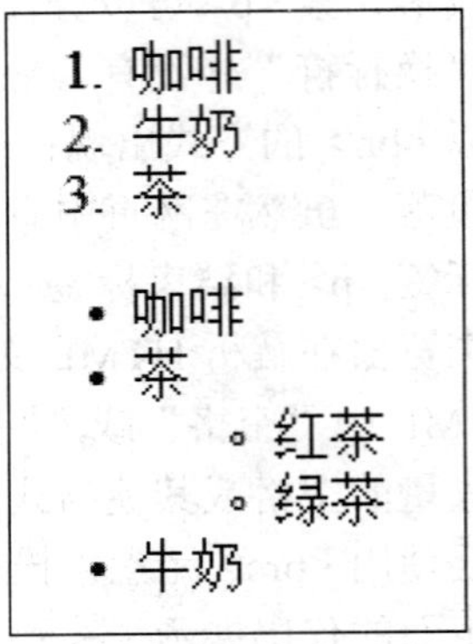

图 2-3　代码运行效果图

列表的显示效果如图 2-3 所示。

<dl>、<dt>和<dd>元素也可以定义列表，但这个列表关注的是列表项之间的层级关系。示例代码如下：

```
    <html>
    <body>
        <h2>一个定义列表：</h2>
        <dl>
            <dt>计算机</dt>
            <dd>用来计算的仪器 ... ...</dd>
            <dt>显示器</dt>
            <dd>以视觉方式显示信息的装置 ... ...</dd>
        </dl>
    </body>
    </html>
```

显示效果如图 2-4 所示。

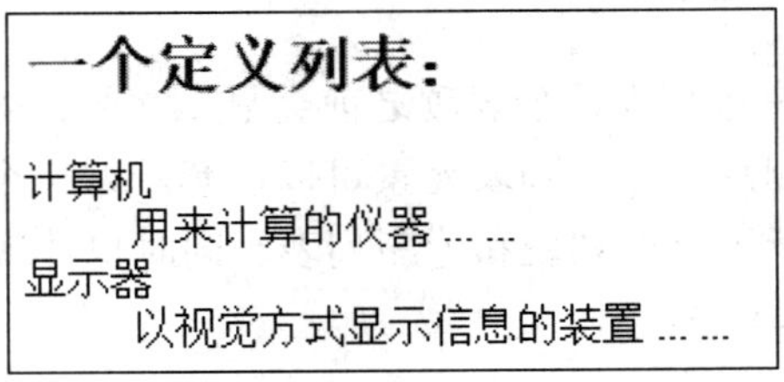

图 2-4　代码运行效果图

2.2.4　div 元素

<div>元素用来将页面内容分割成各个独立的部分。在<div>元素中，不仅可以包含文本内容，也可以包含图片、表单等其他内容。在默认的情况下，<div>元素所包含的内容将在新的一行显示。元素中可以使用的所有属性如表 2-3 所示。

表 2-3　<div>元素的属性及功能说明

属性	描　　述
dir	设置文本显示方向
lang	设置语言
class	类属性
style	设置级联样式
title	标题属性
nowrap	取消自动换行
id	标记属性

class 属性用来在元素中应用层叠样式表中的类，其语法结构如下所示：

```
<div class="定义的类的名称">......</div>
```

id 属性的作用可以分为两个方面：一个作用也是最主要的作用是用来标记元素，也就是给元素定义唯一的标识，方便在元素中使用行为；另一个作用是类似 class 属性的作用，用来调用层叠样式表。其语法结构如下所示：

```
<div id="定义的名称">......</div>
```

style 属性用来在元素中定义层叠样式表。其与 class 属性的区别在于，使用 style 属性定义的样式的优先级高于 class 属性调用的样式。其语法结构如下所示：

```
<div style="定义的样式">......</div>
```

文本的默认显示方式是：忽略掉文本中的换行符并根据元素的宽度进行自动换行显示。使用 nowrap 属性可以改变这种显示方式，使文本遇到换行符时进行换行显示。其语法结构如下所示：

```
<div nowrap="nowrap">......</div>
```

title 属性用来设定当鼠标悬停在文本内容上时所显示的内容，该属性可以用来添加注释等，但目前大多数浏览器不支持该属性。其语法结构如下所示：

```
<div title="标题内容">......</div>
```

值得一提的是，在网站设计中通常可以采用<div>元素来声明页面共享的"Header"(如网站的标志、导航条等)和"Footer"(如网站的版权说明等)部分，代码如下：

```
<div id="header"> ...</div>
    ⋮
<div id="footer"> ...</div>
```

在 HTML5 中有<header>、<footer>等元素可以替代<div>元素，不仅可以使代码更简洁，而且更符合 HTML5 中元素的语义，具体的说明将在后面的章节中给出。

2.3 超链接元素

网页之间的链接(Links)能使浏览者从一个页面跳转到另一个页面,实现文档互联、网站互联。超链接就像整个网站的神经细胞,把各种信息有机地结合在一起。在 HTML 中,超链接可以通过<a>元素和嵌套在<map>元素内部的<area>元素来实现。关于<area>元素将在嵌入式元素中展开描述,本节主要讨论<a>元素。<a>元素的属性如表 2-4 所示。

表 2-4 超链接元素的属性及功能说明

属性	值	描 述
href	URL	链接的目标 URL
hreflang	language_code	规定目标 URL 的基准语言,仅在 href 属性存在时使用
media	media query	规定目标 URL 的媒介类型,默认值为 all,仅在 href 属性存在时使用
rel	alternate archives author bookmark contact external first help icon index last license next nofollow noreferrer pingback prefetch prev search stylesheet sidebar tag up	规定当前文档与目标 URL 之间的关系,仅在 href 属性存在时使用
target	_blank _parent _self _top	规定在何处打开目标 URL,仅在 href 属性存在时使用
type	mime_type	规定目标 URL 的 MIME 类型,仅在 href 属性存在时使用。 注:MIME = Multipurpose Internet Mail Extensions

文本链接是最常见的一种超链接,通过网页中的文件和其他文件进行链接,语法如下:

    <a href="链接的 URL 地址" target=目标窗口的打开方式>链接元素</a>

链接元素可以是文字,也可以是图片或其他页面元素。href 属性是<a>元素最常用的属性,用来指定链接目标的 URL 地址。链接地址可以是绝对地址,也可以是相对地址。例如链接到 W3C 官方网站,并打开新的浏览器显示该网站,其实现代码如下:

    <a href="http://www.w3.org/" target=_blank>W3C</a>

target 属性是<a>元素的另一个常用的属性,用来设置目标窗口的属性。target 参数的取值有 4 种,如表 2-5 所示。

表 2-5　target 属性的取值及功能说明

target 值	目标窗口的打开方式
_parent	在上一级窗口打开，常在分帧的框架页面中使用
_blank	新建一个窗口并打开
_self	在同一窗口打开，与默认设置相同
_top	在浏览器的整个窗口打开，将会忽略所有的框架结构

书签链接也是常用的一种超链接，用来在创建的网页内容特别多时对内容进行链接。书签可以与所链接文字在同一页面，也可以在不同的页面。建立书签的语法如下：

<a name="书签名称">文字</a>

在代码的前面增加链接文字和链接地址就能够实现同页面的书签链接，其语法如下：

<a href="#书签的名称">链接的文字</a>

其中，#代表书签的链接地址；书签的名称则是上面定义的书签名。

如果想链接到不同的页面，则需要在链接的地址前增加文件所在的位置，其语法如下：

<a href=" 链接的 URL 地址#书签名称">链接的文字</a>

2.4　表　格　元　素

在 HTML5 中使用 <table>、<caption>、<tr>、<td>、<th>、<colgroup>、<col>、<tbody>、<thead>、<tfoot> 等表格元素构建和展示表格式数据(Tabular Data)，其语义如表 2-6 所示。

表 2-6　表格元素及语义说明

标签	语　　义	HTML 支持版本
table	定义表格	4、5
caption	定义表格标题	4、5
tr	定义表格中的行	4、5
td	定义表格中的单元	4、5
th	定义表格中的表头单元格	4、5
colgroup	定义表格列的组。通过此标签，您可以对列进行组合，以便格式化	4、5
col	为表格中的一个或多个列定义属性值	4、5
tbody	定义表格主体	4、5
thead	定义表格的表头	4、5
tfoot	定义表格的页脚	4、5

<table>元素可以用来定义表格，包括表格的标题、表头及单元格内容等。作为 <table>元素的子元素，表格行用 <tr> 定义，表头元素用<th>元素定义(表头通常显示成黑体)，单

元格内容用 <td> 元素定义。一个 <table> 元素可包含一个或多个 <tr> 元素，一个 <tr> 元素又可包含一个或多个 <th>、<td> 元素。

  <table> 元素的属性 border 用于设置边框的宽度，其取值以像素为单位，比如 <table border=2> 表示表格带有边框且边框的宽度为两个像素。Border 默认值为 1，当 border=0 时意味着表格没有边框。<table> 元素属性 bordercolor、bordercolordark 和 bordercolorlight 分别用于规定表格边框、表格边框内侧和表格边框外侧的颜色。属性 bgcolor 可以规定整个表格的背景颜色，也可以在 <tr>、<td> 元素中用来规定特定的一行或特定单元格的背景颜色。

  基本表格的示例代码如下：

```
<html>
<body>
    <table border="2" style="width: 200px">
        <tr>
            <td>a1</td>
            <td>b1</td>
            <td>c1</td>
        </tr>
        <tr>
            <td>a2</td>
            <td>b2</td>
            <td>c2</td>
        </tr>
    </table>
</body>
</html>
```

a1	b1	c1
a2	b2	c2

图 2-5 代码运行效果图

基本表格的显示效果如图 2-5 所示。

  <caption> 元素可以定义表格标题，表格标题具有 align 属性。align 取默认值 top 时表格的标题位于表首，取值为 bottom 时表格标题位于表尾。<td> 和 <th> 都具有 colspan 属性，该属性可以对单元格进行横向合并，而 rowspan 属性则可以纵向合并单元格。如下列代码所示：

```
<html>
<body>
    <table border="1">
        <caption>跨两列的单元格</caption>
        <tr>
            <th>姓名</th>
            <th colspan="2">电话</th>
        </tr>
        <tr>
            <td>张小明</td>
```

```
            <td>13999912345</td>
            <td>325330425</td>
        </tr>
    </table>
    <br />
    <table border="1">
        <caption>跨两行的单元格</caption>
        <tr>
            <th>姓名</th>
            <td>张小明</td>
        </tr>
        <tr>
            <th rowspan="2">电话</th>
            <td>13999912345</td>
        </tr>
        <tr>
            <td>325330425</td>
        </tr>
    </table>
    <br />
    <table border="1">
        <thead>
            <tr>
                <td>THEAD 中的文本</td>
            </tr>
        </thead>
        <tfoot>
            <tr>
                <td>TFOOT 中的文本</td>
            </tr>
        </tfoot>
        <tbody>
            <tr>
                <td>TBODY 中的文本</td>
            </tr>
        </tbody>
    </table>
</body>
</html>
```

上述代码在浏览器中的显示效果如图 2-6 所示。

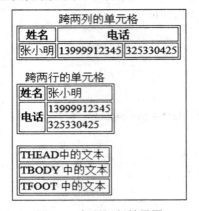

图 2-6　代码运行效果图

2.5　内 嵌 元 素

2.5.1　内嵌元素概览

除了文字信息，网页中还可以呈现图形、图像、音频、视频等多媒体信息。为了丰富网页的表现方式，HTML5 允许以内嵌元素(Embedded Content)的方式在网页中嵌入图形、图像、视频、音频以及其他可操作的对象。相关的元素包括<img>、<iframe>、<embed>、<object>、<param>、<video>、<audio>、<source>、<track>、<map>、<area>、<MathML>系列和<SVG>系列，如表 2-7 所示。

表 2-7　内嵌元素及语义说明

元素	语　义	HTML 支持版本
img	定义 HTML 页面中的图像	4、5
iframe	定义包含另一个文档的行内框架	4、5
embed	定义嵌入的内容，比如插件，元素必须有 src 属性	5
object	定义一个嵌入的对象	4、5
param	为包含它的 object 元素提供参数	4、5
video	定义视频，如电影片段或其他视频流	5
audio	定义声音，如音乐或其他音频流	5
source	为媒介元素(如 <video> 和 <audio>)定义媒介资源	5
track	为 video 等媒介指定外部字幕	5
map	定义客户端的图像映射，图像映射是带有可点击区域的图像	4、5
area	定义图像映射内部的区域	4、5
MathML 系列	在文档内使用 $...$ 标签应用各种 MathML 元素	5
SVG 系列	在文档中定义可缩放矢量图形	5

2.5.2　img 元素

HTML 提供了 <img> 元素来描述图像信息的内容和表现形式，但图像的数据并不会直接插入到 HTML 文档中。<img> 元素的作用是让 HTML 文档在展示时给图像留出一个位置，图像文件的地址由 <img> 元素的 src 属性指定。当浏览器无法下载图像文件时，则会在相应的位置显示一些文字，文字的内容由 alt 属性指定。

<img> 元素的语法如下：

```
<img src="url" alt="some_text"/>
```

需要注意的是，如果按照 XML 的语法来解释，<img> 元素构成的是一个空元素，其中不再包含子元素或数据内容。

图像的大小可以在元素中用 width 和 height 属性给出。如果不设置这两个属性，则会默认为按照图像的实际尺寸显示，如下列代码所示：

```
<img src="pulpit.jpg" alt="Pulpit rock" width="304" height="228" />
```

在实际开发中，建议明确地设置 height 和 width 属性，这样浏览器在加载页面时更容易一次性留出相应的位置供图像显示。另外，一旦图像不能正常下载，整个页面布局也不会受到影响。

HTML 中支持插入的图像文件格式主要有 GIF、JPG 和 PNG 三种类型，开发者需要在不同的应用场景中选择适合的文件类型。

GIF 格式支持最多 256 色的图像。虽然 GIF 的颜色不够丰富，但它支持动画和透明色，在网页中常常用来设计按钮、菜单等较小的图像。

JPG 格式可以支持高分辨率、颜色丰富的图像。由于 JPG 具有很好的压缩比，因此非常适合用来在网页中展现照片。在使用 JPG 格式处理图像时，压缩比越大，图片的质量就越差。

PNG 格式可以支持颜色丰富的图像，同时还可支持 alpha 滤镜的透明方式。虽然 PNG 不支持动画效果，但与 GIF 一样适合作为较小图像的显示方式。需要注意的是，不同的浏览器的种类和版本对 PNG 格式的支持并不完全相同，例如 IE6 可以支持 PNG-8 的格式，但在处理 PNG-24 的透明效果时会显示为灰色。

2.5.3　map\area 元素

<img> 元素的 usemap 属性可以指定可点击区域的图像映射元素，而图像映射元素本身是在 <map> 元素中设置的，其中 <area> 元素则给出了具体的区域和超链接的位置，功能类似于 <a> 元素。下列代码给出了图像映射的方式，即在一个图像中设置了三个不同形状的区域，当用户点击这些区域时会产生和超链接一样的效果。

```
<html>
<body>
    <img src="planets.gif" width="145" height="126" alt="Planets" usemap="#planetmap" />
    <map name="planetmap">
        <area shape="rect" coords="0,0,82,126" href="sun.htm" alt="Sun" />
```

```
        <area shape="circle" coords="90,58,3" href="mercur.htm" alt="Mercury" />
        <area shape="circle" coords="124,58,8" href="venus.htm" alt="Venus" />
    </map>
  </body>
</html>
```

2.5.4　iframe 元素

在早期的网页设计中,开发者经常使用<frameset>框架标记把浏览器窗口划分成几个大小不同的子窗口, 每个子窗口显示不同的页面, 也可以在同一时间浏览不同的页面。定义子窗口使用的是元素 <frame>。虽然 HTML5 已经不再支持 <frameset> 与 <frame> 元素, 但仍然支持创建包含文档的内联框架的 <iframe> 元素。框架元素的语义如表 2-8 所示。

表 2-8　框架元素及语义说明

元　素	语　　义	HTML 支持版本
<frameset>	定义框架集	4
<frame>	定义框架集的子窗口	4
<iframe>	创建包含另一个文档的内联(inline)框架	4、5

<iframe>元素可以构成"浮动"的框架, 可以在一个 HTML 文档的特定区域中展示另一个 HTML 文档。<iframe>元素在 HTML5 中所支持的属性如表 2-9 所示。

表 2-9　<iframe>元素的属性及功能说明

属性	功　　能
height	定义内联框架的高度
name	定义内联框架的名称
sandbox	使内联框架可以包含其他的一些内容, 例如表格、脚本等
seamless	布尔型属性, 使内联框架看起来像包含它的文件的一部分(没有边框和滚动条等)
src	设置内联框架所引用的地址
srcdoc	定义在内联框架中显示的 HTML 内容, 与 sandbox 和 seamless 一起使用
width	定义内联框架的宽度

<iframe>元素的示例如下:

```
    <html>
    <body>
        <iframe src="http://en.xidian.edu.cn/" name="iframe_a" style="width: 618px"></iframe>
        <p><a href="http://www.baidu.com" target="iframe_a">百度</a></p>
        <p><b>注意: </b>因为超链接的目标表明为 iframe, 所以当点击超链接时会在 iframe 中显
    示百度页面</p>
```

```
</body>
</html>
```

页面在浏览器中的显示效果如图 2-7 所示。

百度

注意：因为超链接的目标表明为 iframe，所以当点击超链接时会在 iframe 中显示百度页面

图 2-7　代码运行效果图

2.5.5　video\audio\source 元素

根据 HTML5 的规范，网页上呈现的视频和音频需要符合一定的标准，否则就通过插件(如 activeX)来呈现。

<audio> 元素用来定义声音，如音乐或其他音频流。<audio>与</audio> 之间插入的内容是供不支持 audio 元素的浏览器显示的。<audio> 元素的属性如表 2-10 所示。

表 2-10　<audio>元素的属性及功能说明

属　性	值	描　　述
autoplay	autoplay	如果出现该属性，则音频在就绪后马上播放
controls	controls	如果出现该属性，则向用户显示控件，比如播放按钮
loop	loop	如果出现该属性，则每当音频结束时重新开始播放
preload	preload	如果出现该属性，则音频在页面加载时进行加载，并预备播放。如果使用 "autoplay"，则忽略该属性
src	url	要播放的音频的 URL

下面的应用实例说明了 <audio> 元素的使用，代码如下：

```
<html>
<body>
<audio src="music.mp3" controls="controls">
你的浏览器不支持音频元素。
</audio>
</body>
</html>
```

在浏览器中的显示效果如图 2-8 所示。

图 2-8　代码运行效果图

<video> 元素用来定义视频，如电影片段或其他视频流。<video> 与 </video> 之间插入的内容是供不支持 video 元素的浏览器显示的。<video> 元素的属性如表 2-11 所示。

表 2-11　<video>元素的属性及功能说明

属性	值	描　　述
autoplay	autoplay	如果出现该属性，则视频在就绪后马上播放
controls	controls	如果出现该属性，则向用户显示控件，比如播放按钮
height	pixels	设置视频播放器的高度
loop	loop	如果出现该属性，则当视频播放结束后再次开始播放
preload	preload	如果出现该属性，则视频在页面加载时进行加载，并预备播放。如果使用 "autoplay"，则忽略该属性
src	url	要播放的视频的 URL
width	pixels	设置视频播放器的宽度

下面的应用实例说明了<video>元素的使用，代码如下：

```
<html>
<body>
    <video width="320" height="240" src="video.mp4" controls="controls">
        你的浏览器不支持视频元素。
    </video>
</body>
</html>
```

在浏览器中的显示效果如图 2-9 所示。

图 2-9　代码运行效果图

不同浏览器可识别的视频格式有所不同。为了能在多种浏览器中正常播放视频，可使用<source>元素列出不同格式的视频文件，浏览器将使用第一个可识别的格式进行播放。代码如下：

```
<html>
<body>
    <video width="320" height="240" controls="controls">
```

```
        <source src="movie.ogg" type="video/ogg">
        <source src="movie.mp4" type="video/mp4">
        你的浏览器不支持视频元素。
    </video>
  </body>
</html>
```

<source>元素的属性及功能说明如表 2-12 所示。

表 2-12　<source>元素的属性及功能说明

属性	值	描　　述
media	media query	定义媒介资源的类型，供浏览器决定是否下载
src	url	媒介的 URL
type	numeric value	定义播放器在音频流中的什么位置开始播放。默认音频从开头播放

2.5.6　MathML 系列元素

要在 HTML 文档内显示数学公式，需要使用到 MathML 系列元素，并且这些元素本身也具有相应的语义。

注意：并不是所有的浏览器都能显示 MathML 标签，因此在网站中使用这个系列的元素时需要告知所支持的浏览器及版本情况。

由于 MathML 是一种专门的标记语言，本教材将不展开讨论。通过下面的例子可以看到如何使用 MathML 来实现一个矩阵的显示。

```
<html>
<body>
    <math xmlns="http://www.w3.org/1998/Math/MathML">
      <mrow>
        <mi>A</mi>
        <mo>=</mo>
        <mfenced open="[" close="]">
          <mtable>
            <mtr>
              <mtd><mi>x</mi></mtd>
              <mtd><mi>y</mi></mtd>
            </mtr>
            <mtr>
              <mtd><mi>z</mi></mtd>
              <mtd><mi>w</mi></mtd>
            </mtr>
          </mtable>
```

```
            </mfenced>
         </mrow>
      </math>
   </body>
</html>
```

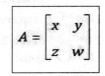

图 2-10   代码运行效果图

矩阵显示的结果如图 2-10 所示。

2.5.7   SVG 系列元素

根据 HTML5 的规范，<svg>和<canvas>元素都可以完成网页中的绘图功能。与<canvas>元素不同的是，SVG 是一种使用 XML 描述 2D 图形的语言，SVG 中所描述的 2D 图形元素是矢量图形，不依赖分辨率，可以附加 JavaScript 事件处理器；可以通过 JavaScript 来修改图形对象的属性，浏览器会自动重绘图形。

注意：一些浏览器需要插件才能支持 SVG。

<svg>元素的属性如表 2-13 所示。

表 2-13   <svg>元素的属性及功能说明

属性	值	描　　述
height	pixels	设置 SVG 文档的高度
width	pixels	设置 SVG 文档的宽度
version		定义所使用的 SVG 版本
xmlns		定义 SVG 命名空间

下面的例子说明如何使用<svg>元素在浏览器中显示一个五角星。代码如下：

```
<html>
<body>
   <p>
      <svg xmlns="http://www.w3.org/2000/svg" version="1.1" height="190">
         <polygon points="100,10 40,180 190,60 10,60 160,180"
            style="fill: lime; stroke: purple; stroke-width:
               5; fill-rule: evenodd;" />
      </svg>
</body>
</html>
```

在浏览器中的显示效果如图 2-11 所示。

图 2-11   代码运行效果图

2.5.8   object\param 元素

HTML 本身的元素是有限的，特别是 HTML5 之前的版本，开发者为了在 HTML 页面中实现多媒体应用和复杂的客户端操作，在 HTML 文档中增加了各种插件对象，以扩展文档的表现能力。自从 1996 年 Netscape Navigator 2.0 引入了对 QuickTime 插件的支持后，插件这种开发方式为其他厂商扩展 Web 客户端的信息展现方式开辟了一条自由之路。微软公司迅速在 IE 3.0 浏览器中增加了对 ActiveX 的插件对象支持功能，Real Networks 公司的 Realplayer 插件也很快在 Netscape 和 IE 浏览器中取得了成功。

基于 Java 的插件对象——Java 小应用程序(Java Applet)凭借 Java 本身的跨平台性、安全性等优点，一经推出即为 Web 客户端带来了革命性的影响。Java Applet 是可通过互联网下载并在浏览器展示网页时同时运行的一小段 Java 程序。在 Java Applet 中，可以实现图形绘制、字体和颜色控制、动画和声音的播放、人机交互及远程数据访问等功能。

Java Applet 还可以使用抽象窗口工具箱(Abstract Window Toolkit，简称为 AWT)，这种图形用户界面(GUI)工具建立标准的窗口、按钮和滚动条界面元素，其表现形式类似于传统 C/S 系统的风格。因此，Java Applet 极大地丰富了 B/S 的技术手段，增强了客户端的交互性和表现形式。在 HTML 中可以使用<applet>元素嵌入 Java applet，例如下面的简单代码表示在 HTML 的当前位置插入一个固定大小的区域，并运行"Bubbles.class"这个 Java Applet 对象：

```
<applet code="Bubbles.class" width="350" height="350"></applet>
```

需要注意的是，HTML5 已经不再支持 Java Applet 机制及其对应的 <applet> 元素了，而是通过 Javascript 等技术达到网页交互等目的。

ActiveX 是指 Microsoft 的一系列面向对象的程序技术和工具，其中主要的技术是组件对象模型(Component Object Model，简称为 COM)。在嵌入到 HTML 文档中扩展网页功能方面，ActiveX 控件的作用和 JAVA Applet 非常类似。在实际的项目开发中，是否选择在 HTML 中插入 ActiveX 控件需要考虑网站用户的操作系统环境，因为 ActiveX 只能在 Windows 环境下运行。

ActiveX 控件可由不同语言的开发工具开发，包括 Visual C++、Delphi、Visual Basic 或 PowerBuilder 等，Visual C++中提供的 MFC 和 ATL 这样的辅助工具可简化 ActiveX 控件的编程过程。按微软的规范要求，ActiveX 控件应具备如下三项主要的性能机制：

(1) 特性和函数(Properties & Methods)。ActiveX 控件必须提供特性的名称、函数的名称及参数。通过这种方式，控件所运行的容器(比如 IE 浏览器)可以提取和改变控件的特性参数。

(2) 事件(Events)。ActiveX 控件由事件的方式通知容器在 AC 中发生的事件，例如参数改变、用户操作等。

(3) 存储(Persistence)。容器通过这种方式通知 ActiveX 控件存储和提取信息数据。

在浏览器中下载相应的 ActiveX 控件后，必须在 Windows 的注册表数据库中注册(通常在安装过程中自动完成)才能在网页中使用。安装之后，ActiveX 控件中的代码就可以像安装在 Windows 中的各种软件一样使用系统的硬件或文件了。一方面，这会带来很大的安全性问题，因此多数浏览器在下载、安装和使用 ActiveX 控件时会提示用户注意风险；但另一方面，ActiveX 控件又常常被用作网上银行或支付网关 Web 系统的安全控件，以避免使用 HTML 本身那些没有特别加强安全性能的输入控件。

在 HTML 中可以使用<object>元素来嵌入和配置 ActiveX 控件对象，代码如下：

```
<html>
<body>
    <object id="DownLoadFile" width="335" height="85"
        classid="CLSID:629B036A-DC74-4BF2-A891-E7A1827E8D01">
        <param name="IPAddress" value="10.0.16.67">
    </object>
</body>
</html>
```

在各种插件对市场进行激烈争夺的时候,Flash 插件以其独特的优势很快成为网页中展示多媒体信息和提供丰富用户体验的主流解决方案。Flash 技术源自于 1993 年 Jonathan Gay 创建的 FutureWave 公司所开发的 Future Splash Animator 二维矢量动画展示工具。1996 年,Macromedia 公司收购了 FutureWave 公司并将其产品改名为 Flash,使得 Flash 与该公司的另外两个产品——Dreamweaver 和 Fireworks 一道成为 Web 客户机端开发的重要工具。

Flash 是一种基于矢量图像的交互式多媒体技术。矢量图像也称为面向对象的图像,它使用称为矢量的直线和曲线来描述图像。矢量图像文件中的图形元素称为对象,每个对象都可具有颜色、形状、大小和屏幕位置等属性。Flash 软件对这些对象的属性进行变化时(包括移动、缩放、变形等),不仅可维持对象的原有清晰度,而且也不会影响图像中的其他对象。

Flash 最初的应用主要是动画设计,其基本形式是帧到帧动画。动画在每一帧中都是单独的一张图片,通过每秒 20 帧以上的连续播放方式达到动画的效果。Flash 文件的扩展名为.swf,文件体积通常很小,适合插入到 HTML 文档中在网上播放。而随着 Flash 的版本不断更新及其在网页设计中的广泛应用,基于 Flash 的流媒体格式 Flash Video(简称为 FLV)也逐渐取代 Realplayer、Media Player 等插件技术,成为众多视频网站的主要技术。

在 HTML 中可以直接使用 <embed> 元素嵌入 Flash,也可以使用 <object> 元素来嵌入和配置 Flash 对象。代码如下:

```
<html>
<body>
    <object classid="clsid:D27CDB6E-AE6D-11cf-96B8-444553540000"
        codebase="http://download.macromedia.com/pub/shockwave
/cabs/flash/swflash.cab#version=6,0,29,0"
        width="300" height="220">
        <param name="movie" value="foo.swf">
        <param name="quality" value="high">
        <param name="wmode" value="transparent">
        <embed src=" foo.swf" width="300" height="220" quality="high"
            pluginspage="http://www.macromedia.com/go/getflashplayer"
            type="application/x-shockwave-flash" wmode="transparent">
        </embed>
```

```
        </object>
    </body>
</html>
```

　　Flash 与其他视频格式的一个基本区别就是 Flash 具有交互性，其交互性是通过 Action Script 实现的。ActionScript 脚本语言遵循 ECMAscript 标准，可在 Flash 中实现交互、数据处理等功能。ActionScript 源代码可编译成字节代码，在 Flash Player 中的 ActionScript 虚拟机(AVM)中执行。

　　然而，随着 HTML5 标准的制定与应用，浏览器开始使用新技术(包括音频元素、视频元素、矢量图形元素、应用缓存)来直接支持相关的多媒体或交互应用，这种技术趋势必然导致 Flash 等很多传统的插件技术被新的技术标准取代。

2.6　结　构　元　素

2.6.1　结构元素概览

　　HTML5 中利用多种结构元素来呈现文档中的各节(Sections)内容，包括 HTML4 中已经定义的 <body>、<address>、<h1>、<h2>、<h3>、<h4>、<h5>和<h6> 元素，以及 HTML5 中新定义的 <article>、<section>、<nav>、<aside>、<header> 和 <footer> 元素，如表 2-14 所示。

表 2-14　结构元素的属性及功能说明

元素	语　义	HTML 支持版本
body	定义文档的主体	4、5
h1 到 h6	定义标题 1 到标题 6	4、5
address	定义文档作者或拥有者的联系信息	4、5
article	定义外部的内容	5
section	定义文档中的节，如章节、页眉、页脚或文档中的其他部分	5
nav	定义导航链接的部分	5
aside	定义 article 以外的内容，且与 article 的内容相关	5
header	定义文档的页眉	5
footer	定义文档的页脚	5

2.6.2　body\h1\h2\h3\h4\h5\h6 元素

　　<body>元素包含 HTML 文档中需要在浏览器窗口显示的全部内容，其他的界面元素可作为<body>元素的子元素而存在。<h1>到<h6>元素定义了不同的标题信息。根据其语义，浏览器会以不同大小的字体来呈现，示例代码如下：

```
<html>
<body>
    <h1>这是标题 1</h1>
    <h2>这是标题 2</h2>
    <h3>这是标题 3</h3>
    <h4>这是标题 4</h4>
    <h5>这是标题 5</h5>
    <h6>这是标题 6</h6>
</body>
</html>
```

这是标题1

这是标题2

这是标题3

这是标题4

这是标题5

这是标题6

图 2-12　代码运行效果图

显示效果如图 2-12 所示。

2.6.3　article\section\nav\aside\header\footer 元素

HTML5 中新增了<article>、<section>、<nav>、<aside>、<header>、<footer>等新元素，这些元素的作用主要体现在语义上，主要目的是增加文档的可读性，并优化搜索引擎，在内容展示方面并没有特别的改变。

为了方便理解，可将这些结构元素和 word 文档结构进行对比：<header>相当于页眉，<footer>相当于页脚，<article>相当于正文，<section>是正文中包含的各个部分(可以理解为段落或章节)，<aside>是对正文的注解，而<nav>则是网站中经常使用的导航栏。

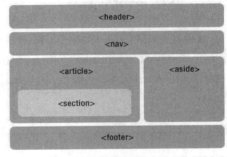

图 2-13　代码运行效果图

典型的网页布局如图 2-13 所示。

下面的代码使用结构元素设计了一个典型的网页结构。

```
<html>
<body>
    <header>
        中国文学网
    </header>
    <nav>
        <ul>
            <li>中国古典文学</li>
            <li>中国近代文学</li>
            <li>中国当代文学</li>
        </ul>
    </nav>
    <article>
        <h1>文档标题</h1>
```

```
        <p>文档内容</p>
        <aside>
            <h2>作者简介</h2>
            <p>高大，男，陕西西安人。</p>
        </aside>
    </article>
    <footer>
        <p>版权：中国文学网，2016 年</p>
    </footer>
</body>
</html>
```

　　然而如果没有 CSS 的配合，这样的代码并不会显示出理想中的网页结构。如果只考虑网页的结构呈现，那么用 HTML4 中已经支持的\<div\>元素似乎更加方便。虽然\<div\>元素也可以将整个网页分成多个区域，并可以分别设置这些区域的位置和显示风格，但\<div\>元素本身并没有任何语义，或者说它的语义仅仅是"区域"或"容器"。如果单纯用\<div\>元素来布置网页的页眉、页脚、导航栏等区域，并不利于对网站中的一系列网页进行统一的风格设计，也不利于搜索引擎对网页内容的理解。因此，建议在 HTML5 的标准下，尽量采用带有准确语义的结构元素来进行网页区域的定义。

　　当然，虽然 HTML5 新增了这些结构元素，但\<div\>元素依然没有被弃用。在不强调语义的情况下，或为了兼容较低版本浏览器，依然可以选择\<div\>元素作为网页结构定义的主要方式。

2.7　编　辑　元　素

　　HTML5 中的编辑元素(Edits)包括\<ins\>和\<del\>，两者配合使用可以描述对文档所进行的更新和修正。表 2-15 是编辑元素的语义说明。

表 2-15　编辑元素及语义说明

元素	语　　义	HTML 支持版本
ins	定义文档的其余部分之外的插入文本	4、5
del	定义文档中已删除的文本	4、5

编辑元素的示例代码如下：

```
<html>
<body>
    <ins datetime="2016-03-16 00:00Z">
        <p>我喜欢吃苹果。</p>
    </ins>
    <del datetime="2015-10-11T01:25-07:00">
        <p>我喜欢吃梨。</p>
```

```
        </del>
    </body>
</html>
```

显示效果如图 2-14 所示。

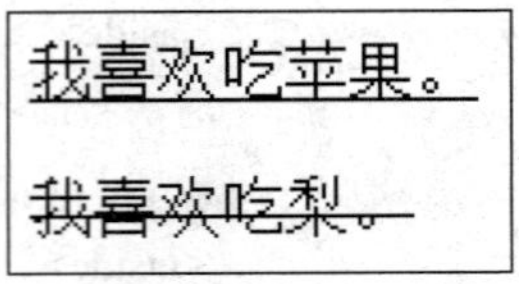

与结构元素类似，编辑元素的使用主要是为了强调元素的语义。虽然文本元素中的 s 元素也可以在文本上标记出删除线，但 del 元素更加具有"删除"的语义，其属性中还可以设置删除的原因(cite)和删除的时间(datetime)。

我喜欢吃苹果。

~~我喜欢吃梨。~~

图 2-14　代码运行效果图

2.8　表 单 元 素

2.8.1　表单元素概览

<form>元素可在页面中产生表单，表单提供了用户与 Web 服务器的信息交互功能，是 Web 技术的要素之一。表单接受用户信息后把信息提供给服务器，待服务器端的应用程序处理完信息后把处理结果返给用户并向用户显示。

表单的定义元素是<form>，表单中可以包含<form>、<input>、<label>、<button>、<select>、<datalist>、<optgroup>、<option>、<textarea>、<keygen>、<output>、<progress>、<meter>、<fieldset>、<legend>等子元素。表单元素及语义如表 2-16 所示。

表 2-16　表单元素及语义说明

元素	语　　义	HTML 支持版本
form	定义供用户输入的 HTML 表单	4、5
input	定义输入控件	4、5
label	为 input 元素定义元素，响应鼠标点击	5
button	定义按钮	4、5
select	定义选择列表(下拉列表)	4、5
datalist	与 input 元素配合使用，定义 input 可能的值	5
optgroup	定义选择列表中相关选项的组合	4、5
option	定义选择列表中的选项	4、5
textarea	定义多行的文本输入控件	4、5
keygen	定义用于表单的密钥对生成器字段	5
output	定义不同类型的输出，比如脚本的输出	5
progress	定义运行中的进度	5
meter	定义度量衡	5
fieldset	将表单内的相关元素分组	4、5
legend	定义 fieldset 元素的其余内容的标题	4、5

2.8.2　form 元素

<form>元素的 4 个主要属性分别是 action、method、enctype、target，例如下面的代码：

<form method=" post" action="URL" enctype="text/plain" target="_self" ><form>

Action 属性在<form>元素中不可缺少，该属性值指定了提交表单时对应的服务器程序地址。

method 属性指定表单中输入数据的传输方法，其取值是 get 或 post，默认值是 get。get 或 post 会将表单中的数据发送到 Web 服务器，具体的发送方式在前文"HTTP 协议"中已给出。

enctype 属性指定表单中输入数据的编码方法，该属性在 post 方式下才有作用。默认值为 application/x-www-form-urlencoded，即在发送前编码所有字符。其他的属性值还有 multipart/form-data，即不对字符编码；在使用包含文件上传控件的表单时，必须使用该值。还可取值 text/plain，即将空格转换为"+"(加号)，但不对特殊字符编码。

target 属性用来指定目标窗口的打开方式、取值及显示方法，与超链接元素中的 target 属性相同。

2.8.3　input 元素

<input>元素可定义输入控件，用来搜集用户信息。<input>元素的属性如表 2-17 所示。

表 2-17　<input>元素的属性及功能说明

属性	功　　能
name	定义输入控件的名称
type	指定控件的类型，默认值是 text
maxlength	规定控件允许输入的字符的最大长度
minlength	规定控件允许输入的字符的最小长度
size	规定控件输入域的大小
readonly	规定用户是否可以修改其中的值
required	规定是否是必填信息
multiple	规定是否可以填写多个值
pattern	定义用户输入的字符串模板
max	规定可填写的最大值
min	规定可填写的最小值
step	规定数据的步长
list	列出输入的选项
placeholder	给出文本框的占位字符串，可实现文本框水印效果
checked	提供复选框和单选按钮的初始状态
value	提供控件输入域的初始值
src	定义以提交按钮形式显示的图像的 URL

在<input>元素的一系列属性中，type 属性值无疑是最重要的。根据不同的 type 属性值，输入字段可以拥有很多种形式。<input>元素的属性 type 的取值及功能如表 2-18 所示。

表 2-18　<input>元素的属性 type 的取值及功能

值	功　　能
hidden	隐藏的输入字段，把表单中的一个或多个组件隐藏起来
text	单行的输入文本框。接受任何形式的输入，默认宽度为 20 个字符
tel	电话号码输入
url	网络地址 URL 输入
email	电子邮件地址输入
password	密码字段。该字段中的字符用*替代
date	日期输入
time	时间输入
number	数字输入
range	范围输入
color	颜色输入
checkbox	复选框，提供多项选择
radio	单选按钮。提供单项选择
file	文件上传
submit	提交按钮。单击提交按钮会把表单数据发送到服务器
image	图像形式的提交按钮。单击图像，发送表单信息至服务器
reset	重置按钮，把表单中的所有数据恢复为默认值
button	可点击按钮，用于创建提交按钮、复位按钮和普通按钮

下面的示例代码给出了多种 type 取值所体现出的不同输入形式，包括普通的文本、密码、日期、时间、范围、复选、单选、文件上传、数据提交和重置按钮等。

```
<html>
<body>
    <form method="post" action="travel.jsp">
        请输入姓名：<input type="text" name="textname" size="12" maxlength="6" />
        <br />
        请输入密码：<input type="password" name="passname" size="12" maxlength="6" />
        <br />
        上传的文件：<input type="file" name="filename" size="12" maxlength="6" />
        <br />
        请选择旅游城市，可多选
```

```
        <input type="checkbox" name="复选框 1">北京
        <input type="checkbox" name="复选框 2">上海
        <input type="checkbox" name="复选框 3">西安
        <input type="checkbox" name="复选框 4">杭州<br />
        请选择付款方式
        <input type="radio" name="支付方式" id="card" checked="checked">
        <label for="card">信用卡</label>
        <input type="radio" name="支付方式" id="cash">
        <label for="cash">现金</label>
        <br />
        出发日期<input type="date" />
        出发时间<input type="time" />
        <br />
        <input type="reset" name="复位按钮" value="复位">
        <input type="submit" name="提交按钮" value="确定">
        <input type="button" name="close" value="关闭当前窗口" onclick="window.close()">
    </form>
  </body>
</html>
```

上述代码在浏览器中的运行结果如图 2-15 所示。

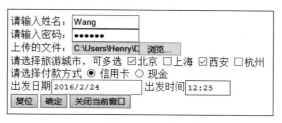

图 2-15　代码运行效果图

可以看出，虽然都是 <input> 元素，却呈现出不同的形态：密码不会被直接显示出来；当用户点击时间和日期的输入框时，会弹出选择项；范围则是通过可以点击和拖拽的方式输入；复选框和单选框只能接受用户的点击；点击"浏览"按钮会让用户选择上传文件的位置；点击提交按钮会将数据传送到服务器上，而点击重置按钮则会将之前输入的数据全部恢复为缺省值。

在上例中，travel.jsp 接收了该页面发来的信息，并根据读者所填信息做出判断。单击"关闭当前窗口"时，浏览器会弹出一个关闭警告窗口，让用户选择是否关闭。

与 text 类型的 <input> 元素类似，<textarea> 元素也允许用户进行文本的输入。不同的是，<textarea> 元素定义了多行的文本输入控件，其语法为：

　<textarea cols=" 文本宽度" rows="文本区行数">文本区中初始显示的值</textarea>

文本区中可容纳无限数量的文本，可以通过 cols 和 rows 属性来规定 textarea 的尺寸。

读者可以自己尝试 <textarea> 元素的用法和显示效果。

2.8.4　select 元素

　　<select> 元素用来定义下拉式列表框和滚动式列表框。当提交表单时，浏览器会提交选定的项目，或者收集用逗号分隔的多个选项，将其合成一个单独的参数列表。在将 <select> 表单数据提交给服务器时，同时还包括了 <select> 元素的 name 属性值。<select> 元素的属性及功能如表 2-19 所示。

表 2-19　<select>元素的属性及功能说明

属　　性	功　　能
disabled	规定禁用该下拉列表，被禁用的下拉列表既不可用，也不可点击。可以用 JavaScript 来清除 disabled 属性，使下拉列表变为可用状态
multiple	规定可选择多个选项
name	规定下拉列表的名称
size	规定下拉列表中可见选项的数目

　　<select>元素的语法如下所示：

```
<select name="下拉列表名称" size="下拉列表显示的条数">
    <option value="控件的初始值" selected="selected"> 选项描述</option>
    <option value="控件的初始值">选项描述</option>
</select>
```

　　使用 <select> 元素定义下拉列表框时，可用 <option> 元素来定义列表框的各个选项。<option> 元素位于 <select> 元素内部。一个 <select> 元素可以包含多个 <option> 元素。<option> 元素要与 <select> 元素一起使用，否则元素是无意义的。<option> 元素的属性如表 2-20 所示。

表 2-20　<option>元素的属性及功能说明

属性	功　　能
disabled	规定此选项应在首次加载时被禁用
label	定义当使用<optgroup>时所使用的标注
selected	规定选项(首次显示在列表中时)表现为选中状态
value	定义控件送往服务器的选项值

　　<optgroup> 元素用于定义选项组。当使用一个较长的选项列表时，对相关的选项进行组合会使处理更加容易。<optgroup> 元素的 lable 属性可为选项组显示一个描述性文本，如下例所示。

```
<html>
<body>
    <select>
```

```
<optgroup label="初中">
    <option value="初一">初一</option>
    <option value="初二">初二</option>
    <option value="初三">初三</option>
</optgroup>
<optgroup label="高中">
    <option value="高一">高一</option>
    <option value="高二">高二</option>
    <option value="高三">高三</option>
</optgroup>
</select>
</body>
</html>
```

值得一提的是，使用 <input> 元素的 list 属性再配合 <datalist> 和 <option> 元素，也可以实现类似 <select> 元素的下拉框选择效果，代码如下：

```
<html>
<body>
    <form method="post" action="travel.jsp">
        <input list="cars" />
        <datalist id="cars">
            <option value="BMW" label="BMW">
            <option value="Ford" label="Ford">
            <option value="Volvo" label="Volvo">
        </datalist>
    </form>
</body>
</html>
```

上述两段代码在浏览器中的运行效果如图 2-16 所示，左边使用了 <input> 元素，右边使用了<select>元素。

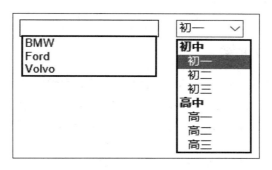

图 2-16　代码运行效果图

通过实际运行两个代码可以看出，虽然两者的显示效果相似，但最大的区别是：<input>元素中的选项只是为方便用户输入的手段，用户可以不必选择其中的选项而直接输入其他的数据；而 <select> 元素中的选项是用户唯一的选择范围，用户不能填写其他数据。因此在实际的开发中选用哪种方式，要根据用户需求和业务逻辑来确定。

2.8.5　progress\meter 元素

<progress> 和 <meter> 是在 HTML5 中新增的元素。<progress> 元素可以用来显示正在执行的状态或进度情况，配合 JavaScript 程序，可以控制 <progress> 元素中的 value 属性，以精确地显示进展情况。<meter> 元素可以以直方图的形式显示值的大小。为了实现直方图的显示，除了需要通过 value 属性给出具体的数值外，还需要通过 min 和 max 属性给出该直方图的最小和最大值，以便按比例进行显示。min 和 max 属性的缺省值为 0 和 1。下面的代码给出了<progress>和<meter>的使用方法：

```
<html>
<body>
    下载进度：
    <progress value="22" max="100"></progress>
    <p><progress /></p>
    <p>显示度量值：</p>
    <meter value="3" min="0" max="10">3/10</meter><br>
    <meter value="0.6">60%</meter>
</body>
</html>
```

代码的运行效果如图 2-17 所示。

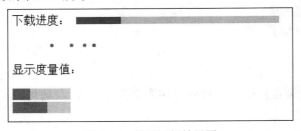

图 2-17　代码运行效果图

2.8.6　fieldset\legend 元素

<fieldset>元素可以将表单中的一部分内容组合起来，生成一组相关表单的字段。当一组表单元素作为子元素放到 <fieldset> 元素内时，浏览器通常会以加上边框的方式进行显示。作为<fieldset>元素的第一个子元素，<legend> 元素可以为 <fieldset> 元素加上标题。示例代码如下：

```
<html>
<body>
    <fieldset>
```

```
            <legend>健康信息：</legend>
            <form>
                    <label>身高：<input type="text" /></label>
                    <label>体重：<input type="text" /></label>
            </form>
        </fieldset>
    </body>
</html>
```

代码的显示效果如图 2-18 所示。

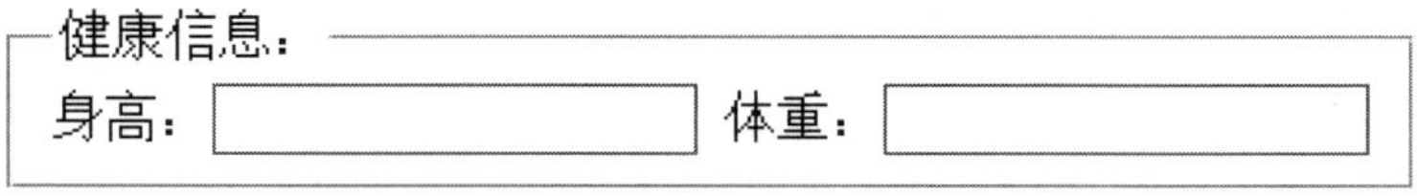

图 2-18 代码运行效果图

2.8.7 script/noscript/template/canvas 元素

<script> 元素中可以嵌入脚本程序，HTML5 中脚本程序默认用 JavaScript 语言书写。当浏览器不支持脚本程序的执行时，则会显示 <noscript> 元素中的内容。<template> 元素可以定义前端模板，可以通过 JavaScript 代码进行调用。<canvas> 元素用来绘制 2D 图形，这与 SVG 的作用相似。不同的是，<canvas> 元素的绘图机制依赖于分辨率且不支持事件处理器，但可以按照像素重新生成。此外，<canvas> 元素也需要 JavaScript 代码的支持。这些与脚本有关的元素及其语义说明如表 2-21 所示。

表 2-21 <script><noscript><template><canvas> 元素的属性及语义说明

元素	语　义	HTML 支持版本
script	定义客户端脚本	4、5
noscript	定义在脚本未被执行时的替代内容(文本)	4、5
template	定义模板元素	5
canvas	定义图形	5

关于脚本语言 JavaScript 的语法及程序设计方式将在后面章节中详细阐述，本节只通过对 <canvas> 元素的讨论展示脚本类元素的使用方法。

画布元素 <canvas> 是为客户端矢量图形而设计的。它本身没有封装行为，而是通过 JavaScript 制作脚本程序把图形绘制到画布上。<canvas> 元素用来定义图形，如图表和其他图像。该元素的属性如表 2-22 所示。

表 2-22 <canvas>元素的属性及功能说明

属性	值	描　述
height	pixels	设置 canvas 的高度
width	pixels	设置 canvas 的宽度

如下应用实例说明了<canvas>元素的使用方法，其运行结果是会在浏览器中显示出一个红色的矩形。代码如下：

```
<html>
<body>
    <canvas id="myCanvas"></canvas>
    <script>
        var canvas = document.getElementById('myCanvas');
        var ctx = canvas.getContext('2d');
        ctx.fillStyle = '#FF0000';
        ctx.fillRect(0, 0, 80, 100);
    </script>
</body>
</html>
```

关于使用 JavaScript 在 canvas 中绘图的更多例子将在后面的章节中给出。

2.9 头 部 元 素

2.9.1 头部元素概览

之前讨论的元素基本都是包含在 HTML 文档 <body> 元素中的，而本节讨论的则是在 <body> 元素之前、并与之平行的 <head> 及其子元素。头部元素 <head> 中包含多个元素，用来描述脚本、链接样式表、提供元信息等，这些信息虽然不能直接在页面上展示，但对于文档的说明、可读性和搜索引擎优化等至关重要。<head> 元素的子元素包括 <title>、<base>、<link>、<meta> 和 <style> 等，其语义如表 2-23 所示。

表 2-23 头部元素及语义说明

元素	语　　义	HTML 支持版本
head	所有头部元素的容器	4、5
title	定义 HTML 文档的标题	4、5
base	描述了页面中所有超链接的默认超链接基地址(用 href 属性指定)和默认目标(用 target 属性指定)	4、5
link	定义 HTML 文档和外部资源的关系	4、5
meta	给出 HTML 文档的元数据	4、5
style	定义样式	4、5

2.9.2 head\title\base 元素

<title>元素定义了 HTML 文档的标题，其功能包括：将标题显示在浏览器的标题条中；

当用户将该页面加入收藏夹时，将默认使用该标题；大多数搜索引擎在显示搜索结果时会将该标题作为页面标题。

　　<base>元素描述了页面中所有超链接的默认基地址(用 href 属性指定)和默认目标(用 target 属性指定)。如下列代码所示，假如文档中有指向 a.htm 的超链接，那么浏览器将会到 http://www.foo.com/htm/a.htm 这一地址中下载相应文件，随后将会(根据 target = "_blank")开辟新的浏览器窗口并显示该网页。

```
<html>
<head>
    <title>Title of the document</title>
    <base href="http://www.foo.com/htm/" />
    <base target="_blank" />
</head>
<body>
    The content of the document...
</body>
</html>
```

2.9.3　link\style 元素

　　<link> 元素用来定义 HTML 文档和外部资源的关系，通常用来声明 HTML 所引用的 CSS 文档。例如下面的代码中链接了一个名为 mystyle.css 的文档：

```
<head>
    <link rel="stylesheet" type="text/css" href="mystyle.css" />
</head>
```

　　除了链接，在 HTML 中还可以直接嵌入 CSS 样式代码。下例中使用 <style> 元素来完成这一任务：

```
<head>
    <style type="text/css">
        body {   background-color: yellow;   }
        p {   color: blue;   }
    </style>
</head>
```

　　关于 CSS 更详细的说明将在后面章节中专门讨论。

2.9.4　meta 元素

　　<meta> 元素可以给出 HTML 文档的元数据(metadata)。元数据不会在网页中显示，但会被浏览器、搜索引擎等程序解析和应用。下面的代码通过元数据给出了页面的简述、关键词、作者和字符集等信息：

```
<head>
    <meta name="description" content="Free Web tutorials" />
    <meta name="keywords" content="HTML,CSS,XML,JavaScript" />
    <meta name="author" content="Hege Refsnes" />
</head>
```

<meta> 元素所给出的网页元数据对于搜索引擎判断网页类型、内容都很有帮助。

2.10　HTML 中的颜色设置

HTML 中的颜色由红(Red)、绿(Green)、蓝(Blue)三种颜色组合而成的 RGB 值来表示。RGB 中三个颜色的值的取值范围都是 0(十六进制记作 #00)～255(十六进制记作 #FF)，所以可以组合出 16 777 216(256 × 256 × 256)种颜色。比如，红色为 #FF0000，黄色为 #FFFF00，黑色为 #000000，白色为 #FFFFFF。

在 HTML 标准中，很多种颜色都可以直接用颜色名称来表示，比如 aqua、black、blue、gray、green、purple、red、white 和 yellow 等。

下列代码用三种不同的颜色表示方式给文字加上了黄色的底色。

```
<html>
<body>
    <p style="background-color: #FFFF00">
        Color set by using hex value
    </p>
    <p style="background-color: rgb(255,255,0)">
        Color set by using rgb value
    </p>
    <p style="background-color: yellow">
        Color set by using color name
    </p>
</body>
</html>
```

需要注意的是，虽然在网页设计中可以使用多达一千六百多种颜色，但颜色的运用并非越多越好。网页中颜色的选择需要根据网站的内容和风格来确定。

2.11　绝对路径与相对路径

图文并茂的网页通常是由一个 HTML 文件和一系列其他文件构成的，包括 CSS 文件、JS 文件、图像文件、声音文件、视频文件、Flash 文件等，另外超链接的指向通常也是一个具体的 HTML 文件。浏览器在解析 HTML 文件时必须能够明确地知道这些文件的地址，因此我们可以使用 URL 的绝对路径来说明文件的位置，例如：

<link rel="stylesheet" type="text/css" href=" http://www.foosite.com/css/mystyle.css" />

<img src=" http://www.foosite.com/img/pulpit.jpg" alt="Pulpit rock"/>

<a href="http://www.foosite.com/htm/sample/hello.htm">Hello!</a>

上述的代码语法正确，也能达到预定的效果，但却不符合软件工程的要求。网站在设计开发和运行维护的过程中需要不断地进行适当的修改，甚至可能会整体迁移(从一个域名变为另外一个域名)。这种情况下，绝对路径的缺点会非常明显，不便于系统的开发和维护。因此，在同一个网站中更多的是采用相对路径来描述文件的引用。

相对路径的描述方式分为以下几种情况：

- 如果该 HTML 文档和被引用的文档在同一个目录下，则直接写引用文件名即可。
- 如果被引用的文档在该 HTML 文档的下一级目录，则使用在之前加入子目录的名称即可，例如 "img/abc.jpg"。
- 如果被引用的文档在该 HTML 文档的上一级目录，则可使用 ".." 来说明，例如 "../abc.htm"。

如果当前的 HTML 文件的绝对路径为：http://www.foosite.com/htm/abc.htm，则本节中前面列举的几个绝对路径的描述可改为如下相对路径：

<link rel="stylesheet" type="text/css" href=" ../css/mystyle.css" />

<img src="../img/pulpit.jpg" alt="Pulpit rock"/>

<a href="sample/hello.htm">Hello!</a>

还有一种路径的声明方式是从网站的根目录开始的，以 "/" 开头来描述，比如 http://www.foosite.com 就是网站的根目录。这样，上述的例子还可写为：

<link rel="stylesheet" type="text/css" href="/css/mystyle.css" />

<img src="/img/pulpit.jpg" alt="Pulpit rock"/>

<a href="/htm/sample/hello.htm">Hello!</a>

这种方式的好处在于，文件的引用不受该 HTML 文件本身路径的影响，便于开发和维护。

思 考 题

(1) HTML 是一种计算机语言，它与同样也是计算机语言的 C 语言等有什么本质的不同？

(2) 相对之前的标准，HTML5 的主要变化包括哪些？

(3) 表格元素在页面设计中非常重要，特别是在商业系统中的数据展示方面尤为常用。请说明 <table>、<tr>、<td> 元素分别具有什么功能。

(4) 超链接元素中可以设置 target 属性，请分别描述 target 属性的不同取值及功能。

(5) HTML 中支持插入的图像文件格式主要有哪些？它们各有什么特点？

(6) 请在不同的浏览器中测试它们对 HTML5 音频、视频元素的支持情况，测试音频和视频的编码要求。

(7) 试用 <iframe> 元素在网页中嵌入你所在地区的天气情况。(提示：可以在互联网中先找到可以正常显示的小型天气页面，然后将其嵌入。)

(8) 请思考在什么样的情况下会使用 <select> 元素，编写代码完成单选和多选的功能。

(9) <div> 元素常常用来进行页面的布局设计，试应用 <div> 元素模仿设计一个门户网站(比如新浪或网易等)的页面布局。

(10) 请分别应用绝对路径和相对路径方式的超链接设计两个页面，并让它们相互指向。

第 3 章　层叠样式表——CSS

学习提示

很多网站开发者说，网站设计不光是技术问题，同时也是艺术问题。这个说法很有道理，因为一个网站是否能够被用户接受，其色彩搭配、结构布局、动态效果等都非常重要。CSS 正是负责在网页中设置颜色、布局和效果的，因此很多人认为精通 CSS 就可以让网站在视觉上达到很高的水平。但是，CSS 只是技术层面的知识，并不能提高开发者的艺术水平，网站的设计还需要美编人员的直接参与。一旦网站的颜色、布局和效果被设计出来后，CSS 就可以隆重登场来进行编码实现了。因此可以说，审美的能力是"思想力"，CSS 技术是"执行力"。

CSS 技术符合软件工程的原则，它的产生和应用直接提升了网站的开发效率。越是大型的网站，越是重视 CSS 的设计和开发。

3.1　CSS 简介

层叠样式表(Cascading Style Sheet，简称为 CSS)是 W3C 组织所拟定出的一套标准的样式语言规范。

由于 HTML 的主要功能就是以丰富的样式显示各种内容，而有限的 HTML 元素无法满足不断增加的样式需求，因此这一矛盾的解决方式就是在 HTML 之外增加样式表，以描述复杂的网页显示方式。

自从 20 世纪 90 年代初 HTML 被应用开始，就出现了各种形式的样式表。不同的浏览器结合各自的样式语言让读者来调节网页的显示方式。1994 年，哈肯·乌姆莱(Hakon Wium Lie)提出了 CSS 的概念，而此时伯特·波斯(Bert Bos)正在设计名为 Argo 的浏览器，于是，他们决定一起合作设计 CSS。与之前的样式语言不同，CSS 是第一个含有"层叠"特性的样式语言。哈肯于 1994 年第一次公开展示了 CSS 的解决方案，此方案很快被 W3C 所采纳，并由哈肯等人作为项目的主要技术负责人开展更加深入的研发工作。1996 年底，哈肯等人完成了 CSS 1 的制定，1998 年完成了 CSS 2 的制定。目前，越来越多的浏览器和网站开始支持 CSS 3 标准。

随着 CSS 技术的使用，HTML 页面真正"活动"了起来，各种浏览器都在不断增加和改善对 CSS 的支持。1997 年，Microsoft 发布了 IE 4.0，并将动态 HTML 元素、CSS 和动态对象模型(DHTML Object Model)发展成了一套完整、实用、高效的客户端开发技术体系，并称其为 DHTML。而在 HTML 5 中，一些纯粹用作显示效果的元素被取消了，因为显示效果的工作更适合由 CSS 来担当。

作为一种用于网页展示的样式语言，CSS 增加了更多的样式定义方式来辅助 HTML 语言。通过 CSS 样式表的定义，只要设定某种元素(如表格、背景、连接、文字、按钮、滚动条等)的样式，则各网页相同种类的元素将会呈现出相同的风格。这种方式不仅加快了网站开发的进度，而且便于建立一个风格统一的网站。

CSS 的定义可以直接放在 HTML 元素中，称为内联样式，形式如下：

```
<p style="color:sienna;margin-left:20px">This is a paragraph.</p>
```

CSS 的定义可以放在 HTML 文件的<style>元素中，称为内部样式表，形式如下：

```
<head>
    <style>
        body {
            background-color: yellow;
        }
    </style>
```

</head>CSS 的定义也可以独立保存在一个扩展名为.css 的文件中，通过链接的方式包含在网页中，称为外部样式表，形式如下：

```
<head>
    <link rel="stylesheet" type=""text/css"" href=""foo.css"">
</head>
```

3.2 选 择 符

一条 CSS 规则中包括：一个选择符(Selector)和一个或多个描述(Declaration)两部分，描述之间用分号隔开；每一个描述中又包含属性名(Property)和属性值(Value)，语法如下：

selector {property:value; property:value; ....}

下面的 CSS 规则中声明了段落元素<p>的显式方式，包括文本居中、黑色、arial 字体。CSS 中的注释在"/*"和"*/"之间。

```
p {
    text-align: center;
    color: black;
    font-family: arial;
}
```

在这个例子中，p 是选择符，text-align、color 和 font-family 是属性，并为这些属性设置了相应的属性值。

1. 类选择符

选择符可以是一种 HTML 元素，例如"p"、"table"等，这些可以看作是 HTML 预定义的类。例如下面的 CSS 规则：

body {background: #fff; margin: 0; padding: 0; }

```
p { color: #ff0000; }
```

应用了上述 CSS 的 HTML 文档中所有的<body>元素(虽然只可能有一个)和所有的<p>元素都将无需声明而自动遵守上述的 CSS 规则。

2. 子类选择符

选择符可以是一种 HTML 元素的一部分实例，可以理解为基于该类元素(基类)的一个子类。例如下面的 CSS 规则：

```
td.fancy {background: #666;}

p.rchild {text-align: right}
```

在 HTML 应用上述 CSS 规则时，必须声明元素的 class 为某个子类，例如下面的代码：

```
<td class="fancy">ABC<td>

<p class="rchild">p 标记中的内容</p>
```

如果在定义子类时没有给出基类的名称，则可认为它是任何基类的子类，例如下面的 CSS 规则：

```
.cchild {text-align: center}
```

3. 嵌套类选择符

选择符可以是根据元素之间的嵌套关系而确定的类，嵌套关系也可以理解为上下文关系。例如下面的 CSS 规则和相应的 HTML 代码：

```
td a{ text-align: center;}

<table border="1">
    <tr>
        <td><a href="a.htm">File A</a></td>
        <td><a href="b.htm">File B</a></td>
    </tr>
</table>

<a href="c.htm">File C</a>
```

上述 CSS 规则意味着，只有在单元格中的超链接才会应用文字居中的样式，而其他的超链接则会忽略这一规则。

4. id 选择符

选择符可以是 HTML 文档中的一个特定元素，例如用"id"属性标识的某一个段落。这些可以看作是 HTML 元素类的实例对象。例如下面的 CSS 规则和相应的 HTML 代码：

```
#red {color:red;}

#green {color:green;}

<p id="red">这个段落是红色。</p>

<p id="green">这个段落是绿色。</p>
```

id 属性为 red 的 p 元素显示为红色，而 id 属性为 green 的 p 元素则显示为绿色。

5. 伪类与伪元素选择符

CSS 伪类(Pseudo-class)用于向某些选择器添加特殊的效果。使用伪类选择符的语法如下：

　　　selector:pseudo-class {property:value;}

常用的 CSS 伪类及其描述如表 3-1 所示。

表 3-1　常用的 CSS 伪类及其描述

伪　　类	描　　述
:active	向被激活的元素添加样式
:hover	当鼠标悬浮在元素上方时，向元素添加样式
:link	向未被访问的链接添加样式
:visited	向已被访问的链接添加样式

下面的代码给出了伪类用于超链接的显式效果，在不同的状态下超链接的颜色不同。

```
<html>
<head>
    <style type="text/css">
        a:link {
            color: #FF0000;
        }
        /*  未访问的超链接  */
        a:visited {
            color: #00FF00;
        }
        /*  已访问的超链接*/
        a:hover {
            color: #FF00FF;
        }
        /*  鼠标位于超链接之上  */
        a:active {
            color: #0000FF;
        }
        /*  鼠标在超链接上按键  */
    </style>
</head>
<body>
    <a href="default.jsp">这是一个由伪类装饰的超链接</a>
</body>
</html>
```

与伪类相似，伪元素(Pseudo element)也用于向某些选择器添加特殊的效果。

常用的 CSS 伪元素及其描述如表 3-2 所示。

表 3-2　常用的 CSS 伪元素及其描述

属　性	描　　述
:first-letter	向文本的第一个字母添加特殊样式
:first-line	向文本的首行添加特殊样式
:before	在元素之前添加内容
:after	在元素之后添加内容

下面为伪元素用于设定首字母(或第一个汉字)的代码，显式效果如图 3-1 所示。

```
<html>
<head>
    <style type="text/css">
        p:first-letter {
            color: #ff0000;
            font-size: xx-large;
        }
    </style>
</head>
<body>
    <p>伪类用于首字母的显式效果，第一个字符将显示为红色大字。</p>
</body>
</html>
```

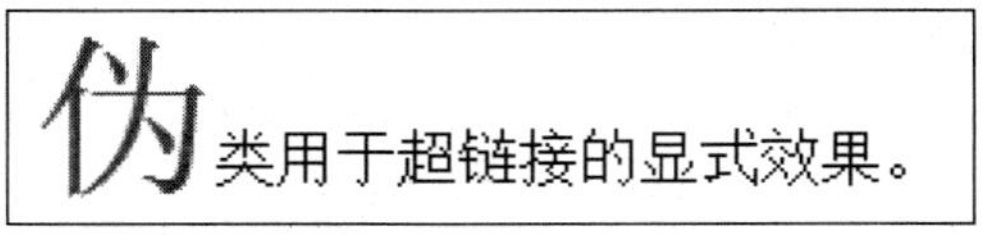

伪类用于超链接的显式效果。

图 3-1　伪元素的显式效果

6. 选择符分组

如果要将多个类或 id 设置成相同的样式，可对多个选择符进行分组设置。被分组的选择符用逗号隔开，共享相同的声明。下面的例子将所有的标题元素都以绿色进行显示，并将段落和表格中的字体设定为 9 pt 大小。

```
h1,h2,h3,h4,h5,h6 { color: green; }
p, table{ font-size: 9pt }
```

3.3　CSS 的层叠性与优先次序

CSS 允许以多种方式规定样式信息，包括内联样式、内部样式表、外部样式表等。如果在同一个 HTML 文档内部以不同的方式应用了多个 CSS 的定义，且对同一个 HTML 元素存在不止一次样式定义时，浏览器会使用哪个样式呢? 通常，这些来源不同的样式将根据一定的优先规则层叠于一个虚拟样式表中，且其优先顺序从高到低为:

- 内联样式(在 HTML 元素内部定义样式)
- 内部样式表(在 HTML 文档头部 <style> 元素中定义样式)
- 外部样式表(在 HTML 文档头部 <link> 元素中链接 CSS 文件)
- 浏览器默认设置(每个浏览器都对各种元素有默认的显示样式)

需要注意的是，虽然内联样式拥有最高的优先权，但在开发中尽量不要采用这种方式，因为分散在 HTML 文档中各元素内部的样式定义不便于维护和更改。

HTML 元素之间可以嵌套，比如 table 元素中可以直接嵌套 tr 元素、间接嵌套 td 元素。被嵌套的元素都可以称为子元素，而子元素在多数浏览器中会继承父元素的样式。比如对 table 的字体进行设置，则每个 td 中的字体也都会以这种样式显示，除非 td 元素自己有不同的设置。

对于某一个 HTML 元素，如果有多个选择符都对它进行了样式说明，那么浏览器将根据一定的优先次序决定最终的样式。多数浏览器支持的选择符优先次序从高到低为：id 选择符、子类选择符、类选择符。例如下面的代码：

```html
<html>
<head>
    <style type="text/css">
        p {
            color: #FF0000;
        }

        .blue {
            color: #0000FF;
        }

        #yellow {
            color: #FFFF00;
        }
    </style>
</head>
<body>
    <p class="blue" id="yellow">根据优先次序，文件将以黄色显示。</p>
</body>
</html>
```

根据选择符的层叠性，在实际的开发中常常先使用类选择符来大范围设置样式，然后使用子类选择符来设置小部分元素的样式，最后再使用 id 来针对个别元素进行特别设置。这种"从一般到特殊"的顺序非常便于开发和维护。

3.4　常用属性及其应用实例

3.4.1　CSS 文本属性

在 CSS 中，文本属性可定义文本的外观，如改变文本的颜色、对齐文本、装饰文本、对文本进行缩进等。CSS 文本属性主要包括 text-indent、text-align、word-spacing、letter-spacing、text-transform、text-decoration、white-space、direction 等，其功能如表 3-3 所示。

表 3-3　CSS 文本属性及其功能描述

属性	描　　述
color	设置文本的颜色
text-indent	规定文本块首行的缩进
text-align	对齐元素中的文本
word-spacing	设置字间距
letter-spacing	设置字符间距
text-transform	控制元素中的字母
text-decoration	向文本添加修饰
white-space	设置元素中空白的处理方式
direction	设置文本方向

text-indent 属性可以将 web 页面上的段落的首行缩进一个给定的长度，该长度甚至可以是负值。下面的规则会使所有段落的首行缩进 5 em：p {text-indent: 5em;}。该属性可以应用在所有块级元素中，但无法应用于行内元素和图像之类的替换元素。当缩进的长度是负值时，可以实现很多有趣的效果，比如"悬挂缩进"，即第一行悬挂在元素中余下部分的左边。此时为了避免出现因为负缩进而导致首行的某些文本超出浏览器窗口的左边界，建议针对负缩进再设置一个外边距或内边距：p {text-indent: -5em; padding-left: 5em;}

letter-spacing 属性与 word-spacing 的区别在于：前者修改的是字符或字母之间的间隔，后者修改的是字(单词)之间的标准间隔。

text-transform 属性可用来处理文本的大小写。这个属性有：none、uppercase、lowercase、capitalize 4 个值。默认值 none 对文本不做任何改动，而使用源文档中的原有大小写；uppercase 和 lowercase 将文本转换为全大写和全小写字符；最后，capitalize 则可将每个单词的首字母变为大写。

text-decoration 有 none、underline、overline、line-through、blink 5 个值。其中，underline 会对元素添加下划线，就像 HTML 中的 U 元素一样；overline 的作用恰好相反，会在文本的顶端画一个上划线；line-through 则在文本中间画一个贯穿线，等价于 HTML 中的 S 和 strike 元素；blink 会让文本闪烁，类似于 Netscape 支持的颇招非议的 blink 标记。

white-space 属性会影响到用户代理对源文档中的空格、换行和 tab 字符的处理。从某种程度上讲，默认的 XHTML 处理已经完成了空白符处理，即把所有空白符合并为一个空格。

direction 属性可以用来设定块级元素中文本的书写方向、表中列的布局方向、元素框中内容的方向等。

以上常用属性可以实现文本的特殊效果，代码如下：

```
<html>
<head>
    <style type="text/css">
```

```
        p {
            line-height: 0.5;
            text-indent: 1cm;
        }
        h1 {   text-decoration: overline;   }
        h2 {   text-decoration: line-through;   }
        h3 {   text-decoration: underline;   }
        h4 {   text-decoration: blink;   }
        h5 {   letter-spacing: 20px;   }
    </style>
</head>
<body>
    <p>
        清明
        <h5>作者：杜牧</h5>
        <h1>清明时节雨纷纷，</h1>
        <h2>路上行人欲断魂。</h2>
        <h3>借问酒家何处有，</h3>
        <h4>牧童遥指杏花村。</h4>
    </p>
</body>
</html>
```

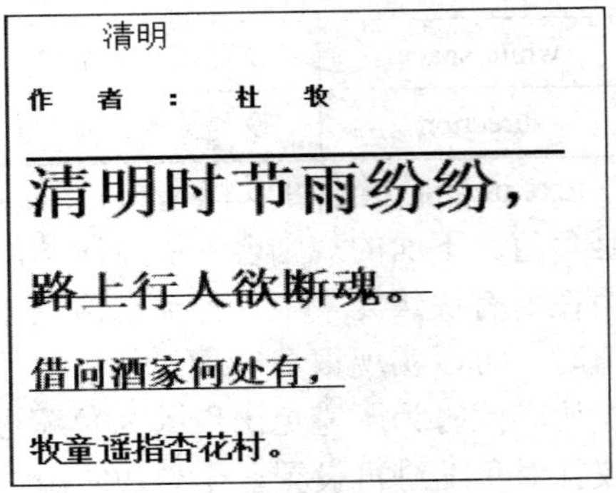

图 3-2　CSS 文本属性效果图

代码运行效果如图 3-2 所示。

3.4.2　CSS 表格属性

CSS 表格属性可确定表格的布局。与表格有关的特有属性有 border-collapse、border-spacing、caption-side、empty-cells、table-layout，其功能如表 3-4 所示。

表 3-4　CSS 表格属性及其功能描述

属性	描　　述
border-collapse	设置是否把表格边框合并为单一的边框
border-spacing	设置分隔单元格边框的距离
caption-side	设置表格标题的位置
empty-cells	设置是否显示表格中的空单元格
table-layout	设置显示单元格以及行和列的算法

border-collapse 属性值可以确定表格的边框是否被合并为一个单一的边框，其参数的可选值为 separate、collapse 和 inherit。当参数值为 separate 时，表格各部分的边框将分开显示，同时浏览器不会忽略对 border-spacing 和 empty-cells 属性的设置；当参数值为

collapse 时，边框会合并为一个单一的边框，同时浏览器会忽略对 border-spacing 和 empty-cells 属性的设置；当参数值为 inherit 时，意味着属性将从父元素的 border-collapse 属性继承属性值。

border-spacing 属性可以确定相邻单元格的边框间的距离。通过指定两个长度值，可以分别定义水平间隔和垂直间隔。虽然这个属性只应用于表格元素，但可以被表格中的所有元素继承。

caption-side 属性可以确定表格标题的位置。当属性等于默认值 top 时，表格标题定位在表格最上面；当属性等于 bottom 时，表格标题定位在表格最下面。

empty-cells 属性可以确定是否显示表格中的空单元格。当属性等于默认值 show 时，在空单元格周围绘制边框；当属性等于 hide 时，不在空单元格周围绘制边框。

table-Layout 属性用来确定表格单元格、行、列的布局算法规则。属性等于默认值 automatic 时选择自动布局算法，等于 fixed 时选择固定布局算法。固定布局算法比较快，但是不太灵活；自动算法比较慢，但更能反映传统的 HTML 表格。在固定布局中，水平布局仅取决于表格宽度、列宽度、表格边框宽度、单元格间距，与单元格的内容无关。使用固定表格布局时，浏览器在接收到表格的第一行数据后就可以显示表格。在自动布局中，列的宽度由列单元格中没有折行的最宽的内容确定，要等到表格中所有的行都传输完毕后才能确定，因此相对较慢。

CSS 中表格的边框与其他 CSS 元素的边框的定义和属性基本一致。边框样式的参数值及描述如表 3-5 所示。

表 3-5　边框样式的取值及其含义描述

属性值	含　义
none	默认值，无边框，不受任何指定的 border-width 值的影响
hidden	隐藏边框，用于解决和表格边框之间的冲突
dotted	点面线
dashed	虚线
solid	实线边框
double	双线边框。两条单线与其间隔的和等于指定的 border-width 值
groove	根据 border-color 的值画 3D 凹槽
ridge	根据 border-color 的值画 3D 凸槽
inset	根据 border-color 的值画 3D 凹边
outside	根据 border-color 的值画 3D 凸边

下面的例子说明了 table-layout 和 border-collapse 属性的作用，代码如下：

```
<html>
<head>
    <style type="text/css">
        table.one {
```

```
                table-layout: automatic;
                border-collapse: collapse;
            }

            table.two {
                table-layout: fixed;
                border-collapse: separate;
            }
        </style>
    </head>
    <body>
        <table class="one" border="1" width="100%">
            <tr>
                <td width="20%">AAA</td>
                <td width="40%">BBB</td>
                <td width="40%">CCC</td>
            </tr>
        </table>
        <br />
        <table class="two" border="1" width="100%">
            <tr>
                <td width="20%">DDD </td>
                <td width="40%">FFF</td>
                <td width="40%">GGG</td>
            </tr>
        </table>
    </body>
</html>
```

代码运行结果如图 3-3 所示。

AAA	BBB	CCC
DDD	FFF	GGG

图 3-3　CSS 边框属性效果图

3.5　CSS 盒子模型和网页布局方式

3.5.1　盒子模型简介

盒子模型对于 CSS 控制页面起着举足轻重的作用。熟练掌握盒子模型以及盒子模型各个属性的含义和应用方法后，就可以轻松地控制页面中每个元素的位置。下面将介绍盒子模型的概念及其属性的含义和使用方法。

CSS 中，盒子模型是用于描述一个由 HTML 元素形成的矩形盒子。盒子模型是由 margin(边界)、border(边框)、padding(空白)和 content(内容) 4 个属性组成，其示意图如图 3-4 所示。

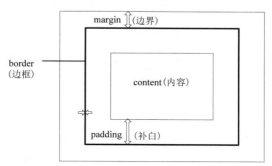

图 3-4 盒子模型示意图

盒子模型中最重要的是内容，其他几个属性是可选项。其中，content(内容)可以是文字、图片等元素；padding(补白)也称内边距、空白，用于设置盒子模型的内容与边框之间的距离；border(边框)即盒子本身，用于设置内容边框线的粗细、颜色和样式等；margin(边界)也称外边距，用于设置四周的外边距布局。

在用 CSS 定义盒子模型时，设置的高度和宽度是对内容区域高度和宽度的设置，并不是内容、边距、边框和边界的综合。从盒子模型的组成属性看，一个盒子的模型就是把上、下、左、右四个方面的全部设置值加起来。

border(边框)是围绕在内容和边界之间的一条或多条线。使用边框属性可以定义边框的样式、颜色和宽度。边框分为上边框、下边框、左边框和右边框，每个边框又包含 3 个属性，即边框样式、边框颜色和边框宽度。

边框样式(border-style)用于设置所有边框的样式，也可以单独地设置某个边的边框样式。

边框颜色(border-color)用于设置所有边框的颜色，也可以为某个边的边框单独设置颜色。边框颜色的属性值可以是颜色值，也可以设置其为透明的。border-color 参数与 border-style 参数的设置方法相同。设置 border-color 之前要先设置 border-style，否则 border-color 无法显示。

边框宽度(border-width)用于设置所有边框的宽度(即边框的粗细程度)，也可以单独设置某个边的边框宽度。其属性值有 4 个：medium，使用默认宽度；thin，小于默认宽度；thick，大于默认宽度；length，由浮点数字和单位标识符组成的长度值，不可为负值。border-width 参数与 border-style 参数的设置方法相同。

CSS 中的 padding 属性用于定义内容与边框之间的距离，该属性不允许为负值，但可以使用长度和百分比值。设置值为百分数时，该设置值是基于其父元素的宽度计算得出的，即该盒子模型的上一级宽度。

padding 是一个简写属性，用于设置四个边的内边距。如果只有一个设置值，则该设置值将作用于四个边；如果有两个设置值，则第一个设置值作用于上、下两边，第二个设置值作用于左、右两边；如果有三个设置值，则第一个值作用于上边，第二个值作用于左、右边，第三个值作用于下边；如果有四个设置值，则将按照上—右—下—左的顺序依次作用于四个边。

margin(边界)属性用于设置页面中元素之间的距离，其属性值可以为负值。如果某个元素的边界设置为透明的，则不能为其添加背景色。

margin 也是一个简写属性，可以同时定义上、下、左、右四个边的边界。其属性值可以是 length，即由浮点数字和单位标识组成的长度值；也可以是百分数，即基于父层元素的宽度值；还可以是 auto，即浏览器自动设置的值，多为居中显示。margin 属性值的设置与 padding 属性值的设置相同，这里不再赘述。

3.5.2 CSS 的定位功能

在网页设计中，控制各个模块在页面中的位置非常关键。这些模块只有放置在正确的位置上，网页的布局看起来才够美观。网页中的各种元素都必须有自己合理的位置，才能搭建出整个页面的结构。

使用 CSS 的定位功能，可以相对地、绝对地或者固定地对任何一个元素进行定位。在文本流中，每个元素的位置都已经是设置好的，但通过 CSS 的定位可以改变这些元素的位置，可以通过某个元素的上、下、左、右移动对其进行相对定位。进行相对定位后，虽然元素的表现区脱离了文本流，但文本流内仍为该元素保留一块空间位置，这个位置不能随着文本流的移动而移动。

相对定位只能在文本流中进行位置的上、下、左、右移动，同样存在一定的局限性。如果希望元素放弃在文本流内为其留下的空间位置，就要用绝对定位。绝对定位不仅可以使其脱离文本流，而且在文本流内不会为该元素留下空间位置，移出去的部分就成了自由体。绝对定位可以通过上、下、左、右移动元素，使之可以处在任何一个位置。当父层 position 属性为默认值时，元素将以 body 的坐标原点为起始点进行上、下、左、右的偏移。

当元素被设为相对定位或绝对定位后，将会自动产生层叠，其层叠级别高于文本流的级别。

有时，在实际应用中，既希望定位元素有绝对定位的特征，又希望绝对定位的坐标原点可以固定在网页中的某一个点。当这个点被移动时，绝对定位的元素要能保证相对于这个坐标原点的相对位置，即需要该绝对定位随着网页的移动而移动。要实现这种效果，就要将这个绝对定位的父级设置为相对定位。此时，绝对定位的坐标就会以父级为坐标起始点。

固定定位即 position：fixed，就是把一些特殊的效果固定在浏览器的视框位置。例如让一个元素随着页面的滚动而不断改变自己的位置。目前高级浏览器都可以正确地解析这个 CSS 属性。

3.5.3 CSS 的定位方式

在 CSS 中，对元素的定位可以通过 position 属性来设置：

position：static|relative|absolute|fixed

各参数说明如下：

static 参数：是所有元素定位的默认值，无特殊定位，对象遵循 HTML 定位规则，不能通过 z-index 进行层次分级。

relative 参数：相对定位。对象不可层叠，可通过 left、right、bottom、top 等属性指定该元素在正常文档流中的偏移位置，并可通过 z-index 进行层次分级。

absolute 参数：绝对定位。可脱离文档流，通过 left、right、bottom、top 等属性进行定位。选取其最近的父级定位元素，当父级元素的 position 为 static 时，该元素将以 body 坐标原点进行定位，可以通过 z-index 进行层次分级。

fixed 参数：固定定位。该参数固定的对象是可视窗口，而并非 body 或父级元素，可通过 z-index 进行层次分级。

相对定位的概念并不难理解。如果对一个元素进行相对定位的设定，这个元素将"相对于"它的起点进行移动。下例中，若将元素的 top 属性设置为 20 px，则元素移动到原位置顶部下方 20 像素的地方；同理，若将该元素的 left 属性设置为 30 px，则该元素会向右移动 30 像素，效果如图 3-5 所示。

```
#box_relative {
    position: relative;
    left: 30px;
    top: 20px;
}
```

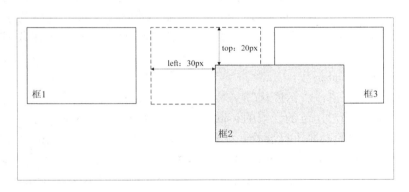

图 3-5　相对定位示意图

在使用相对定位时，无论是否进行移动，元素仍然占据原来的空间。因此，通过相对定位移动元素时可能会导致它覆盖其他元素。

而使用绝对定位时，元素的位置与文档流无关，因此不占据空间。这一点与相对定位不同，文本流中其他元素的布局就像绝对定位的元素不存在一样，如图 3-6 所示。

```
#box_relative {
    position: absolute;
    left: 30px;
    top: 20px;
}
```

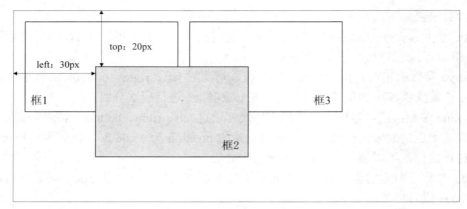

图 3-6　绝对定位示意图

绝对定位元素的位置是根据该元素的父元素所在位置进行计算的。若该元素没有父元素，那么它的位置就按照整个页面内容的左上角进行计算。

使用 float 定位元素只能在水平方向上定位，而不能在垂直方向上定位。Float 的定位方式有 float：left 和 float：right 两种，即让元素在父元素(或页面)中居左或居右。

如果不想让 float 下面的其他元素浮动环绕在该元素的周围，可以清除该浮动。使用 clear 方法可以将浮动清除。clear 清除浮动有三种值：clear：left 清除左浮动；clear：right 清除右浮动；clear-both 清除所有浮动。

在 CSS 中，可以处理元素的高度、宽度和深度三个纬度。其高度的处理用 height 属性，宽度的处理用 width 属性，而深度的处理则要用 z-index 属性。z-index 属性用于设置元素堆叠的次序，其原理是为每个元素指定一个数字，数字较大的元素将叠加在数字较小的元素之上。其使用格式如下：

z-index：auto|number；

其中，auto 为默认值，表示遵从其父对象的定位；number 是一个无单位的整数值，可以为负数。如果两个绝对定位的元素的 z-index 属性具有相同的 number 值，则依据该元素在 HTML 文档中声明的顺序进行层叠；如果绝对定位的元素没有指定 z-index 属性，则此属性的 number 值为正数的对象会在该元素之上，而 number 值为负数的对象在该元素之下。将参数设置为 null，可以消除此属性。该属性只作用于 position 的属性值为 relative 或 absolute 的对象，不作用于窗口控件。

3.5.4　网页布局方式实例

进行网页布局时，普遍采用的有两种方法，第一种是传统的 table 布局法，利用 table 表格的嵌套完成对网页的分块布局。第二种是 div+CSS 布局法，充分发挥 div 元素的灵活性。将页面用 div 分块后，再使用 CSS 对分布的块进行定位。对比两种方法，可以清楚地看到：table 布局法简单、制作速度快。设计者可以直接通过图像编辑器画图、切图，最后再由图像编辑器自动生成表格布局的页面。但用 table 布局的页面，源代码中存在大量的冗余，使页面结构与表现混杂在一起，非常不利于信息查找和管理，更不利于修改。div+CSS 的出现弥补了 table 布局的不足，具有以下两个方面的显著优势：

（1）提高了页面浏览速度。对于同一个页面视觉效果，采用 div+CSS 重构的页面要比 table 编码的页面文件小得多，浏览器不用去解析大量冗长的元素。

（2）易于维护和改版。由于多个页面可以共享一个 CSS 文件，因此只需简单地修改 CSS 文件就可以重新布局整个网站的页面。

含有导航栏和脚注的三栏结构，是常见的一种网页排版模式，如图 3-7 所示。为了下文讲解方便，本书中用字母标识每一模块，其中 A 为导航栏，H 为脚注，其余为划分的各内容板块。

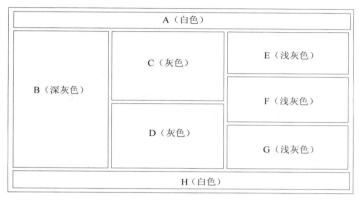

图 3-7　常见的网页排版模块图

为了完成如上布局，我们需做如下工作：

首先，用 div 元素对整个网页进行分块。八个 div 块分别对应图中的 A、B、C、D、E、F、G、H；将它们装进一个大的 div 块中，然后通过设置大的 div 块的属性使所有 div 块都居中显示。关键代码如下所示：

```
<body>
    <div id="container">
        <div id="header">
            <h1>A</h1>
        </div>
        <div id="left">
            <h1>B</h1>
        </div>
        <div id="middle">
            <h1>C</h1>
        </div>
        <div id="Div1">
            <h1>D</h1>
        </div>
        <div id="right">
            <h1>E</h1>
        </div>
```

```
        <div id="Div2">
            <h1>F</h1>
        </div>
        <div id="Div3">
            <h1>G</h1>
        </div>
        <div id="footer">
            <h1>H</h1>
        </div>
    </div>
</body>
```

然后用 CSS 对分布的 div 块进行定位。其中 B 模块采用 float 定位，C、D、E、F、G、H 模块采用相对定位。关键代码如下所示：

```css
#container {
    width: 1000px;
    height: 960px;
    border: #000000 solid 1px;
    margin: 0 auto;
}

#header {
    clear: both;
    height: 10%;
    padding: 1px;
    background-color: #FFFFFF;
}

#left {
    float: left;
    top: 10%;
    left: 0;
    margin: 0;
    width: 20%;
    height: 81%;
    background-color: #666666;
}

#right {
```

```
        position: relative;

        top: -80.8%;

        right: -60%;

        margin: 1px;

        padding: 2px;

        width: 39.5%;

        height: 26.5%;

        background-color: #CCCCCC;

    }


    #middle {

        position: relative;

        top: 0;

        left: 20%;

        width: 39.6%;

        height: 40%;

        margin: 1px;

        padding: 1.5px;

        background-color: #999999;

    }


    #footer {

        position: relative;

        top: -83%;

        left: 0;

        width: 100%;

        height: 8.5%;

        background-color: #FFFFFF;

    }
```

综上所述，将网页用 div 元素进行分块是网页布局设计的第一个步骤。它不涉及网页的设计样式，只是对网页的内容进行结构划分。第二个步骤是使用 CSS 对网页进行布局设计，先对每个 div 分块分别进行样式设计，然后在网页上为其安排合适的位置。可见 CSS 和 div 在网页布局中的分工不同，负责部分也不同，正是由于这种严格的分工，才真正地实现了网页内容与表现样式的分离以及网页的结构化设计。

如上的布局方式中，核心观念就是"盒子模型"。任何一个元素都可以理解成为一个"盒子"，如段落、图片、表格等，通过"盒子模型"的边界等属性可对每个"盒子"进行设置。CSS 除了对不同元素的样式属性的设置不同外，其排版可按照分块、定位、设置来完成。理解了上面的布局方式，就可以从网页层把握 CSS 对各种元素的排版规则，无需呆板地死记不同元素的样式属性及设置方法。只有很好地掌握了盒子模型以及其每个元素的用法，才能真正地控制页面中各元素的位置，从而更加准确地对各元素进行定位。

思 考 题

(1) CSS 文本属性可以设置文字的样式，HTML 中的文本元素也可以对文字样式进行设置。试比较这两种方式的主要不同之处。

(2) CSS 的层叠性是如何体现的？试举例说明。

(3) 从软件工程的角度来分析用 CSS 进行网页显示样式的设计有何优点。

(4) 简述 CSS 盒子模型的主要思路。

第 4 章 脚本语言——JavaScript

学习提示

　　如果说 HTML 文档创建了网页中的对象，CSS 设置了这些对象的属性值，那么 JavaScript 就可以让这些对象活起来，并按照规定的程序动起来，因为 JavaScript 是一种程序设计语言。作为一种热门的计算机语言，JavaScript 拥有大量的特性和优点，开发人员可以在此基础上扩展出各种复杂的应用。在很多云计算的环境中，我们都可以看到用 JavaScript 作为主要开发工具实现的在线文档编辑器(类似 Word)、可交互的地图以及各种社交网络软件。

　　鉴于初学者的需要和知识结构的考虑，本章着重介绍 JavaScript 语言最核心的特性和程序开发方法以及其对浏览器对象的操纵；在此基础上，本章还介绍了几种目前流行的 JavaScript 框架。

4.1　JavaScript 简介

　　JavaScript 是由 Netscape 公司开发的一种基于对象、事件驱动并具有相对安全性的客户端脚本语言。JavaScript 可以让网页产生动态、交互的效果，从而改善用户体验。目前，JavaScript 已成为 Web 客户端开发的主流脚本语言。

　　JavaScript 由 JavaScript 核心语言、JavaScript 客户端扩展和 JavaScript 服务器端扩展三部分组成。核心语言部分包括 JavaScript 的基本语法和 JavaScript 的内置对象，在客户端和服务器端均可运行；客户端扩展部分支持浏览器的对象模型 DOM，可以很方便地控制页面上的对象；服务器端扩展部分包含在服务器上运行的对象，这些对象可以和数据库连接，可以在应用程序之间交换信息，也可以对服务器上的文件进行操作。本教材主要讨论 JavaScript 核心语言和 JavaScript 客户端扩展的部分。

　　JavaScript 和 Java 从表面上看似存在某些联系，但是本质上讲，它们是两种不同的语言。JavaScript 是 Netscape 公司的产品，是一种解释型的脚本语言；而 Java 是 Sun 公司(现在已归于 Oracle 麾下)的产品，是一种面向对象的程序设计语言。从语法风格上看，JavaScript 比较灵活自由，而 Java 是一种强类型语言，语法比较严谨。它与 Java 名称上的近似，是当时 Netscape 为了营销考虑与 Sun 公司达成协议的结果。

　　JavaScript 程序是纯文本、无需编译的，任何文本编辑器都可以编辑 JavaScript 文件。JavaScript 并不强调完整的面向对象的概念，但使用了一种叫"原型化继承"的模型，并且 JavaScript 中也有作用域、闭包、继承、上下文对象等概念。

JavaScript 通过<script>元素在 HTML 文档中嵌入脚本代码，方法有两种，第一种方法是直接在 HTML 文档中编写 JavaScript 代码，如下所示：

```
<script type="text/JavaScript">
        document.write("这是 JavaScript！采用直接插入的方法！");
</script>
```

为了避免不支持 JavaScript 的浏览器将 JavaScript 程序解译成纯文字，书写代码时可以将 JavaScript 程序放在 HTML 的注释标签"<!--　-->"之间，例如：

```
<script language="JavaScript" type="text/JavaScript">
<!-- document.write("这是 JavaScript！采用直接插入的方法！"); -->
</script>
```

第二种方法是可以通过文件引用的方式将已经编写好的 JavaScript 文件(通常以.js 为扩展名)引入进来。这种方式可以提高代码的重用性和可读性，例如：

```
<script src="foo.js" language="JavaScript" type="text/JavaScript"></script>
```

其中 src 属性值就是脚本文件的地址。

需要说明的是，如果在<script>元素中指定了 src 属性，<script>元素中的其他内容都会被忽略，即在一个<script>元素中，要么将 JavaScript 程序直接写入 HTML 文档，要么通过文件引用的方式来实现，二者不能同时生效。例如：

```
<script src="foo.js" language="JavaScript" type="text/JavaScript">
        document.write("这段脚本将不会被执行！");
</script>
```

另外，虽然在一个 HTML 文档上，<script>块的数量没有明确的限制，但是应该按照功能的划分将一组相互依赖的或者功能相近的模块写在一个<script>块中，将功能相对独立彼此孤立的代码分开写入不同的<script>块中。

4.2　JavaScript 的基本语法

JavaScript 语言的语法类似于 C 语言和 Java 语言，但 JavaScript 的语法远不如 C 语言等严格。如果程序中有错误，浏览器会忽略错误的部分，而不是停止执行。与 C 语言一样，JavaScript 是对大小写敏感的语言。

4.2.1　常量和变量

JavaScript 程序中的数据根据值的特征分为常量和变量。常量是那些在程序中可预知结果的量，不随程序的运行而变化，而变量则正好相反。常量和变量共同构成了程序操作数据的整体。

JavaScript 中的常量更接近"直接量"，它可以是数值、字符串或者布尔值。更一般地说，JavaScript 的常量是那些只能出现在赋值表达式右边的那些量，如 3.1415、"Hello world"、true、null 等都是常量。

JavaScript 中用标识符来命名变量。合法的标识符可以由字母、数字、下划线以及$ 符号组成，其中首字符不能是数字。在代码 var a=5，b="test"，c=new Object() 中，标识符 a、b、c 都是变量，它们可以出现在赋值表达式的左侧。严格地说有一个例外，在 JavaScript 中，undefined 符号可以出现在赋值号的左边，但是根据它的标准化含义，还是将它归为常量。

JavaScript 内部定义的保留字不能用作变量名，如下：

> break case catch continue default delete do else finally for function if in with new return switch this throw try typeof var void while instanceof implements abstract boolean byte char class debugger double enum export extends final float goto const synchronized intinterface long native package private protected public short static super import throws transient volatile

不同于 C/C++和 Java，JavaScript 是一种"弱类型"语言，其变量可以存储任何类型的值。也就是说，对于 JavaScript 而言，数据类型和变量不是绑定的，变量的类型通常要到运行时才能决定。在 JavaScript 中既可以在声明变量时初始化，也可以在变量被声明后赋值，例如：

> var   num=3

或者：

> var   num
>
> num=3

因为 JavaScript 变量没有类型规则的约定，所以其使用从语法上讲就比较简单灵活。但同时，也由于没有变量类型的约束，对程序员也提出了更高的要求，尤其是在编写比较长而复杂的程序时，谨慎地管理变量和它所指向的值的类型，是一件非常重要的事情。

4.2.2 数据类型

JavaScript 中的数据类型主要包括基本数据类型和引用数据类型。基本数据类型包括数值、字符串和布尔型，引用数据类型包括数组和对象。

1. 数值

数值是最基本的数据类型，表示普通的数。JavaScript 的数值并不区别整型或浮点型，也可以理解为所有的数值都是由浮点型表示的，是精度64位浮点型格式(等同于Java和C++中的 double 类型)。

十六进制整数常量的表示方法是以"0X"或者"0x"开头，其后跟随十六进制数字串。十六进制数是用数字 0~9 以及字母 A~F 来表示的，其中字母大小写均可，如 0xff、0xCAFE911。

JavaScript中浮点型数值可采用科学计数法表示，如3.14，234.3333，6.02e23，1.4738e-23。

除了基本的数值之外，JavaScript 还支持一些特殊的数值，比如常量 Infinity 的含义为"无穷大"。

2. 字符串

JavaScript 中的字符串数据类型是由 Unicode 字符组成的序列。与 C++或 Java 不同，

JavaScript 没有 char 类型的数据，字符串是表示文本数据的最小单位。

JavaScript 的字符串常量是用单引号或双引号括起来的字符序列，其中可以含有 0 个或多个 Unicode 字符。字符串中可以使用转义符，如"\n"。与 C 语言类似，反斜线(\)为转义字符，例如"\n"表示换行符。

当用单引号来界定字符串时，字符串中如果有单引号字符，就必须用转义序列(\')来进行转义。反之，当用双引号来界定字符串时，字符串中如果有双引号字符，就要使用转义序列(\")来进行转义。例如：

    alert('\'');   (实际输出的字符串为一个单引号)
    alert("\"\\")；   (实际输出的字符串为一个双引号和一个反斜线)

表 4-1 列出了 JavaScript 转义序列以及它们所代表的字符。

表 4-1　JavaScript 转义序列以及所代表的字符

序列	所代表的字符
\0	NULL 字符
\b	退格符
\t	水平制表符
\n	换行符
\v	垂直制表符
\f	换页符
\r	回车符
\"	双引号
\'	单引号
\\	反斜线
\xXX	由两位十六进制数值指定的 Latin-1 字符
\uXXXX	由四位十六进制数值指定的 Unicode 字符
\XXX	由一位到三位八进制数指定的 Latin-1 字符。ECMAScript v3 不支持，不推荐使用

3. 布尔型

布尔型是最简单的一种基本数据类型，它只有两个常量值，即 true 和 false，代表着逻辑上的"真"和"假"。

4. 数组

数组是元素的集合。数组中的每一个元素都具有唯一的下标，可以通过下标来访问这些数值。数组下标是从 0 开始的连续整数。在 JavaScript 中，数组的元素不一定是数值，它可以是任何类型的数据(甚至可以是数组，进而构建成为二维数组)。

可以通过数组的构造函数 Array()来创建一个数组。数组一旦被创建，就可以给数组的任何元素赋值。与 Java 以及 C++明显不同的是，JavaScript 的一个数组中多个元素不必具有相同的类型，例如：

```
var a = new Array();
a[0] = 1.2;
a[1] = "JavaScript";
a[2] = true;
```

5. 对象

对象是 JavaScript 中的一种引用数据类型，也是一种抽象和广义的数据结构。JavaScript 对象是一个非常重要的知识，将在后面章节专门讨论，这里先讨论对象的基本形式和基本语法。

在 JavaScript 中，对象是通过调用构造函数来创建的。理论上任何 JavaScript 函数都可以作为构造函数来创建，例如：

```
var o = new Object();
var time = new Date();
```

对象一旦创建，就可以根据自己的意愿设计并使用它们的属性了。

4.2.3　表达式和运算符

JavaScript 的表达式是由变量、常量、布尔量和运算符按一定规则组成的集合，包括算术表达式、串表达式和逻辑表达式，例如：

```
number++
"Hello " + "you are welcome !"
(a > 5) && (b = 2)
```

JavaScript 中的运算符有赋值运算符、算术运算符、逻辑运算符、比较运算符、字符串运算符和位运算符等。

1. 算术运算符

算术运算符用于执行变量与(或)值之间的算术运算，其使用说明如表 4-2 所示。

表 4-2　JavaScript 中算术运算符

运算符	描　　　述	例子
+	加	x=y+2
−	减	x=y-2
*	乘	x=y*2
/	除	x=y/2
%	求余数(保留整数)	x=y%2
++	累加	x=++y
--	递减	x=--y

2. 赋值运算符

赋值运算符用于给 JavaScript 变量赋值，其使用说明如表 4-3 所示。

表 4-3　JavaScript 中赋值运算符

运算符	例　子	等价于
=	x=y	
+=	x+=y	x=x+y
-=	x-=y	x=x-y
*=	x*=y	x=x*y
/=	x/=y	x=x/y
%=	x%=y	x=x%y

3. 逻辑运算符与比较运算符

逻辑运算符与比较运算符都可返回布尔型的值。逻辑运算符用于测定变量或值之间的逻辑，其使用说明如表 4-4 所示。

表 4-4　JavaScript 中逻辑运算符

运算符	描　述	例　子
&&	逻辑"与"	(x<10&&y>1)
||	逻辑"或"	(x==5||y==5)
!	逻辑"非"	!(x==y)

比较运算符主要在逻辑语句中使用，其使用说明如表 4-5 所示。

表 4-5　JavaScript 中比较运算符

运算符	描　述	例　子
==	等于	x==8
!=	不等于	x!=8
>	大于	x>8
<	小于	x<8
>=	大于或等于	x>=8
<=	小于或等于	x<=8

4. 字符串运算符

JavaScript 只有一个字符串运算符"+"，使用字符串运算符可以把几个字符串连接在一起。例如，"hello"＋", world"的返回值就是"hello, world"。

5. 位运算符

位运算符是对数值的二进制位进行逐位运算的一类运算符。它们用于二进制数操作，在 JavaScript 的程序设计中并不常用。表 4-6 给出了位运算符的使用说明。

表 4-6　JavaScript 中位运算符

运算符	描　述	例　子
&	按位与运算	A&B
|	按位或运算	A|B
^	按位异或运算	A^B
~	按位取反	~A
<<	左移运算	A<<B
>>	右移运算	A>>B

6. 条件运算符

条件运算符是 JavaScript 中唯一的三目运算符，其表达式如下所示：

　　　test？语句 1：语句 2

其中 test、语句 1、语句 2 是它的三个表达式。

条件运算符首先计算它的第一个表达式 test 的值，如果它的值为 true，则执行语句 1 并返回其结果，否则执行语句 2 并返回其结果。例如下面代码可根据当前的时间返回 am 或 pm 的标志：

```
var now = new Date();
var mark = (now.getHours() > 12) ? "pm" : "am";
```

7. 逗号运算符

逗号运算符是一个双目运算符，它的作用是连接左右两个运算数，先计算左边的运算数，再计算右边的运算数，并将右边运算数的计算结果作为表达式的值返回。因此，

　　　x=(i=0，j=1，k=2)等价于：i=0；j=1；x=k=2。

运算符一般在只允许出现一个语句的地方使用。在实际应用中，逗号运算符常与 for 循环语句联合使用。

8. 对象运算符

对象运算符是指作用于实例对象、属性或者数组以及数组元素的运算符。JavaScript 中对象运算符包括 new 运算符、delete 运算符、in 运算符、. 运算符和 [] 运算符。针对对象运算符方面的进一步讨论请参考"类与对象"一章。

4.2.4　循环语句

循环语句是 JavaScript 中允许执行重复动作的语句。JavaScript 中，循环语句主要有 while 语句和 for 语句两种形式。

while 语句的基本形式如下：

```
while(expression)
statement
```

while 语句首先计算 expression 的值。如果它的值为 false，就转而执行程序中的下一条语句；如果值为 true，就执行循环体的 statement，然后再计算 expression 的值，一直重复以上动作直到 expression 的值为 false 为止。下面是一个 while 循环的例子：

```
var i = 10;
while (i--) {
    document.write(i);
}
```

for 语句抽象了结构化语言中大多数循环的常用模式，这种模式包括一个计数器变量，在第一次循环之前进行初始化，在每次循环开始之时检查这个计数器的值，决定循环是否继续，最后在每次循环结束之后通过表达式更新这个计数器变量的值。for 语句的基本形式如下：

```
for(initialize; test_expr; increment)
    statement
```

在循环开始之前，for 语句先计算 initialize 的值。在实际的程序中，initialize 通常是一个 var 变量声明和赋值语句，每次循环开始前要先计算表达式 test_expr 的值。如果它的值为 true，那么就执行循环体的 statement，最后计算表达式 increment 的值。这个表达式通常是一个自增/自减运算或赋值表达式。例如：

```
for (var i = 0; i < 10; i++) {
    document.write(i);
}
```

在 for 循环中，也允许使用多个计数器并在一次循环中同时改变它们的值，这种情况下通常需要逗号运算符的配合。例如：

```
for (var i = 0, j = 0; i + j < 10; i++, j += 2) {
document.write(i + "" + j + "<br>");
}
```

除了基本形式之外，for 语句还有另一种形式：

```
for (variable in object)
    statement
```

在这种情况下，for 语句可以枚举一个数组或者一个对象的属性，并把它们赋给 in 运算符左边的运算数，同时执行 statement。这种方法常用来穷举数组的所有元素和遍历对象的属性，包括原生属性和继承属性，前提是元素和属性是可枚举的。for/in 的存在不但为 JavaScript 提供了一种很强大的反射机制，也使得 JavaScript 的集合对象使用起来可以像哈希表一样方便。

4.2.5　条件语句

条件语句是一种带有判定条件的语句。根据条件的不同，程序选择性地执行某个特定的语句。条件语句和后循环语句都是带有从句的语句，它们是 JavaScript 中的复合语句。

JavaScript 中的条件语句包括 if 语句和 switch 语句。

if 语句是基本的条件控制语句，这个语句的基本形式是：

```
if(expression)    statement
```

在这个基本形式中，expression 是要被计算的表达式，statement 是一个句子或者一个段落。如果计算的结果不是 false 且不能转换为 false，那么就执行 statement 的内容，否则就不执行 statement 的内容。例如：

```
if (a != null && b != null) {
    a = a + b;
    b = a - b;
}
```

除了基本形式外，if 语句还具有扩展形式。在扩展形式下，if 语句允许带有 else 从句：

```
if(expression)    statement1
else    statement2
```

如果 expression 的计算结果不是 false 且不能够被转换为 false，那么执行 statement1 语句，否则执行 statement2 语句。

理论上讲结构化语言的任何一种条件逻辑结构都能用 if 和 if 与 else 组合来实现。但是当程序的逻辑结构出现多路分支的时候，如果依赖于层层嵌套的 if 语句，程序的逻辑结构最终将变得极其复杂。如果此时多个分支都依赖于同一组表达式的时候，JavaScript 提供的 switch 语句将比 if 语句嵌套更为简洁。switch 语句的基本形式如下：

```
switch(expression)
{
    statements
}
```

其中的 statements 从句通常包括一个或多个 case 语句，以及零个或一个 default 语句。case 语句和 default 语句都要用一个冒号来标记。执行 switch 语句的时候，先计算 expression 的值，然后查找和这个值匹配的 case 语句。如果找到了相应的语句，就开始执行语句后代码块中的第一条语句并依次顺序执行，直到 switch 语句的末尾或者出现跳转语句为止。如果没有查找到相应的标签，就开始执行标签 default 后的第一条语句并依次顺序执行，直到 switch 语句的末尾或者出现跳转语句为止。如果没有 default 标签，就跳过所有的 statements 代码块。下面是一个具体的 switch 控制语句的例子：

```
<html>
<head>
    <title>switch 控制语句</title>
</head>
<body>
    <script type="text/JavaScript">
        function convert(x) {
            switch (typeof x) {
```

```
        case 'number': return x.toString(16); //把整数转换成十六进制的整数
            break;
        case 'string': return '"' + x + '"';        //返回引号包围的字符串
            break;
        case 'boolean': return x.toString().toUpperCase();//转换为大写
            break;
        default: return x.toString();        //直接调用 x 的 toString()方法进行转换
        }
    }
    document.write(convert(110) + "<br/>");        //转换数值
    document.write(convert("ab") + "<br/>");        //转换字符串
    document.write(convert(true) + "<br/>");        //转换布尔值
</script>
</body>
</html>
```

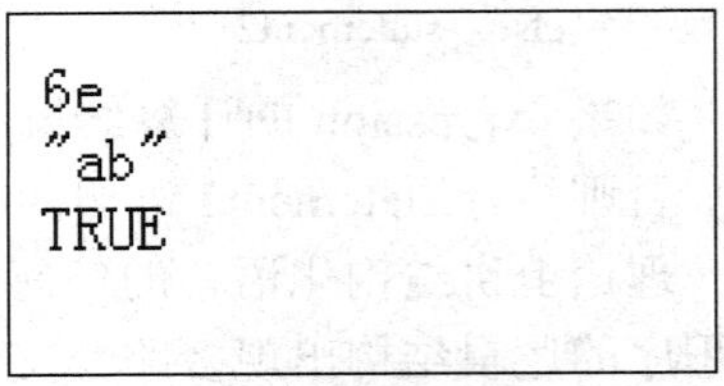

上述代码的执行效果如图 4-1 所示。

上面程序中出现了 break 语句。break 语句是 JavaScript 中的跳转语句,它会使运行的程序立即退出包含在最内层的循环或者 switch 语句。在本例中,遇到 break 语句之后就会结束 switch 语句。如果没有 break 语句,程序则会继续执行接下来的 case 语句。跳转语句是用来让程序逻辑跳出所在分支、

图 4-1　switch 语句的执行效果图

循环或从函数调用返回的语句。除了 break 语句,JavaScript 中还有 continue 和 return 这两种跳转语句。

continue 语句的用法和 break 语句非常类似,唯一的区别是 continue 不是退出循环而是开始一次新的迭代。continue 语句只能用在循环语句的循环体中,在其他地方使用都会引起系统级别的语法错误。执行 continue 语句时,封闭循环的当前迭代会被终止,并开始执行下一次迭代。例如:

```
for (var i = 1; i < 10; i++) {
    if (i % 3 != 0)
    continue;
    document.write(i + "<br>");
}
```

上面的代码意思是每次迭代的 i 值如果不能被 3 整除,则跳过当前循环(不执行 document 语句)而进入下一次循环。代码的输出为"3 6 9"。

4.2.6　函数

函数是封装在程序中并可以多次使用的模块,必须先定义后使用。通过 function 语句来定义函数有命名方式和匿名方式两种方式,例如:

```
function f1(){alert()};                    //命名方式
var f1=function(){alert()};                 //匿名方式
```

有时候也将用命名方式定义函数的方法称为"声明式"函数定义，而把匿名方式定义函数的方法称为引用式函数定义或者函数表达式。命名方式定义函数的方法是最常用的方法，其基本形式如下：

```
function 函数名(参数列表)
{
    函数体
}
```

定义一个函数时，函数的参数列表中的多个参数要用逗号分开。调用一个函数时，要把相应的零个或多个参数值放在括号中，同样用逗号隔开。

return 语句用来指定函数的返回值，并把这个值作为函数调用表达式的值。例如：

```
//定义一个函数 square()，计算 x 的平方值并返回该计算结果
function square(x) {
    return x * x;
}
```

return 语句的 expression 可以省略。缺省 expression 的 return 语句仅从函数调用中返回，不带任何值。

4.3　JavaScript 的面向对象特性

JavaScript 是一种基于对象的语言。所谓"基于对象"，通常指该语言不一定支持面向对象的全部特性，比如不支持面向对象中"继承"或"多态"的特点。JavaScript 具有封装的特点，可以使用封装好的对象，调用对象的方法，设置对象的属性。笼统地说，"基于对象"也是一种"面向对象"。

4.3.1　类和对象

对象是对具有相同特性的实体的抽象描述，实例对象是具有这些特征的单个实体。对象包含属性(Properties)和方法(Methods)两种成分。属性是对对象静态特征的描述，是对象的数据，以变量表征；方法是对对象动态特征的描述，也可以是对数据的操作，用函数描述。JavaScript 中的对象可通过函数由 new 运算符生成。生成对象的函数被称为类或者构造函数，生成的对象被称为类的实例对象，简称为对象。

通过 new 运算符可以构造对象，例如：

```
var a=new Object();
a.x=1,a.y=2;
```

也可以通过对象直接量来构造对象。这种方式使用了对象常量，实际上可以看成是 new 运算符方法的快捷表示法。例如：

```
        var b={x:1,y:2};
```

以上都是通过实例化一个 Object 来生成对象，是通过构造基本对象直接添加属性的方法来实现的。JavaScript 是一种弱类型的语言，一方面体现在 JavaScript 的变量、参数和返回值可以是任意类型的，另一方面也体现在 JavaScript 可以对对象任意添加属性和方法，这样无形中就淡化了"类型"的概念。例如：

```
        var a=new Object();
        var b=new Object();
        a.x=1, a.y=2;
        b.x=1, b.y=2, b.z=3;
```

在这种情况下既没有办法说明 a、b 是同一种类型，也没办法说明它们是不同的类型。而在 C++和 Java 中，变量的类型是很明确的，在声明时就已经确定了它们的类型和存储空间。JavaScript 允许给对象添加任意的属性和方法，这使得 JavaScript 对象变得非常强大。在 JavaScript 中，几乎所有的对象都是同源对象，它们都继承自 Object 对象。

对象运算符"new"是一个单目运算符，用来根据函数原型创建一个新对象，并调用该函数原型来初始化它。用于创建对象的函数原型既是这个对象的类，也是这个对象的构造函数。

下面是构造和使用对象的例子：

```
        <html>
        <head>
            <title>对象和对象的构造</title>
        </head>
        <body>
            <script type="text/JavaScript">
            var o = new Date();                //o 是一个 Date 对象
            Complex = function (r, i)          //自定义 Complex 类型，表示复数
            {
                this.re = r;
                this.im = i;
            }
            var c = new Complex(1, 2);         //c 是一个复数对象
            document.writeln(o.toLocaleString());
            document.write("<br>");
            document.write(c.re + "," + c.im);
            </script>
        </body>
        </html>
```

上述代码执行后将在网页上显示出年月日时分秒的信息。

对象运算符"delete"是一个单目运算符，用来删除运算数所指定的对象属性、数组元

素或者变量。如果删除成功，它将返回 true；否则将返回 false。

　　对象运算符 "." 和 "[]" 都是用来存取对象和数组元素的双目运算符。它们的第一个运算数都是对象或者数组，区别是运算符 "." 将第二个运算数作为对象的属性来读写，而 "[]" 则将第二个运算数作为数组的下标来读写；运算符 "." 要求第二个运算数只能是合法的标识符，而运算符 "[]" 的第二个运算数可以是任何类型的值甚至 undefined，但不能是未定义的标识符。例如：

```
var a = new Object();
a.x = 1;
alert(a["x"]);                    // a.x 和 a["x"]是等价的表示形式
var b = [1, 2, 3];
alert(b[1]);                      //对于数组 b，b[1]通过下标 "1" 访问数组的第二个元素
```

上述代码执行时，会弹出对话框以显示数组 a 和 b 的值。

另一种构造对象的方法是先定义类型，再实例化对象。例如：

```
function Point(x, y) {
    this.x = x;
    this.y = y;
}
var p1 = new Point(1, 2);
var p2 = new Point(3, 4);
```

　　上述代码使用 function 定义了一个构造函数 Point，实际上同时也定义了 Point 类型。p1 和 p2 是同一种类型的对象，都是 Point 类的实例。

4.3.2　JavaScript 的内置对象

　　JavaScript 核心中提供了丰富的内置对象，除了之前出现的 Object 对象外，最常见的有 Math 对象、Date 对象、Error 对象、String 对象和 RegExp 对象。下面分别对其进行说明。

　　1. Math 对象

　　Math 对象是一个静态对象，这意味着不能用它来构造实例。程序可以通过调用 Math.sin() 这样的静态函数来实现一定的功能。Math 对象主要为 JavaScript 核心提供了对数值进行代数计算的一系列方法(比如三角函数、幂函数等)以及几个重要的数值常量(比如圆周率 PI 等)。

　　2. Date 对象

　　Date 对象是 JavaScript 中用来表示日期和时间的数据类型。可以通过几种类型的参数来构造它，最简单的形式是缺省参数：

```
var now=new Date();
```

　　其次可以是依次表示 "年"、"月"、"日"、"时"、"分"、"秒"、"毫秒" 的数值，这些数值除了 "年" 和 "月" 之外，其他的都可以缺省。例如：

```
var time=new Date(1999,1,2);
```

　　以这种形式构造日期时应当注意的是，JavaScript 中的月份是从 0 开始计算的，因此上

面的例子构造的日期是 2 月 2 日，而不是 1 月 2 日。

第三种构造日期的方式是通过一个表示日期的字符串，例如：

```
var d=new Date("1999/01/02 12:00:01");          //这一次表示的是 1 月份
```

JavaScript 为 Date 对象提供了许多有用的方法。下面通过一个例子给出构造 Date 对象和使用 Date 对象的方法。

```
<html>
<head><title>测试</title></head>
<body>
    <script>
        var today = new Date();
        var year = today.getFullYear(); //获取年份
        var month = today.getMonth() + 1;   //JavaScript 中月份是从 0 开始的
        var date = today.getDate();         //获取当月的日期
        //表示星期的中文
        var weeks = ["星期日", "星期一", "星期二", "星期三", "星期四", "星期五", "星期六"];
        //输出结果
        document.write("今天是:");
        document.write(year);
        document.write("年");
        document.write(month);
        document.write("月");
        document.write(date);
        document.write("日");
        document.write("" + weeks[today.getDay()]);
    </script>
</body>
</html>
```

上述代码的输出将在页面中显示日期和星期，比如"今天是：2016 年 6 月 5 日星期日"。

3. Error 对象

JavaScript 中的 Error 对象用来在异常处理中保存异常信息。Error 对象包括 Error 及其派生类的实例，其派生类是 EvalError、RangeError、TypeError 和 SyntaxError。

4. String 对象

字符串对象是 JavaScript 基本数据类型中最复杂的一种类型，也是使用频率很高的数据类型。String 对象有两种创建方式：一是直接声明方式，二是通过构造函数 new String() 创建一个新的字符串对象。例如：

```
var s1= "abcdef";
var s2=new String("Hello,world");
```

String 对象的属性不多，常用的是 lenth 属性，用于标识字符串的长度。String 对象的方法比较多，而且功能也比较强大，表 4-7 列出了 String 对象的功能。可以看出，很多函数是与字符串的显示有关的。

表 4-7　JavaScript 中 String 对象的功能

方法	描　　述
anchor()	创建 HTML 锚
big()	用大号字体显示字符串
blink()	显示闪动字符串
bold()	使用粗体显示字符串
charAt()	返回在指定位置的字符
charCodeAt()	返回在指定的位置的字符的 Unicode 编码
concat()	连接字符串
fixed()	以打字机文本显示字符串
fontcolor()	使用指定的颜色来显示字符串
fontsize()	使用指定的尺寸来显示字符串
fromCharCode()	从字符编码创建一个字符串
indexOf()	检索字符串
italics()	使用斜体显示字符串
lastIndexOf()	从后向前搜索字符串
link()	将字符串显示为链接
localeCompare()	用本地特定的顺序来比较两个字符串
match()	找到一个或多个正则表达式的匹配
replace()	替换与正则表达式匹配的子串
search()	检索与正则表达式相匹配的值
slice()	提取字符串的片断，并在新的字符串中返回被提取的部分
small()	使用小字号来显示字符串
split()	把字符串分割为字符串数组
strike()	使用删除线来显示字符串
sub()	把字符串显示为下标
substr()	从起始索引号提取字符串中指定数目的字符
substring()	提取字符串中两个指定的索引号之间的字符
sup()	把字符串显示为上标
toLocaleLowerCase()	把字符串转换为小写
toLocaleUpperCase()	把字符串转换为大写
toLowerCase()	把字符串转换为小写
toUpperCase()	把字符串转换为大写
toSource()	代表对象的源代码
toString()	返回字符串
valueOf()	返回某个字符串对象的原始值

5. RegExp 对象

在 JavaScript 中，正则表达式由 RegExp 对象表示，它是对字符串执行模式匹配的强大工具。每一条正则表达式模式都对应一个 RegExp 实例。关于正则表达式的语法与应用，可参考专门的教材。

4.3.3　异常处理机制

异常(Exception)是一个信号，说明当前程序发生了某种意外状况或者错误。抛出(Throw)一个异常就是用信号来通知运行环境，程序发生了某种意外。捕捉(catch)一个异常就是采取必要或适当的动作从异常状态恢复。JavaScript 异常总是沿调用堆栈自下向上传播，直到被捕获或者传播到调用堆栈顶部为止。被传播到调用顶部的异常将会引发运行时错误，从而终止程序的执行。

异常通常是由运行环境自动引发的，原因可能是出现了语法错误、对错误的数据类型进行操作或者其他的一些系统错误，比如"被零除"、"函数参数不匹配"等。

JavaScript 的异常处理机制是标准的 try/catch/finally 模式。try 语句定义了需要处理异常的代码块，catch 从句跟随在 try 代码块后。当 try 代码块内某个部分发生异常时，catch 则能够"捕获"它们。finally 块一般跟随在 catch 从句之后，不管是否产生异常，finally 块中所包含的代码都会被执行。虽然 catch 和 finally 从句都是可选的，但是 try 从句之后至少应当有一个 catch 块或 finally 块。下面是一个异常处理的例子：

```
try{
    Bug                     //这里将会引发一个 SystaxError
}
catch(e)
{                           //产生的 SystaxError 在这里会被接住
    alert(e);               //异常对象将被按照默认的方式显示出来
}
finally
{
    alert("finally");       //不论如何，程序最终执行 finally 语句
}
```

4.4　JavaScript 在浏览器中的应用

4.4.1　浏览器对象

在开发网站前台程序时，对浏览器对象的调用是必不可少的。浏览器对象的结构如图 4-2 所示。

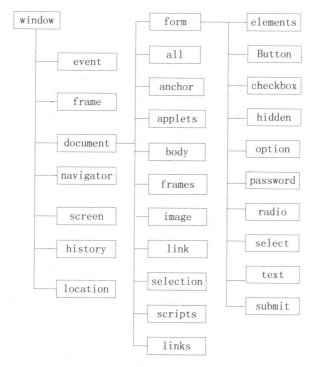

图 4-2　浏览器对象的结构

下面介绍两个最常用的浏览器对象——window 对象和 document 对象。

1. window 对象

window 对象是浏览器提供的第一类对象，其含义是浏览器窗口，每个独立的浏览器窗口或者窗口中的框架都是用一个 window 对象的实例来表示的。window 对象是内建对象中的最顶层对象，其下层对象有 event 对象、frame 对象、document 对象等，其中最主要的是 document 对象，它指的是 HTML 页面对象。

window 对象提供了丰富的属性和方法，主要常见的属性有 name、parent、self、top、status 和 defaultStatus 等，主要方法有：alert()、confirm()、close()、open()、prompt()、setTimeout() 和 clearTimeout()等。表 4-8 列举出了 window 对象的主要属性和它们的应用说明，表 4-9 列举了 window 对象的主要方法以及它们的应用说明。

表 4-8　window 对象的主要属性

属性名称	说　明	范　例
name	当前窗口的名字	window.name
parent	当前窗口的父窗口	parent.name
self	当前打开的窗口	self.status=“你好”
top	窗口集合中的最顶层窗口	top.name
status	设置当前打开窗口状态栏的显示数据	self.status=“欢迎”
defaultStatus	当前窗口状态栏的显示数据	self.defaultStatus=“欢迎”

表 4-9　window 对象的主要方法

方法名称	说　明	范　例
alert()	创建一个带"确定"按钮的对话框	window.alert('输入错误!')
confirm()	创建一个带"确定"和"取消"按钮的对话框	window.confirm('是否继续!')
close()	关闭当前打开的浏览器窗口	window.close()
open()	打开一个新的浏览器窗口	window.open(URL, '新窗口名', '新窗口属性设置')
prompt()	创建一个带"确定"、"取消"按钮及输入字符串字段的对话框	window.prompt('请输入姓名')
setTimeout()	设置一个时间控制器	window.setTimeout("fun()", 3000)
clearTimeout	清除原来时间控制器内的时间设置	window.clearTimeout()

　　window 对象方法中的 alert()、prompt()和 confirm()方法，作为 JavaScript 的接口元素，用来显示用户的输入，并完成用户和程序的对话过程。

　　alert()：显示一个警告框，其中"提示"是可选的，是在警告框内输入的内容。

　　confirm()：显示一个确认框，等待用户选择按钮。"提示"也是可选的，是在提示框中显示的内容，用户可以根据提示选择"确定"或"取消"按钮。

　　prompt()：显示一个提示框，等待输入文本，如果选择"确定"按钮，就会返回文本框中的内容；如果选择"取消"按钮，则返回一个空值。它的"提示"和"默认值"都是可选的，"默认值"是文本框的默认值。

　　下面是一个 window 对象的综合应用案例。

```
<!DOCTYPE HTML PUBLIC "-//W3C//DTD HTML 4.01 Transitional//EN" "http://www.w3.org/
TR/ html4/loose.dtd">
<html>
<head>
    <title>window 对象示例</title>
</head>
<body>
    <button id="btn" onclick="link('张三')">Click Me!</button>
    <script type="text/JavaScript">
        var btn = document.getElementById("btn");
        btn.value = "点击我";
        function link(str)
        {
            var myStr = prompt("请输入姓名");
            if (myStr == str)
```

```
        {        //如果验证姓名输入正确
            if (confirm(myStr + "你好！你想打开新的窗口?"))
                window.open("http://www.baidu.com");
        }
        else
        {
            alert("对不起，用户名信息错误!");
        }
        return;
    }
</script>
</body>
</html>
```

程序中 var myStr=prompt("请输入姓名")语句可以获取用户输入的字符串。如果用户选择"确定"按钮，在提示框中输入的数据将会赋值给变量 myStr；如果用户选择"取消"按钮，则会将默认值赋给 myStr。它在浏览器中的显示如图 4-3 所示。

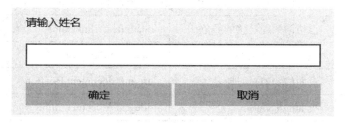

图 4-3　prompt 语句的执行效果图

如果用户输入的不是"张三"，则通过 alert("对不起，用户名信息错误!")函数显示信息；否则将通过 confirm(myStr+"你好！你想打开新的窗口?")函数在浏览器中弹出新的对话框，提示用户打开新窗口，如图 4-4 所示。

图 4-4　alert 与 confirm 函数的执行效果图

程序中 window.open("http://www.baidu.com")调用了 window 对象的 open 方法，其作用是打开一个新的窗口。

2. document 对象

document 对象是浏览器的一个重要对象，代表浏览器窗口的文档内容。浏览器装载一个新的页面时，总是初始化一个新的 document 对象。window 对象的 document 属性总是引用当前已初始化的 document 元素。

document 对象的属性可以用来设置 Web 页面的特性，例如标题、前景色、背景色和超链接颜色等，主要用来设置当前 HTML 文件的显示效果。表 4-10 列举了 document 对象的主要属性和它们的使用说明。

表 4-10   document 对象的主要属性

属性名称	说　　明	范　　例
alinkColor	页面中活动超链接的颜色	document. alinkColor="red"
bgColor	页面背景颜色	document.bgColor="ff0000"
fgColor	页面前景颜色	document.bgColor="ff000f"
linkColor	未访问的超链接的颜色	document.linkColor="red"
vlinkColor	已访问的超链接的颜色	document. vlinkColor="green"
lastModified	最后修改页面的时间	date=lastModified
location	页面的 URL 地址	url_inf=document.location
title	页面的标题	title_inf=document.title

document 对象的方法主要是用于文档的创建和修改操作，表 4-11 列举了 document 对象的主要方法和它们的使用说明。

表 4-11   document 对象的主要方法

方法名称	说　　明	范　　例
clear()	清楚文档窗口内的数据	document.clear()
close()	关闭文档	document. close()
open()	打开文档	document. open()
write()	向当前文档写入数据	document. write("你好！")
writeln()	向当前文档写入数据，并换行	document. writeln("你好！")

4.4.2　JavaScript 在 DOM 中的应用

DOM(Document Object Model，文档对象模型)是以面向对象的方式描述的文档模型。DOM 可以以一种独立于平台和语言的方式访问和修改一个文档的内容和结构，是表示和处理一个 HTML 或 XML 文档的常用方法。DOM 定义了表示和修改文档所需的对象、对象的行为和属性以及它们之间的关系。根据 W3C DOM 规范，DOM 是 HTML 与 XML 的应用编程接口(API)，用来将整个页面映射为一个由层次节点组成的文件。DOM 的设计是以对象管理组织(OMG)的规约为基础的，因此可以用于任何编程语言。DOM 技术使得用户页面可以动态地变化，如可以动态地显示或隐藏一个元素，改变它们的属性，增加一个元素等，使页面的交互性大大增强。下面是构建一个非常基本的网页的示例，其代码如下：

```html
<!DOCTYPE html PUBLIC "-//W3C//DTD XHTML 1.0 Transitional//EN" "http://www.w3.org/TR/xhtml1/DTD/xhtml1-transitional.dtd">
<html>
<head>
    <meta http-equiv="Content-Type" content="text/html; charset=gb2312" />
    <title></title>
</head>
<body>
    <h3>例子</h3>
    <p title="选择你最喜欢的运动">你最喜欢的运动是? </p>
    <ul>
        <li>篮球</li>
        <li>乒乓球</li>
        <li>足球</li>
    </ul>
</body>
</html>
```

上述代码的输出效果如图 4-5 所示。

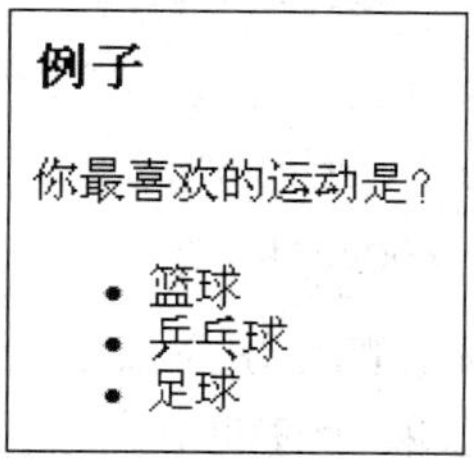

图 4-5　代码运行效果图

可以把上面的 HTML 描述为一棵 DOM 树。在这棵树中，\<h3\>、\<p\>、\<ul\>以及\<ul\>的 3 个\<li\>子节点都是树的节点，可通过 JavaScript 中的 getElementById 或者 getElementByTagName 方法来获取元素，这样得到的元素就是 DOM 对象。DOM 对象可以使用 JavaScript 中的方法和属性。getElementById 方法是通过节点的 id 值来获取该节点元素，而 getElementByTagName 则是通过标签的名称获取所有与之相同标签的节点，返回的是一个数组。将上述代码修改如下：

```html
<!DOCTYPE html PUBLIC "-//W3C//DTD XHTML 1.0 Transitional//EN" "http://www.w3.org/
```

```
TR/xhtml1/DTD/xhtml1-transitional.dtd">
<html>
<head>
    <meta http-equiv="Content-Type" content="text/html; charset=gb2312" />
    <title></title>
</head>
<body>
    <h3>例子</h3>
    <p title="选择你最喜欢的运动">你最喜欢的运动是? </p>
    <ul>
        <li>篮球</li>
        <li>乒乓球</li>
        <li>足球</li>
    </ul>
    <div id="dom">
    </div>
    <script type="text/JavaScript">
        var uls = document.getElementsByTagName("ul");
        uls[0].style.listStyle = "none";
        var domObj = document.getElementById("dom");
        domObj.innerHTML = "<h1>hello,world!</h1>"
    </script>
</body>
</html>
```

通过 getElementById 方法获取 id 值为 dom 的 div 节点,然后可以对其进行相应的操作。例如:

```
var domObj=document.getElementById("dom");
domObj.innerHTML="<h1>hello,world!</h1>";
```

上述代码将会在 div 中填充相应 HTML 代码。

可通过 getElementByTagName 获取标签的节点, 例如:

```
var uls=document.getElementsByTagName("ul");
uls[0].style.listStyle="none";
```

上面代码是通过 getElementByTagName 来获取所有 ul 标签的节点。虽然只有一个 ul 标签,但返回的是一个数组。通过对数组下标的操作可实现对具体标签的操作,上面 uls[0] 标示对第一个 ul 标签的引用,uls[0].style.listStyle 是将 ul 标签的 listStyle 样式修改为 none。需要说明的是,通过 JavaScript 修改 HTML 标签样式的时候,样式属性的名称和 CSS 中有所区别。CSS 中 listStyle 样式对应 list-style;而通过 JavaScript 修改样式的时候,应该去掉连字符,并且去掉连字符后的每个首字母必须大写。修改后的效果如图 4-6 所示。

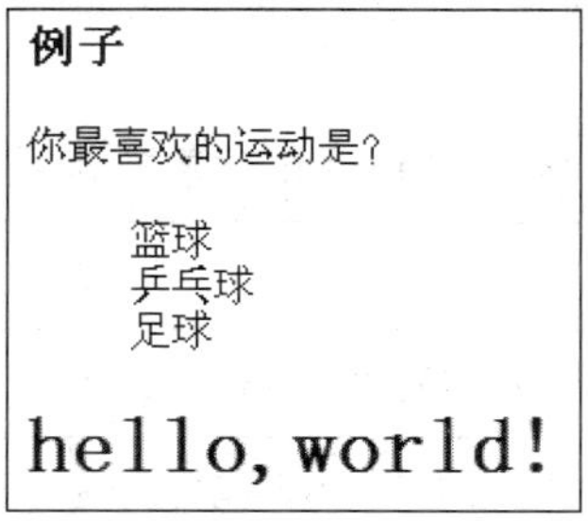

例子

你最喜欢的运动是？

　篮球
　乒乓球
　足球

hello,world!

图 4-6　代码的执行效果图

HTML 文档中不同的元素类型分别对应不同类型的 DOM 节点。在 JavaScript 中，这些节点是作为实现了特定的 Node 接口的 DOM 对象来操作的。每个 Node 对象都有一个 nodeType 属性，这些属性指定了节点类型。Node 的种类一共有 12 种，通过 Node.nodeType 的取值来确定(为 1-12)。表 4-12 给出了 HTML 文档中常见的几种节点类型。

表 4-12　HTML 文档中常见的几种节点类型

nodeType 常量	nodeType 值	备　注
Node.ELEMENT_NODE	1	元素节点
Node.TEXT_NODE	3	文本节点
Node.DOCUMENT_NODE	9	document
Node.COMMENT_NODE	8	注释的文本
Node.DOCUMENT_FRAGMENT_NODE	11	document 片断
Node.ATTRIBUTE_NODE	2	节点属性

DOM 树的根节点是个 Document 对象，该对象的 documentElement 属性引用表示文档根元素的 Element 对象，对于 HTML 文档来说，它就是<html>标记。JavaScript 操作 HTML 文档的时候，document 指向整个文档，<body>、<table>等节点类型即为 Element。Comment 类型的节点则是指文档的注释。

Document 定义的方法采用的是工厂化的设计模式，主要用于创建可以插入文档中的各种类型的节点。常用的 Document 方法如表 4-13 所示。

表 4-13　Document 对象的常用方法

方　法	描　述
createAttribute()	用指定的名字创建新的 Attr 节点
createComment()	用指定的字符串创建新的 Comment 节点
createElement()	用指定的标记名创建新的 Element 节点
createTextNode()	用指定的文本创建新的 TextNode 节点
getElementById()	返回文档中具有指定 id 属性的 Element 节点
getElementsByTagName()	返回文档中具有指定标记名的所有 Element 节点

对于 Element 节点，可以通过调用 getAttribute()、setAttribute()、removeAttribute()方法

来查询、设置或者删除一个 Element 节点的性质，比如<table>标记的 border 属性。表 4-14 列出了 Element 常用的方法。

表 4-14　Element 对象的常用方法

方　　法	描　　述
getAttribute()	以字符串形式返回指定属性的值
getAttributeNode()	以 Attr 节点的形式返回指定属性的值
hasAttribute()	如果该元素具有指定名字的属性，则返回 true
removeAttribute()	从元素中删除指定的属性
removeAttributeNode()	从元素的属性列表中删除指定的 Attr 节点
setAttribute()	把指定的属性设置为指定的字符串值，如果该属性不存在则添加一个新属性
setAttributeNode()	把指定的 Attr 节点添加到该元素的属性列表中

Attr 对象代表文档元素的属性，有 name、value 等属性，可以通过 Node 接口的 attributes 属性或者调用 Element 接口的 getAttributeNode()方法来获取。不过，在大多数情况下，使用 Element 元素属性最简单的方法是 getAttribute()和 setAttribute()两个方法，而不是 Attr 对象。

下面通过另一个实例来说明 JavaScript 是如何通过 DOM 来操作 HTML 文档的。

```html
<html>
<head>
    <meta http-equiv="Content-Type" content="text/html; charset=gb2312" />
    <title>DOM 操作 HTML 文档示例</title>
    <script type="text/JavaScript">
        function addMore() {
            var td = document.getElementById("more");     //获取 id 为 more 的节点
            var br = document.createElement("br");          //创建 br 元素
            var input = document.createElement("input");    //创建 input 元素
            var button = document.createElement("input");
            input.type = "file";                            //指定 input 这个 DOM 对象的类型
            input.name = "file";                            //指定名称
            button.type = "button";                         //指定 button 这个 DOM 对象的类型
            button.value = "Remove";                        //指定其 value
            td.appendChild(br);                             //将创建好的三个元素插入节点中
            td.appendChild(input);
            td.appendChild(button);
```

```
                button.onclick = function ()
                    {                      //为 button 按钮注册 onclick 事件
                    td.removeChild(br);                 //删除 br 元素
                    td.removeChild(input);              //删除 input 元素
                    td.removeChild(button);             //删除 button 元素
                    }
                }
        </script>
    </head>

    <body>
        <form action="#" enctype="multipart/form-data" method="post">
            <table border="1">
                <caption>文件上传示例</caption>
                <tr>
                    <td>  file:
                    </td>
                    <td id="more">
                        <input type="file" />
                        <input type="button" value="add More" onclick="addMore();" />
                    </td>
                </tr>
                <tr>
                    <td>
                        <input type="submit" value="提交" />
                    </td>
                    <td>
                        <input type="reset" value=" 重置 " />
                    </td>
                </tr>
            </table>
        </form>
    </body>
</html>
```

上面的代码是实现一个动态地添加附件的前台页面，就是说当附件的数量不确定的时候，可以动态地添加<input type="file" >这样的元素，也可以根据需要删除相应的表单元素。在本例中出现了 appendChild 和 removeChild 方法，分别是将创建的元素插入到节点中和从节点中删除相应元素，运行效果如图 4-7 所示。

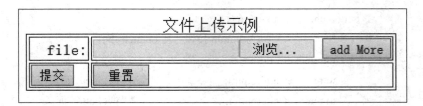

图 4-7 代码的执行效果图

4.4.3 事件驱动与界面交互

在浏览器文档模型中,事件是指因为某种具体的交互行为发生,而导致文档内容需要作某些处理的场合。在这种情况下,由被作用的元素发起一个消息并向上传播,进而在传播途径中被处理的行为称为事件响应或者事件处理。浏览器事件的种类很多,包括鼠标点击、鼠标移动、键盘输入、失去与获得焦点、装载、选中文本等。浏览器的 DOM 提供了基本的事件处理方式,被广泛应用于 Web 应用程序的开发中。

HTML 标准规定每个元素支持多种不同的事件类型。表 4-15 归纳整理了常见的事件类型。

表 4-15　JavaScript 中常见的事件类型

事件代理	事件说明	支持的 HTML 标记
onabort	图片装载被中断	\<img>\<object>
onblur	元素失去焦点	\<button>\<input>\<label>\<select>\<textarea>\<body>
onchange	元素内容发生改变	\<input>\<select>\<textarea>
onclick	单击鼠标	大部分标记
ondbclick	双击鼠标	大部分标记
onerror	图片装载失败	\<img>\<object>
onfocus	元素获得焦点	\<button>\<input>\<label>\<select>\<textarea>\<body>
onkeydown	键盘被按下	表单元素和 body
onkeypress	键盘被按下并释放	表单元素和 body
onkeyup	键盘被释放	表单元素和 body
onload	文档装载完毕	\<body>\<frameset>\<iframe>\<img>\<object>
onmousedown	鼠标被按下	大部分标记
onmousemove	鼠标在元素上移动	大部分标记
onmouseout	鼠标移开元素	大部分标记
onmouseover	鼠标移到元素上	大部分标记

续表

事件代理	事件说明	支持的 HTML 标记
onmouseup	鼠标被释放	大部分标记
onreset	表单被重置	<form>
onresize	调整窗口大小	<body><frameset><iframe>
onselect	选中文本	<input><textarea>
onsubmit	表单被提交	<form>
onunload	写在文档或框架	<body><frameset><iframe>

把一个脚本函数与事件关联起来被称为事件绑定,被绑定的脚本函数称为事件的句柄。在简单事件模型里,JavaScript 支持静态绑定和动态绑定两种不同的事件绑定方式。

HTML 元素的事件属性可以将合法的 JavaScript 代码字符串作为值,这种绑定被称为静态绑定,例如下面代码中 onclick 的属性值:

```
<button id="btn" onclick="link('张三')">Click Me!</button>
```

除了静态绑定之外,JavaScript 还支持直接对 DOM 对象的事件属性赋值,这种绑定称为动态绑定,例如:

```
<html>
<body>
    <button id="btn">Click Me!</button>
    <script type="text/JavaScript">
        btn.onclick = function () {
            alert("hello");
        }
    </script>
</body>
</html>
```

上面例子是在脚本中直接调用 id 为 "btn" 的按钮对象 onclick 事件,也可以直接将事件写在对象中,直接在对象中调用事件函数,例如:

```
<html>
<body>
    <button id="btn" onclick="pgload()">Click Me!</button>
    <script type="text/JavaScript">
        function pgload() {
            alert("hello");
        }
    </script>
</body>
```

```
</html>
```

上面的代码是将函数 pgload()注册给了 onclick 事件。

4.5 JavaScript 在 HTML5 中的应用

4.5.1 HTML5 绘图的应用

在前面的章节中，我们已经简单地描述了 HTML 5 中非常重要的 canvas 元素。Canvas API 是基于 canvas 元素的一套 JavaScript 函数库，它提供了基本的绘图功能，支持创建文本、直线、曲线、多边形和椭圆，并可以设置其边框的颜色和填充色。下面的例子用 JavaScript 和 canvas 创建了一个在商业报表中常见的直方图，代码如下：

```
<!DOCTYPE html>
<html>
<head>
    <meta http-equiv="Content-Type" content="text/html; charset=UTF-8" />
    <meta name="viewport" content="width=device-width; initial-scale=1.0;
        maximum-scale=1.0; user-scalable=0;" />
    <title>HTML 5 报表</title>
    <script type="text/javascript">
        function graph(report, maxWidth, maxHeight) {
            var data = report.values;
            var canvas = document.getElementById("graph");
            var axisBuffer = 20;
            canvas.height = maxHeight + 100;
            canvas.width = maxWidth;
            var ctx = canvas.getContext("2d");

            var width = 50;
            var buffer = 20;
            var i = 0;
            var x = buffer + axisBuffer;
            ctx.font = "bold 12px 宋体";
            ctx.textAlign = "start";
            for (i = 0; i < data.length; i++) {
                ctx.fillStyle = "rgba(0, 0, 200, 0.9)";
                ctx.fillRect(x, maxHeight - (data[i][report.y] / 2),
                        width, (data[i][report.y] / 2));
                ctx.fillStyle = "rgba(0, 0, 0, 0.9)";
```

```
            ctx.fillText(data[i][report.x], x + (width / 4), maxHeight + 15);
            x += width + buffer;
    }

    // draw the horizontal axis
    ctx.moveTo(axisBuffer, maxHeight);
    ctx.lineTo(axisBuffer + maxWidth, maxHeight);
    ctx.strokeStyle = "black";
    ctx.stroke();

    // draw the vertical axis
    ctx.moveTo(axisBuffer, 0);
    ctx.lineTo(axisBuffer, maxHeight);
    ctx.stroke();

    // draw gridlines
    var lineSpacing = 50;
    var numLines = maxHeight / lineSpacing;
    var y = lineSpacing;
    ctx.font = "10px 宋体";
    ctx.textBaseline = "middle";
    for (i = 0; i < numLines; i++) {
        ctx.strokeStyle = "rgba(0,0,0,0.25)";
        ctx.moveTo(axisBuffer, y);
        ctx.lineTo(axisBuffer + maxWidth, y);
        ctx.stroke();
        ctx.fillStyle = "rgba(0,0,0, 0.75)";
        ctx.fillText("" + (2 * (maxHeight - y)), 0, y);
        y += lineSpacing;
    }
}

function init() {
    var data = [{ year: "2010 年", sales: 50 },
        { year: "2011 年", sales: 150 },
        { year: "2012 年", sales: 300 },
        { year: "2013 年", sales: 400 }];
    var report = {
        x: "year",
```

```
                    y: "sales",
                    values: data
                };
                graph(report, 350, 300);
            }
        </script>
    </head>
    <body onload="init()">
        <canvas id="graph"></canvas>
    </body>
</html>
```

代码运行效果如图 4-8 所示。

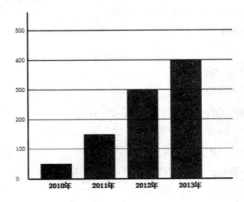

图 4-8　Canvas 创建的直方图

在上述 graph 函数中，首先通过 document.getElementById("graph")函数获取了这个图形所需要的 canvas 对象，并设置了画布的宽度和高度等属性；然后通过循环访问 data 数组获得了相应的数据，并根据数据绘制出柱状图。

代码中使用 rgba 函数设置了颜色及 alpha 值，颜色包括红(R)、绿(G)、蓝(B)三个部分，alpha 值则是颜色的透明度(代码中为 0.9，即 90%)。

代码中使用 fillRect 函数创建了柱状图，函数的参数为矩形的起点(x,y)、高度和宽度；使用 fillText 函数在画布上绘制文本；使用 moveTo 函数设置开始绘制直线的起始点；使用 lineTo 函数和 stroke 函数从当前点到指定点之间绘制了一条直线。

4.5.2　本地存储

传统的 HTML 使用 cookie 作为本地存储(浏览器端存储)的方式。通过 cookie 可以保存用户访问网站的信息，例如个人资料等。每个 cookie 的格式都是"键/值对"(或称为"名称/值对")，即<cookie 名>=<值>，名称和值都必须是合法的标示符。从 JavaScript 的角度看，cookie 就是一些字符串，可以通过 document.cookie 来读取或设置这些信息。由于 cookie 多用于在客户端和服务端之间进行通信，所以除了 JavaScript 以外，服务端的语言(如

JSP)也可以存取 cookie。

使用 cookie 需要注意它的如下特性:

(1) 每个 cookie 所存放的数据都不能超过 4 kB。

(2) cookie 以文件形式存放在客户端计算机中。对于客户端的用户来说,这些信息可以被查看和修改。因此,通常在 cookie 中不能存放与安全或隐私有关的重要信息。

(3) cookie 存在有效期。默认情况下,一个 cookie 的生命周期在浏览器关闭的时候结束。如果想要 cookie 能在浏览器关掉之后还可以继续使用,就必须要为该 cookie 设置有效期。

(4) cookie 通过域和路径来设置相应的访问控制。通过域的设置防止不同域之间不能互相访问 cookie 信息(除非特别设置);通过路径的设置,使得一个网页所创建的 cookie 只能被同一目录的其他网页访问。

下面代码介绍了如何设置和获取 cookie 的值。cookie 的值可以由 document.cookie 直接获得,得到的将是以分号隔开的多个"键/值对"所组成的字符串。代码如下:

```
<!DOCTYPE html>
<html>
<head></head>
<body onload="init()">
    <script type="text/JavaScript">
        document.cookie = "userId=828";
        document.cookie = "userName=hulk";
        var strcookie = document.cookie;
        alert(strcookie);
    </script>
</body>
</html>
```

关于服务器端的 cookie 访问,将在后面的章节中专门介绍。

应用 cookie 可以方便地存储用户的信息,但它本身也有明显的缺陷与不足。比如存储空间小,每个站点大小限制在 4 kB 左右;有时间期限,需要设置失效时间;在请求网页的时候 cookie 会被附加在每个 HTTP 请求的 header 中,增加了流量;在 HTTP 请求中,cookie 是明文传递的,具有安全隐患。

HTML5 的新标准提供了比 cookie 更好的本地存储解决方案,主要包括:localstorage、sessionstorage、webSQL 和 indexedDB 四种。由于浏览器的兼容性问题,基于 HTML5 标准的本地存储机制并未被所有浏览器支持,因此在实际使用时需要对前端环境进行测试。

4.6　常用的 JavaScript 框架

在软件工程中,提高代码重用性对缩短开发周期、降低开发难度、提高开发质量等都有明显的作用。在开发一定规模的基于 JavaScript 的浏览器端程序时要重视代码的重用性,一方面需要将在不同 HTML 文件中多次重用的 JavaScript 代码保存到独立的文件中，另一方面也可充分利用由其他机构开发出的 JavaScript 框架(类库)。目前常用的 JavaScript 框架包括 jQuery 和 ExtJS 等。

　　jQuery 是一个优秀的轻量级 JavaScript 框架，压缩后只有 21 kB，便于浏览器下载和执行。jQuery 框架兼容 CSS3 和多种浏览器，可以让开发者更方便地处理对象、事件和 AJAX 等。在开发时，通过定义 HTML 对象的 ID 值，jQuery 能够使程序代码和 HTML 内容更加方便地分离，适合团队协作开发。

　　ExtJS 是一种用于创建浏览器端用户界面的 JavaScript 框架。ExtJS 库中提供了功能丰富的的界面控件，特别是在信息系统开发中常用的控件，如表格控件、树形结构控件等。在 ExtJS 表格控件中可以完成很多界面效果，包括对行进行单选或多选、高亮显示选中的行、推拽改变列宽度、按列排序、支持 checkbox 全选、本地以及远程分页、对单元格进行渲染、添加新行、删除一或多行等。

　　为了提高开发效率，开发者除了使用适合的 JavaScript 框架以外，还需选择使用适合的 JavaScript 调试工具。Firebug 是一个 Firefox 浏览器插件，它集 HTML 查看和编辑、JavaScript 控制台、网络状况监视器于一体，可帮助开发者对 JavaScript 程序进行开发和调试。JSEclipse 是针对 Eclipse 开发平台的插件，它支持 JavaScript 的代码编写、大纲浏览、错误报告等功能。

思 考 题

　　(1) JavaScript 语言和 C 语言的异同有哪些?

　　(2) JavaScript 语言的面向对象的特性主要表现在哪些方面?

　　(3) JavaScript 语言有哪些内置对象?

　　(4) 试举例说明 JavaScript 语言异常处理机制。

　　(5) 编写代码练习：在网页中实现一个浮动的小图片，让其保持 45 度角的匀速直线运动，碰到浏览器边框时会被反弹到另一个方向。(提示：首先在 HTML 中用 DIV 声明一个层，在这一层中放置一个小图片，DIV 声明的矩形区域的大小与图片的大小相同；然后通过 JavaScript 语句来控制 DIV 层的横纵坐标，驱动的事件来自内置的 Timer 对象。)

第 5 章　XML 技术基础

学习提示

与网站设计技术刚刚兴起的时候不同，现在学习网站设计已经无法绕开 XML 技术了。从名字就可以看出，XML 与 HTML 有一定的相关性，它们都来自同一家族——SGML(Stardend Generalized Markup language，标准通用标记语言)。随着网站技术的广泛应用，单纯的 HTML 已无法满足应用的需求，于是 XML 技术临危受命，担当起打破技术瓶颈、提供扩展能力的重要角色。

目前，XML 不仅在网站设计的前台、后台发挥重要的作用，而且已广泛应用于互联网、物联网、大数据、云计算等重要领域。

5.1　XML 简介

为了使异构系统间的数据交换更加容易实现，W3C 于 1998 年正式推出了可扩展标记语言(Extensible Markup Language，简称为 XML)。作为标准通用标记语言(SGML)经过优化后的一个子集，XML 具有简明的结构、良好的可扩展性、通用性和开放性，因而逐步成为信息交换和共享的重要手段。目前，XML 已被广泛地应用于网站开发中的许多环节，包括服务器配置、业务流程描述、程序代码编写和数据库接口设计等方面。

XML 的产生与 HTML 在应用过程中产生的瓶颈问题直接相关。虽然，HTML 是 Web 的"数据类型"，但同时还具有如下不足：

(1) HTML 是专门为描述主页的表现形式而设计的，它疏于对信息语义及其内部结构的描述，不能适应日益增多的信息检索要求和存储要求。

(2) HTML 对形式的描述能力实际也还是非常不够的，它无法描述矢量图形、科技符号和一些其他的特殊显示效果。

(3) HTML 的元素日益臃肿，文件结构混乱而缺乏条理，导致浏览器的设计越来越复杂。

HTML 源自于 SGML，后者是描述各种电子文件的结构及内容的成熟的国际标准，因此 SGML 便很自然地成为解决 HTML 瓶颈问题的思路。但 SGML 并非为 Internet 应用而设计，它的体系也太过复杂和庞大，很难被 Internet 应用所广泛使用。于是，经过多次国际会议和多个国际组织的努力，针对 Internet 进行优化的 SGML "子集"——XML——于 1998 年诞生了。XML 克服了 SGML 繁杂的缺点而保留了其优点，使其可以方便地应用于各种基于 Internet 的系统中。

XML 文档的层次结构很容易被软件所解析，同时还非常易于阅读。图 5-1 记事本中的代码描述了一个大学中的院系设置。

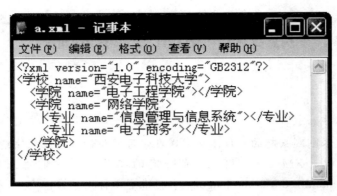

图 5-1　典型的 XML 代码

XML 继承了 SGML 所具有的可扩展性、结构性及可校验性的特点，这也是 HTML 与 XML 的主要区别：

(1) 可扩展性方面：HTML 不允许用户自定义标识或属性；而在 XML 中，用户能够根据需要，自行定义新的标识和属性名，以便更好地从语义上修饰数据。

(2) 结构性方面：HTML 不支持深层的结构描述，而 XML 的文件结构嵌套则可以复杂到任意程度。

(3) 可校验性方面：传统的 HTML 没有提供规范文件，以支持应用软件对 HTML 文件进行结构校验；而 XML 文件中包含语法描述，使应用程序可以对此文件进行结构确认。

虽然 XML 较 HTML 具有很多优势，但这并不能得到"XML 将取代 HTML"的结论。尽管 XML 也可以用来描述表现形式，但这种描述的方式(具体的标签和语法)也必须通过标准固定下来，而 HTML 就是这种完成特定任务的"固化"的标准。事实上，W3C 确实制定了一个应用标准——XHTML，用以规范网页设计。

XML 的开放特性使任何一个信息发布者(包括企业或个人)都可以制定自己的信息描述标准并按这一标准提交 XML 文档，这就造成了不同的格式版本具有相同的信息内容，文档之间也难以相互兼容。这种结果必然制约 XML 的通用性，阻碍信息的交流。因此，根据不同行业的特点制定一系列 XML 应用标准是很有必要的。

XML 的技术标准分为：元语言标准、基础标准和应用标准三个层次，如图 5-2 所示。其中，元语言是整个体系的核心，包含了 XML 从 SGML 中继承和扩展的语言特性；基础标准规定了 XML 中的公用特征，如命名空间(Namespace)、XML 连接(XLink)、架构(Schema)以及文档对象模型(DOM)等，它们是进一步建立 XML 应用标准的基础；应用标准是基于文档特性、应用环境和使用方式等特点制定的实用化标准。

制定 XML 应用标准是一件非常庞大的工程，涉及 XML 的体系结构、应用环境以及行业特点等问题。因此，许多企业、行业协会和政府部门都参与了标准的制定，并针对不同的应用环境推出了大量的标准。

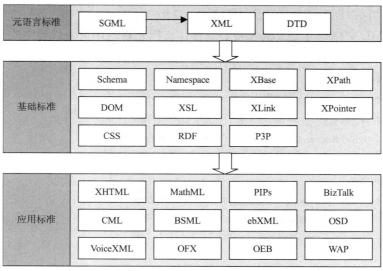

图 5-2　XML 技术标准体系

5.2　XML 语法与结构

5.2.1　处理指令

XML 的处理指令是用来给处理 XML 文档的应用程序提供信息的。处理指令遵循下面的格式：

　　　　<?指令名　指令信息?>

例如：

　　　　<?xml version="1.0" encoding="GB2312" standalone="yes"? >

　　　　<?xml-stylesheet type="text/xsl" href="mystyle.xsl"?>

例子中的第一个处理指令是由<?xml>标签描述的 XML 声明，其中的信息为：该文档遵守的是 XML 版本 1.0，文档所使用的编码方式为 GB2312(默认为 UTF-8)，Standalone 属性说明文档不需要从外部导入文件；第二个处理指令指定了 XML 文件配套使用 XSL 文件 mystyle.xsl。

5.2.2　XML 元素

XML 文档的基本单位是元素。元素是一个信息块，由一个元素名和一个元素内容构成。元素的名称应遵守如下规则：

(1) 元素名称中可以包含字母、数字以及其他字符；

(2) 元素名称不能以数字或 "_"(下划线)开头；

(3) 元素名称不能以 "xml"(包括其各种大小写形式)开头；

(4) 元素名称中不能包含空格；

(5) 元素名称中间不能包含 ":" (冒号)。

每一个 XML 文档都有一个根元素，或称作文档元素，如下面代码中的<Sections>：

```
<?xml version="1.0"?>
<Sections>
  <ado>
    <code>Source Code Section of C-Sharp Corner</code>
    <articles>Source Code Section of C-Sharp Corner</articles>
  </ado>
  <Graphics>
    <code>GDI+ source Code Section of C-Sharp Corner</code>
    <articles>Source Code Section of C-Sharp Corner</articles>
  </Graphics>
</Sections>
```

按照 XML 元素所包含的内容，可以将 XML 元素分为以下四种形式：

(1) 包含数据内容的元素：这些元素中只包含数据，例如 <x>abc</x>。

(2) 包含子元素内容的元素：元素包含一个或多个子元素，例如 <x><y></y></x>。

(3) 空元素：元素中既不包含数据内容又不包含子元素，例如 <x> </x>，可以简写为<x/>。

(4) 包含混合内容的元素：元素既包含数据内容又包含子元素，例如 <x>abc<y></y></x>。

元素中的数据内容通常是一般的字符串，但如果这些字符串的内容与 XML 文档本身会产生二义性，则需要采用 CDATA(character data)来声明，例如：

```
<x> <![CDATA[<AUTHOR name="Joey"> </AUTHOR>]]> </x>
```

通过这种方式，将整个字符串 "<AUTHOR name="Joey"> </AUTHOR>" 声明为<x>元素的数据内容。

空元素看似没有实质意义，但与元素属性配合则可描述具有一定特征的元素。另外，虽然 XML 的语法支持包含混合内容的元素，但这种形式在数据语义上容易造成混乱，不建议使用。

XML 与 HTML 有很多相似性，但在语法上 XML 比 HTML 更为严格，所以在编写 XML 文档时需要注意下列细节：

(1) XML 对大小写敏感，例如<table>和<TABLE>是不同的元素；

(2) XML 的每一个元素都必须有对应的结束标签，即使是空元素也必须要写一对标签；

(3) XML 中的元素之间可以嵌套形成子元素，但不能交叉。例如 This text is bold and italic 在 XML 的语法中是错误的；

(4) 空格也可以是 XML 文档的数据内容。

5.2.3　元素属性

XML 属性提供了一种定义复杂元素的解决方案。属性由属性名和属性值组成。元素的属性说明只能在元素起始标签或空元素标签中出现，而属性值必须放置在一对双引号中，例如：

　　　　　　<code language= "C# ">Source Code Section of C-Sharp Corner</code>

　　与元素名一样，属性名也对大小写敏感。如果属性名为"ID"，则说明该属性可以作为元素的索引。

　　对于 XML 元素来说，属性并不是必需的，有时我们也可以将相同的信息放到一个子元素中。但对于比较简单的上下文信息，使用属性比使用子元素更方便，而且表达的意思也更清晰。

5.3　命　名　空　间

　　命名空间(Namespaces)是 XML 规范的重要组成部分，它可以对 XML 元素或属性的命名进行扩展。采用命名空间方式后，XML 的元素名称将由一个前缀名称和一个本地名称组成，之间用冒号进行分隔。前缀名称采用统一资源标识符(URI)的格式，相当于"姓"；本地名称则是一个普通的字符串，相当于"名"，但在同一个前缀名称中"姓"和"名"不能重复。在互联网中，不同公司或组织的统一资源标识符(URI)不同，且同一个公司或组织内的本地名称也不同，因此前缀名称和本地名称的命名组合可以生成互联网中的唯一名称。

　　URI 有统一资源定位器 (URL) 和统一资源名称 (URN)两种类型，都可以用作命名空间标识符，其中 URL 的方式更为常用。命名空间标识符只是字符串，并不代表在互联网中可以访问到相应的资源。当两个命名空间标识符中的各个字符都完全相同时，它们就被视为相同。

　　命名空间的语法如下：

　　　　　　xmlns:[prefix]= "[url of name]"

其中，xmlns:是必需的属性；prefix 是命名空间的别名。

　　例如：

　　　　　　<sample xmlns:ins="http://www.lsmx.NET.ac">

　　　　　　　<ins:batch-list>

　　　　　　　　<ins:batch>Evening Batch</ins:batch>

　　　　　　　</ins:batch-list>

　　　　　　</sample>

　　上述代码中，batch-list 和 batch 等元素都是在 http://www.lsmx.NET.ac 命名空间中定义的，该命名空间的别名为 ins。

5.4　文档类型定义与校验

　　对文档的格式和数据进行有效性验证可以对应用程序之间的数据交换提供保障。XML标准先后推荐了两种 XML 文档验证方式，包括文档类型定义(DTD)和 XML 架构(XML Schema)。

5.4.1 文档类型定义——DTD

文档类型定义 (Document Type Definition，简称为 DTD) 是一套语法规则，可以作为 XML 文档的模板，同时也是 XML 文档的有效性(valid)校验标准。在 DTD 中可以定义一系列文档规则，包括文档中的元素及其顺序、属性等。当我们打开很多网站的页面源代码时，可能会看到 HTML 文档的第一行文字为：

```
<!DOCTYPE html PUBLIC "-//W3C//DTD XHTML 1.0 Transitional//EN" "http://www.w3.org/TR/
xhtml1/DTD/xhtml1-transitional.dtd">
```

这便是 XHTML 的文档类型定义声明，浏览器根据这一声明决定如何解析页面元素。例如，假定要使用以下 XML 词汇描述员工信息：

```
<employee id="555-12-3434">
    <name>Mike</name>
    <hiredate>2007-12-02</hiredate>
    <salary>42000.00</salary>
</employee>
```

以下 DTD 文档描述了 XML 文档的结构：

```
<!-- employee.dtd -->
<!ELEMENT employee (name, hiredate, salary)>
<!ATTLIST employee    id CDATA #REQUIRED>
<!ELEMENT name (#PCDATA)>
<!ELEMENT hiredate (#PCDATA)>
<!ELEMENT salary (#PCDATA)>
```

由于 DTD 语法本身不符合 XML 的语法规范，所以不能使用标准的 XML 解析器来处理 DTD 文档。基于 XML 的文档定义方式——XML 架构的产生弥补了这一缺陷。

5.4.2 XML 架构——XML Schema

XML 架构(XML Schema)是一种文档类型定义方式，其与 DTD 的最大区别在于 XML 架构本身也是 XML 文档。XML 架构文档之于 XML 实例文档如同面向对象系统中对象类之于实例对象。因此，一个 XML 架构文档往往对应多个 XML 实例文档。

架构定义中使用的元素来自 http://www.w3.org/2001/XMLSchema 命名空间。为使用方便，通常将其赋于别名 xsd。以下为 XML 架构文件的结构：

```
<xsd:schema xmlns:xsd="http://www.w3.org/2001/XMLSchema"
    targetNamespace="http://example.org/employee/">
<!-- definitions go here -->
</xsd:schema>
```

XML 架构定义中必须有一个根 xsd:schema 元素。根元素可包含的子元素包括 xsd:element、xsd:attribute 和 xsd:complexType 等。例如我们要描述以下这类 XML 实例文档：

```
<tns:employee xmlns:tns="http://example.org/employee/"
          tns:id="555-12-3434">
<tns:name>Monica</tns:name>
<tns:hiredate>1997-12-02</tns:hiredate>
<tns:salary>42000.00</tns:salary>
</tns:employee>
```

可以看出，XML 架构的描述较 DTD 而言要"繁琐"一些，但"繁琐"的方式却可带来更加灵活和强大的文档定义功能。比如，XML 架构中可以使用更加丰富的数据类型，子元素的出现次数和排序的定义也更加灵活，代码的重用性和可维护性也较高。

5.5   XML 文档样式转换

5.5.1   在 XML 中使用 CSS

HTML 将数据内容与表现融为一体，而 XML 则主要用于数据内容的描述。但当用户希望以一定方式(比如网页方式)观看数据时，就需要将 XML 的表现方式与其内容进行结合。使用 CSS 可以为 XML 文档提供样式描述。

例如，下例为一个关于音乐 CD 的 XML 文档(cd_catalog.xml)：

```
<?xml version="1.0" encoding="iso-8859-1"?>
<CATALOG>
  <CD>
    <TITLE>Empire Burlesque</TITLE>
    <ARTIST>Bob Dylan</ARTIST>
    <COUNTRY>USA</COUNTRY>
    <COMPANY>Columbia</COMPANY>
    <PRICE>10.90</PRICE>
    <YEAR>1985</YEAR>
  </CD>
  <CD>
    <TITLE>Hide your heart</TITLE>
    <ARTIST>Bonnie Tyler</ARTIST>
    <COUNTRY>UK</COUNTRY>
    <COMPANY>CBS Records</COMPANY>
    <PRICE>9.90</PRICE>
    <YEAR>1988</YEAR>
  </CD>
</CATALOG>
```

针对该 XML 文档建立一个 CSS 文件(cd_catalog.css)，说明各个元素的显示方式，其内容如下：

```
CATALOG {
    background-color: #ffffff;
    width: 100%;
}
CD {
    display: block;
    margin-bottom: 30pt;
    margin-left: 0;
}
TITLE {
    color: #FF0000;
    font-size: 20pt;
}
ARTIST {
    color: #0000FF;
    font-size: 20pt;
}
COUNTRY, PRICE, YEAR, COMPANY {
    display: block;
    color: #000000;
    margin-left: 20pt;
}
```

在 cd_catalog.xml 文件中添加 CSS 说明指令，形成以下文件：

```
<?xml version="1.0" encoding="ISO-8859-1"?>
<?xml-stylesheet type="text/css" href="cd_catalog.css"?>
<CATALOG>
    ……
</CATALOG>
```

在浏览器中展现该 XML 文档，其结果如图 5-3 所示。

图 5-3　XML 加上 CSS 文件后在浏览器中的显示

可以看出，用 CSS 可以描述 XML 文档的样式，但其效果较为简单。更符合 XML 自身特点的样式描述可以由 XSL 来完成。

5.5.2　在 XML 中使用 XSL

可扩展样式语言(XML Style Language，简称为 XSL)可以将 XML 文件作为原料，通过选择、测试和匹配等方式将 XML 转换为目标文档，比如 HTML。

要从 XML 里提取相关的数据进行样式转换，就要用到 XSL 提供的模式查询语言。所谓模式查询语言，就是通过相关的模式匹配规则表达式从 XML 里提取数据的特定语句。模式查询语言可分为三种：

- 选择模式：<xsl:for-each>、<xsl:value-of>和<xsl:apply-templates>
- 测试模式：<xsl:if>和<xsl:when>
- 匹配模式：<xsl:template>

选择模式语句可将数据从 XML 中提取出来，是一种获得数据的简单方法。选择模式语句的元素中都有 select 属性，它设定了选择的条件。使用时先用 XSL 选择模式语句找出文档中满足设定条件的元素或元素的集合，然后再进行样式转换。

仍以 5.5.1 节中音乐 CD 的 XML 文档为例，可以采用 XSL 对文件进行样式转换。新建文件 cd_catalog.xsl，其内容如下：

```
<?xml version="1.0" encoding="ISO-8859-1"?>
<xsl:stylesheet version="1.0" xmlns:xsl="http://www.w3.org/1999/XSL/Transform">
  <xsl:template match="/">
    <html>
      <body>
        <h2>My CD Collection</h2>
        <table border="1">
          <tr bgcolor="#9acd32">
            <th>Title</th>
            <th>Artist</th>
          </tr>
          <xsl:for-each select="catalog/cd">
            <tr>
              <td>
                <xsl:value-of select="title"/>
              </td>
              <td>
                <xsl:value-of select="artist"/>
              </td>
            </tr>
          </xsl:for-each>
```

```
        </table>
      </body>
    </html>
  </xsl:template>
</xsl:stylesheet>
```

经过 XSL 转换后的结果如下所示:

```
<html>
<body>
    <h2>My CD Collection</h2>
    <table border="1">
        <tr bgcolor="#9acd32">
            <th>Title</th>
            <th>Artist</th>
        </tr>
        <tr>
            <td>Empire Burlesque</td>
            <td>Bob Dylan</td>
        </tr>
        <tr>
            <td>Hide your heart</td>
            <td>Bonnie Tyler</td>
        </tr>
    </table>
</body>
</html>
```

在浏览器中的显示如图 5-4 所示。

图 5-4　XML 加上 XSL 文件后在浏览器中的显示

5.6　XML 文档解析

5.6.1　DOM 解析器

文档对象模型(Document Object Model,简称为 DOM)为编程语言提供了一个读写 XML

文档的接口。通过这一接口可以访问 XML 文档内容、结构以及样式数据。DOM 是以树形结构的视角看待 XML 文档的，XML 文档中的每个成分都是树中的一个节点，也是对应的一个 DOM 对象。应用程序通过存取这些对象就能够存取 XML 文档的内容。以下是 XML 文档中各成分与树形结构节点之间的对应关系：

(1) 整个 XML 文档是一个文档节点；

(2) 每个 XML 元素都是一个节点；

(3) 包含在 XML 元素中的数据内容是文本节点；

(4) 每一个 XML 属性都是一个属性节点；

(5) 注释属于注释节点。

在程序设计中，不同的 XML 解析器所提供的 DOM 类库大致相同。以 JAXP(Java API for XML Processing)为例，DOM 的基本对象有：Document、Node、NodeList、Element 和 Attr 5 个，如图 5-5 所示。

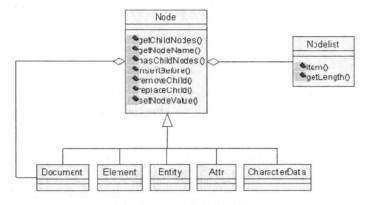

图 5-5　DOM 的基本对象

Document 对象代表了整个 XML 文档，其他 Node 都以一定的顺序包含在 Document 对象之内，排列成一个树形的结构。程序员可以通过遍历这棵树来得到 XML 文档的所有内容，这也是对 XML 文档操作的起点。我们总是先通过解析 XML 源文件而得到一个 Document 对象，然后再来执行后续的操作。此外，Document 还包含了创建其他节点的方法，比如可用 createAttribut()来创建一个 Attr 对象。

Node 对象是 DOM 结构中最为基本的对象，代表文档树中的一个抽象的节点。在实际使用的时候，很少会真正用到 Node 这个对象，而是使用诸如 Element、Attr、Text 等 Node 对象的子对象来操作文档。Node 对象为这些对象提供了一个抽象的、公共的根。虽然在 Node 对象中定义了对其子节点进行存取的方法，但是有一些 Node 子对象中并不存在子节点，如 Text 对象，这一点是要注意的。

NodeList 对象中包含一个或者多个 Node 对象，可以将其看做一个 Node 数组。通过调用相应的函数，应用程序可以获得 NodeList 中的各个 Node 对象。

Element 对象代表的是 XML 文档中的元素，继承于 Node，亦是 Node 最主要的子对象。标签中可以包含属性，因而 Element 对象中有存取其属性的方法。任何 Node 中定义的方法，都可以用在 Element 对象上面。

Attr 对象代表某个元素中的属性。Attr 继承于 Node，但是因为 Attr 实际上是包含在

Element 中的，并不能被看作是 Element 的子对象，因而在 DOM 中 Attr 并不是 DOM 树的一部分，所以 Node 中的 getparentNode()、getpreviousSibling()和 getnextSibling()返回的都将是 null。也就是说，Attr 其实是 Element 对象的一部分，并不作为 DOM 树中的一个单独的节点出现。这一点在使用时要同其他的 Node 子对象区别开来。

CharacterData 是文本节点类的接口，其中定义了文本相关的函数。Text 和 Comment 两个文本节点类实现了此接口。由于只是接口而不是类，CharacterData 并不能被直接实例化，而只能包含实现了此接口的类(Text 和 Comment)进行实例化。

Entity 可以代表 XML 中的实体，也可以是由 DTD 中定义的一个实体类实例，例如 <!ENTITY foo"foo"> 中定义的 foo 就是一个实体类实例。

需要说明的是，上面所说的 DOM 对象在 DOM 中都是用接口定义的，在定义的时候使用的是与具体语言无关的 IDL 语言。因而，DOM 其实可以在任何面向对象的语言中实现，只要实现 DOM 所定义的接口和功能就可以了。而且，有些方法在 DOM 中并没有定义，是用 IDL 的属性来表达的。被映射到具体的语言时，这些属性被映射为相应的方法。

5.6.2　SAX 解析器

SAX(Simple API for XML)并不是 W3C 所提出的标准，而是一种技术社区的产物。与 DOM 比较而言，SAX 是一种轻量型的方法。如前面所描述的，采用 DOM 处理 XML 文档时需要读入整个 XML 文档，然后在内存中创建 DOM 树，并生成每个 Node 对象。如果 XML 文档非常大，那么运行的效率和资源的消耗都不够理想。为了解决这个问题，SAX 就应运而生了。

SAX 是以事件驱动的方式处理 XML 文档。也就是说，SAX 并不需要一次性读入整个文档，而是边读入边解析，其过程如图 5-6 所示。

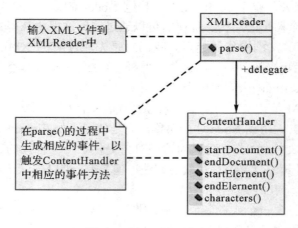

图 5-6　SAX 的解析过程

解析开始之前，需要在 XMLReader 中注册一个 ContentHandler。ContentHandler 相当于一个事件监听器，其中定义了很多方法，如 startDocument()规定了在解析过程中遇到文档开始时应该处理的事情。在处理 XML 文档的过程中，先由 XMLReader 对象读入 XML

文档，通过 parse()方法不断触发相应事件，并将这个事件的处理权代理交给 ContentHandler 对象，最后由 ContentHandler 对象调用相应的函数对事件进行响应。

　　总的来说，DOM 编程相对简单，但是速度比较慢，占用内存多；而 SAX 编程复杂一些，但是速度快，占用内存少。所以，我们应该根据不同的环境选择使用不同的方法。

思　考　题

(1) XML 的产生和发展与 HTML 的局限性有关，请列举 HTML 的主要不足。

(2) 简述 XML 继承了 SGML 的哪些主要特性。

(3) XML 元素在命名时需要遵守哪些原则?

(4) XML 命名空间的作用是什么?

(5) 查找相关资料，写出符合下面 DTD 声明的 XML 文档。

```
<?xml version="1.0" encoding="gb2312"?>
<!DOCTYPE school [
   <!ELEMENT school (students,classes)>
   <!ELEMENT students (student*)>
   <!ELEMENT classes (class*)>
   <!ELEMENT student (name,age,email)>
   <!ATTLIST student id ID #REQUIRED>
   <!ATTLIST student cl IDREFS #REQUIRED>
   <!ELEMENT name (#PCDATA)>
   <!ELEMENT age (#PCDATA)>
   <!ELEMENT email (#PCDATA)>
   <!ELEMENT class (xueyuan,zhuanye)>
   <!ATTLIST class cl ID #REQUIRED>
   <!ELEMENT xueyuan (#PCDATA)>
   <!ELEMENT zhuanye (#PCDATA)>
]>
```

(6) 查找相关资料，写出符合下面 XML 架构的 XML 文档。

```
<?xml version="1.0"?>
<schema xmlns="http://www.w3.org/2001/XMLSchema">
  <element name="Root">
    <complexType>
      <sequence>
        <element name="Row" maxOccurs="unbounded">
          <complexType>
            <sequence>
              <element name="Column1" type="string" />
```

```
            <element name="Column2" type="string" />
            <element name="Column3" type="string" />
         </sequence>
       </complexType>
     </element>
   </sequence>
 </complexType>
</element>
</schema>
```

第 6 章 .NET 技术概述

学习提示

工欲善其事，必先利其器。为了规范、快速、系统地开发网站，必须搭建开发和运行环境。本章将重点介绍 .NET 的开发平台，包括集成开发环境 Visual Studio、编程语言以及 ASP.NET 的基本结构和特点。

6.1 .NET 开发平台

Microsoft .NET(.NET)本身并不是一种产品或服务，而是一种关于计算技术的架构，包括软件开发方式以及用户用各种计算设备开发的能力。.NET 战略的关键在于，它独立于任何特定的语言或平台，使采用不同程序语言创建的应用程序能相互通信，并可以将其分布到多种移动设备和个人计算机上。

.NET 框架构成了应用程序开发的基础，Microsoft Visual Studio 则提供了开发基于 .NET 框架应用程序的工具集。

.NET 框架有三个主要目标：

- 简化 Web 服务与应用程序的开发
- 提供一套工作于不同编程语言及计算设备的开发工具和库
- 使 Microsoft Windows 应用程序更为可靠、安全和易用

.NET 框架开发环境包括五项关键技术：

- 用于开发 XML Web 服务的 Visual Studio 开发环境
- 支持程序运行的公共语言运行库
- 内容丰富的类库
- 使用公共语言运行库和类库的编程语言
- 用于开发 Web 应用程序与 Web 服务的 ASP.NET

从图 6-1 中我们可以了解 .NET 开发框架的几个主要组成部分：首先是整个开发框架的基础，即通用语言运行时以及它所提供的一组基础类库；在开发技术方面，.NET 提供了数据库访问技术 ADO.NET 以及网站开发技术 ASP.NET 和 Windows 编程技术 Win Forms；在开发语言方面，.NET 提供了 Visual Basic、Visual C++、C# 和 Javascript 等多种语言支持，而 Visual Studio 则是全面支持 .NET 的开发工具。

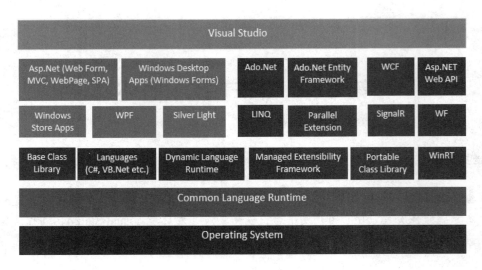

图 6-1　.NET 框架图

6.2　.NET 主要成员

6.2.1　IDE 开发工具

Microsoft Visual Studio(简称为 VS)是美国微软公司的开发工具包系列产品。作为面向.NET 构建的集成开发环境(Integrated Development Environment，简称 IDE)，VS 包括整个软件生命周期中所需要的大部分工具，比如代码编辑器、编译器、调试器和图形用户界面工具等，可以生成 Windows 应用程序、移动应用程序和 ASP.NETWeb 应用程序等。

VS 支持基于.NET 的多种程序设计语言，包括 Visual Basic、Visual C#、Visual C++、Visual F# 和 JavaScript 等编程语言，可以方便地创建基于.NET 的混合语言解决方案。

第一个支持.NET 开发的 Visual Studio 于 2002 年发布，其内部版本号为 VS 7.0。随着技术的发展，微软不断推出新的 Visual Studio，以满足开发者的需求。比如，Visual Studio 2015 提供了更加方便的网站设计框架，同时支持.NET Framework2.0 到 6.0 的全部版本。

除了有不同时代的 Visual Studio 产品，每一个 Visual Studio 产品本身也面向不同的开发需求提供了不同的版本。常见的版本包括体验版(Express)、专业版(Professional)、高级版(Premium)和旗舰版(Ultimate)等。值得一提的是，Visual Studio Express 是微软为学习者提供的免费版本，虽然其中不包含部分"高级"功能，但对学习者和个人开发者来说是完全够用的。

虽然在理论上来说，不用 Visual Studio 也可以开发 ASP.NET 应用程序，比如通过记事本进行代码编写，然后在命令行环境中使用.NET 编译器进行编译，但使用集成开发环境可以大大提高开发效率。

Visual Studio 集成开发环境中提供了大量开发工具,但初学者或一般的开发者不太可能用到全部的开发功能，因此在安装过程中需要进行选项设置而不是选择默认安装。

6.2.2 运行时环境

公共语言运行库(Common Language Runtime，简称为 CLR)和 Java 虚拟机(JVM)一样，是一个运行时环境。不同的.NET 语言，比如 C# 或 VB.NET 等，都可以编译为运行在 CLR 上的可执行程序。CLR 的核心功能包括内存管理、程序集加载、安全性、异常处理和线程同步。CLR 是 .NET 的执行引擎，它保证了应用程序和底层操作系统之间的必要的分离，即.NET 的应用程序是在 CLR 上执行，而不是在操作系统上执行的。

与传统的 Windows 应用程序有所不同，.NET 程序是以一种被称做微软中间语言 (Microsoft Intermediate Language，简称为 MSIL)的方式进行发布的，所有用基于.NET 程序设计语言编写的源代码，比如 C# 源代码或者 VB.NET 源代码，都会被 Visual Studio 编译为中间语言程序。中间语言是一种介于高级语言和基于 Intel 的汇编语言的伪汇编语言。当开发者编译一个 .NET 程序时，编译器将源代码翻译成一组可以有效地转换为本机代码且独立于 CPU 的指令。由于 CLR 支持多种实时编译器，因此同一段 MSIL 代码可以被不同的编译器实时编译并运行在不同的结构上。从理论上来说，MSIL 跨越了不同的程序设计语言之间的鸿沟。在一个项目中，开发者可以用 C# 完成一部分代码，而用 VB.NET 来完成另一部分代码，这些代码都将被转换为统一的中间语言。这种跨语言的机制给程序员提供了极大的灵活性。当执行这些中间语言指令时，CLR 中的实时编译器(JIT)将它们进一步翻译成在特定 CPU 上可执行的代码，这种机制类似于 Java 虚拟机的功能。

虽然从理论上说，.NET 应用程序也可以像 Java 程序一样跨平台执行，但是除了基于 Windows 系统的 CLR，微软公司并没有提供其他操作系统上的 CLR。某开源社区正在致力于开发基于 Linux 的 .NET 框架——Mono，以期实现.NET 应用程序在 Linux 上的跨平台运行。Mono 包含了 C# 语言的编译器、CLR 的运行时环境和一组类库，并实现了基本的 ADO NET 和 ASP NET 机制。

当应用程序执行时，CLR 可以提供服务并对这些程序进行管理。这些服务包括增强安全性、管理内存、进程、线程及语言集成。除了负责提供 .NET 程序的运行环境，CLR 还要负责监视程序的运行。在 CLR 监视之下运行的程序属于"托管的"(managed)代码，而那些不在 CLR 之下运行、直接在操作系统上运行的应用或者组件属于"非托管的"(unmanaged)的代码。多数传统的 Windows 可执行程序使用的是非托管代码，这些代码无法提供安全性或内存管理方面的保证。使用托管代码能比非托管代码提供更高级别的可靠性与安全性。为了跨越托管代码与非托管代码的鸿沟，CLR 允许托管代码调用在非托管代码中定义的函数。开发者调用非托管代码通常是为了能够利用已有的大量 Windows 代码，以降低开发成本。

总之，CLR 并不特别关注跨平台性，而是更关注多语言执行环境，它提供众多的数据类型和语言特性，管理着代码的执行，并使开发过程变得更加简单。

6.2.3 基础类库

Microsoft.NET 框架类库是一组广泛的、面向对象的可重用类的集合，可为应用程序提供各种高级的组件和服务。它将程序员从繁重的编程细节中解放出来，使其可以专注于程序的商业逻辑，并为应用程序提供了各种开发支持——不管是传统的命令行程序还是 Windows 图形界面程序，或是面向因特网分布式计算平台的 ASP.NET 或 XML Web 服务。

Microsoft.NET 框架类库主要包括：

• 基础类库提供了诸如输入/输出、字符串操作、安全性管理、网络通信、线程管理、文本管理及其他函数等标准功能。

• Data 类支持稳定的数据管理，并纳入了 SQL 类，以通过标准 SQL 接口处理稳定的数据存储。

• XML 类使 XML 数据处理、搜索与转换成为可能。

• XML Web 服务类支持轻量级的分布式组件开发，这些组件即使在遇到防火墙和网络地址转换软件时也能正常运行。

• Web 窗体包含的类使用户可以迅速开发 Web 图形用户界面应用程序。

• Windows 窗体支持一组类，这些类可以用来开发基于 Windows 的 GUI 应用程序。此外，Windows 窗体还为 .NET 框架的所有编程语言提供了一个公共的、一致的开发界面。

6.3　.NET 编程语言

Microsoft 引入了一种新的编程语言 C#，并对其他多种语言作了重新设计，以便利用通用语言运行库与类库。这几种语言包括 Microsoft Visual C#、Microsoft Visual Basic.NET 和 Microsoft Visual C++ .NET。

6.3.1　Microsoft Visual C#

C# 是一种面向对象的现代编程语言，可使程序员快速开发各类应用程序，并提供了可利用计算与通信技术的工具和服务。

由于其革命性的面向对象设计，C# 是构建上至高级别商务对象、下至系统级应用程序的各种组件的绝佳选择。更重要的是，C# 可使 C++ 程序员可更快开发各类应用程序，同时也不会牺牲 C++ 和 C 具有的效率和能力。由于这种继承性，熟悉 C++ 和 C 语言的开发者可迅速掌握 C#。

本教材将采用 C# 作为开发语言，因此在学习 ASP.NET 开发之前，需要读者对 C# 语言具有初步的了解。当然，随着对 ASP.NET 的学习，开发者会越来越熟悉 C# 语言的各种特性。

6.3.2　Microsoft Visual Basic.NET

在新的 .NET 环境中，Visual Basic 成为了一流的编程语言。Visual Basic.NET 拥有对.NET 框架的完全访问权，并提供诸如多线程、事件日志、性能监视器等语言特性。这些特性在 VB6.0 中要么无法实现，要么使用起来不方便。Visual Basic 程序员可以创建多线程队列进程服务，开发高级 Web 应用程序技术，并能对图形实现完全访问。

Visual Basic.NET 是 Visual Basic 开发系统的新版本，不仅使下一代 XML Web 服务的开发不再复杂，并且保留了其快速开发 Windows 应用程序的特性。Visual Basic.NET 并不是简单地向 VB6.0 中添加了一些新特性，而是完全在 .NET 框架上构建 Visual Basic.NET，使 Visual Basic 开发者可以利用 Visual Basic.NET 中的增强功能创建企业关键分布式 n 层系统。

在巨大的消费需求推动下，Visual Basic.NET 带来了一整套的新功能，包括完全面向对象的设计能力、自由线程及对 .NET 框架的直接访问。此外，Visual Basic 语言也经过了改进，删除了旧式的关键字，提高了类型安全性，公开了高级开发者需要的低级别构造，对部分语法做了一些改动，并添加了一些新的内容。

Visual Basic.NET 现在已与 Visual Studio.NET 的其他语言完全集成，可以用不同的编程语言开发应用程序组件，可以从其他语言编写的类中继承，可以使用统一的调试器调试多种应用程序，并且不必考虑该程序究竟是运行在本地还是运行在远程计算机上。

6.3.3 Microsoft Visual C++.NET

Visual C++ .NET 是一个全面的工具集，用于开发基于 Windows 和基于 .NET 的应用程序、动态 Web 程序及 XML Web 服务等项目。这一强大的开发环境包括活动模板库(ATL)、MFC 库、高级语言扩展与强大的集成开发环境(IDE)，这些特性使得开发者可以高效地编辑与调试源代码。

Visual C++ .NET 为开发者提供了许多专业级特性，使他们能够创建功能非常强大的 Windows 与 Web 应用程序及组件。此工具自始至终都提供能对 C++ 软件开发过程实现改进的功能。

C++ 是当今最流行的编程语言之一，是可互操作的基于标准的语言，在多种计算环境和团体都可利用 C++ 开发技能。

6.4 ASP.NET 概述

ASP.NET 是微软提供的一个 Web 开发模型，可用较少的代码生成企业级 Web 应用程序所必需的各种服务。ASP.NET 是 .NET Framework 的一个组成部分，可以用任何 .NET 编程语言来编写代码，并且可以访问 .NET Framework 中的类。ASP.NET 的 Web 开发技术可以充分利用 .NET Framework 公共语言运行库、类型安全、继承等方面的优点。

1. ASP.NET 编程框架

ASP.NET 是一种编程框架，它是在 Web 服务器上运行的，可以动态地生成和呈现 HTML 网页。用户可以从任何浏览器或客户端设备请求 ASP.NET 网页，包括微软的 IE 浏览器或者其他常用浏览器，还可以支持各种基于 Web 的设备(如移动电话、平板电脑等)。

基于 ASP.NET 的开发过程是完全面向对象的。开发者可以使用属性、方法和事件来处理 HTML 元素，而不必考虑基于 Web 的应用程序中固有的客户端和服务器隔离的实现细节。该框架还会在一个 Web 页面生命周期中自动维护页及该页上控件的状态。

使用 ASP.NET 框架还可以将常用的功能封装成可重用的控件，即只需编写一次控件，即可应用于许多 Web 页面中，可有效提高开发效率。

ASP.NET 框架可以通过定义母版、主题和外观实现网站整体风格的设计，使应用程序中的页具有一致的布局。

2. ASP.NET 编译器

所有 ASP.NET 代码在执行前都经过了编译，可提供强类型、性能优化和早期绑定以及其他优点。代码一经编译，公共语言运行库会进一步将 ASP.NET 编译为本机代码，从而提供增强的性能。

3. 安全基础结构

除了 .NET 本身提供的安全功能外，ASP.NET 还提供了高级的安全基础结构，以便对用户进行身份验证和授权，并执行其他与安全相关的功能。开发者可以使用由 IIS 提供的 Windows 身份验证，也可以通过用户数据库使用 ASP.NET Forms 身份验证和 ASP.NET 成员资格来管理身份验证。此外，通过定义角色来统一管理 Web 应用程序的功能和信息方面的授权，提高了安全管理功能的开发效率。

4. 状态管理功能

HTTP 协议是无状态的，但 ASP.NET 提供了内部状态管理功能，使 Web 程序能够存储页面请求期间的信息，例如客户信息或购物车的内容。ASP.NET 程序可以保存和管理应用程序、会话、页、用户等不同领域的信息，这些信息可以帮助实现程序的逻辑。

5. ASP.NET 配置

通过 ASP.NET 应用程序使用的配置系统，可以定义 Web 服务器、网站或单个应用程序的运行方式等参数。由于 ASP.NET 配置数据存储在基于 XML 的文件中，因此对 Web 应用程序进行配置更改比较简单，可以通过可视化工具或者普通的文本编辑器进行维护。

6. 运行状况监视和性能功能

ASP.NET 提供了监视 ASP.NET 应用程序的运行状况和性能的功能。使用 ASP.NET 运行状况监视可以报告关键事件，包括应用程序的运行状况和错误情况的事件信息。ASP.NET 支持两组可供应用程序访问的性能计数器：ASP.NET 系统性能计数器组和 ASP.NET 应用程序性能计数器组。

7. 调试支持

ASP.NET 利用运行库调试基础结构来提供跨语言和跨计算机调试支持，可以调试托管和非托管对象，以及公共语言运行库和脚本语言支持的所有语言。ASP.NET 框架还提供可以将检测消息插入 ASP.NET 网页的跟踪模式。

8. XML Web Services 框架

ASP.NET 支持 XML Web services。XML Web services 是包含业务功能的组件，利用该业务功能，应用程序可以使用 HTTP 和 XML 消息等标准跨越防火墙交换信息。XML Web services 不用依靠特定的组件技术或对象调用约定，并且可以使用用任何语言编写、使用任何组件模型并在任何操作系统上调用。

9. 可扩展的宿主环境和应用程序生命周期管理

ASP.NET 包括一个可扩展的宿主环境，该环境控制应用程序的生命周期，即从用户首次访问此应用程序中的资源(例如某个 Web 页面)到应用程序关闭这一期间。虽然 ASP.NET 依赖作为应用程序宿主的 Web 服务器，但 ASP.NET 自身也提供了许多宿主功能。通过

ASP.NET 的基础结构，Web 程序可以响应事件并创建自定义 HTTP 处理程序和 HTTP 模块。

10. 可扩展的设计器环境

ASP.NET 中提供了基于 Visual Studio 的 Web 服务器控件设计器的增强。使用设计器可以为自定义控件提供可视化的属性和内容设置方法。

思 考 题

(1) 什么是 .NET 框架？其主要目标是什么？

(2) 在计算机中安装集成开发环境 Visual Studio 并对其主要功能进行实践。

(3) 什么是 .NET 的运行时环境？其主要作用是什么？

(4) 作为 Web 应用程序的编程框架，ASP.NET 有哪些特点？

第 7 章　C# 语言速览

学习提示

　　虽然基于 .NET 的应用开发可以采用多种编程语言，但其中 C# 语言是微软特别针对 .NET 开发所推出的。在 ASP.NET 应用程序的开发中，使用 C# 可以最大限度地发挥 .NET 框架的特点和优势。

　　C# 虽然是新的语言，但从名字上就可以看出它与 C/C++ 语言的相似性。因此，对于有 C/C++ 基础的开发者来说，学习 C# 的语法并不需要大量的时间。而对于有 Java 基础的开发者来说，C# 就更加容易理解了，因为 C# 语言借鉴了 Java 语言的许多优秀特性，并在此基础上有所发展。

7.1　C# 概述

　　C# (读为 C sharp)语言是一个多范式(Multi-paradigm)的语言，具有强类型(Strong Typing)、强制式(Imperative，或命令式、指令式)、声明式(Declarative)、函数式(Functional)、泛型(Generic)、面向对象(Object-Oriented)和面向组件(Component-Oriented)等程序设计语言特点。

　　C# 语言不仅是微软 .NET 通用语言架构(Common Language Infrastructure)下的语言，而且是为微软 .NET 战略而专门设计的编程语言。它虽然脱胎于 C/C++ 语言，也含有很多 Java 语言的优秀特性，但只取其精华，而并未兼容，因此更加符合当前软件开发的需求。

　　作为微软的重要开发工具，C# 语言的设计目标是简单、现代、多用途的面向对象语言；它提供了软件工程方面的支持，包括强类型检查、数组边界检查、变量初始化检查和自动垃圾回收机制等，有助于提高软件的健壮性、耐久性和开发效率；组件化的开发方式适应软件的分布式开发环境；与 C/C++ 语言相似，降低了源代码的移植难度，也降低了程序员对新语言的学习难度；可以开发出客户端、Web 服务器、移动设备等不同环境下的软件(需要 .NET 运行时的支持)。但 C# 的目标并不包括精简的目标代码和很高的执行效率，也就是说，C# 可以帮助提高开发效率，而执行效率则依靠系统本身的硬件和底层软件来支持。

7.2　C# 基本语法

7.2.1　标识符

　　标识符是代码的基本组成元素之一，它需要遵循一定的命名规范。在 C# 中，标识符可以以字母开始；可以以 “_”(下划线)或 “$”(美元符号)开始，也可以在标识符中包含下划线；可以包含数字，但不能以数字开始；可以包含 Unicode 编码的大小写字母，但对大小写敏感(即 ABC 与 abc 是不同的标识符)；可以在中间或前后包含@符号。

C# 的关键词(Keywords)是预定义的、具有特定含义的保留词，开发者不要使用这些词作为变量名或类名等。特殊情况下，比如为了移植其他语言的代码，可以在以关键词命名的变量加上@符号以示区别。下面给出了 C#的关键词：

abstract　as　base　bool　break　by　byte　case　catch　char　checked　class
const　continue　decimal　default　delegate　do　double　descending　explicit
event　extern　else　enum　false　finally　fixed　float　for　foreach　from　goto
group　if　implicit　in　int　interface　internal　into　is　lock　long　new　null
namespace　object　operator　out　override　orderby　params　private　protected
public　readonly　ref　return　switch　struct　sbyte　sealed　short　sizeof　stackalloc
static　string　select　this　throw　true　try　typeof　uint　ulong　unchecked　unsafe
ushort　using　var　virtual　volatile　void　while　where　yield

7.2.2　基本数据类型——值类型

C# 中有值类型和引用类型两种基本数据类型。值类型直接存储其数据内容，而引用类型存储的是对象的引用，这两种类型对变量的赋值有着不同的含义。

C# 值类型包括简单类型和复合类型(其中包括结构类型、枚举类型)。表 7-1 给出了值类型中的简单类型说明。

表 7-1　C# 值类型

分类	类型名	说明	对应于 System 中的结构	取值范围	字节	直接量例子
整数	sbyte	有符号 8 位整数	System.SByte	从 –128 到 +127	1	无
	short	有符号 16 位整数	System.Int16	从 –32 768 到 +32 767	2	无
	int	有符号 32 位整数	System.Int32	从 –2 147 483 648 到 +2 147 483 647	4	十进制数：55，0，–100 十六进制数：0xF5A4
	long	有符号 64 位整数	System.Int64	从 -2^{63} 到 $+2^{63}$	8	4294967296L
无符号整数	byte	无符号 8 位整数	System.Byte	从 0 到 255	1	十进制数：55，0，100 十六进制数：0xF5
	ushort	无符号 16 位整数	System.UInt16	从 0 到 65 535	2	无
	uint	无符号 32 位整数	System.UInt32	从 0 到 4 294 967 295	4	123U，123u
	ulong	无符号 64 位整数	System.UInt64	从 0 到 2^{64}	8	92233720368 54775808UL

续表

分类	类型名	说明	对应于 System 中的结构	取值范围	字节	直接量例子
带符号十进制数	decimal	128 位十进制数	System.Decimal	从 –7.0E28 到 7.0E28	16	300.5m，12.30M
浮点数	float	32 位单精度浮点数	System.Single	从 –3.4E38 到 +3.4E38	4	23.5F，23.5f，1.72E3F，1.72e3f
	double	64 位双精度浮点数	System.Double	从±5.0E–324 到 ±1.7E+308	8	23.5，23D，23.5d，1.72E3
布尔型	bool	布尔型	System.Boolean	true 或 false	1	true false
字符	char	Unicode 字符	System.Char	从'\u0000'到'\uFFFF'	2	'A'，'\u2FF9' ，'\x0058'

需要进一步说明的是：

• 简单类型都有对应于 System 程序集中的结构。比如，在 C# 中声明一个 int 类型的数据时，实际上声明了 System.Int32 的一个实例。将值类型的变量转换为对象实例的过程称为"装箱(Boxing)"，将对象类型的变量转换为值类型变量的过程称为"拆箱(Unboxing)"。

• 如果整数直接量没有后缀，则根据值的范围该整数会被视为以下类型中可表示其值的第一个类型：int、uint、long、ulong。比如 240 是 int 类型，而 –3147483648 则为 long 类型。

• sbyte、short、ushort 等没有直接量的表示方法，赋值运算符右侧的整数直接量(确实被视为 int)可被隐式转换为相应的类型，例如 short x = 32 767。

• 如果浮点数直接量没有后缀，赋值运算符右侧的浮点数直接量会被视为 double；如果需要指定为 float 直接量，应当加上 f 或 F 后缀。

• decimal 的有效位数很大，达到了 28 位，但是表示的数据范围却比 float 和 double 类型小，因此它适合于财务和货币计算。

• 在 C++ 中，bool 类型的值可转换为 int 类型的值，其中 false 等效于零值，而 true 等效于非零值。但在 C# 中，不存在 bool 类型与其他类型之间的相互转换。

• C# 中的字符采用 Unicode 编码方式，即一个字母或一个汉字都是用 2 个字节表示。char 类型的常数可以写成字符、十六进制换码序列或 Unicode 表示形式。

C# 值类型中的复合类型包括结构类型和枚举类型，其应用方式与 C/C++ 中的相似。结构类型采用关键词 struct 来定义，枚举类型采用关键词 enum 来定义。

7.2.3 基本数据类型——引用类型

C# 引用类型包括数组、类类型、字符串类型、接口、委托(代表元)、对象类型(object 类型)。

1. 数组

数组作为应用类型可以指向一个包含一个或多个特定类型元素的内存空间，采用索引可以访问到某一个数组元素。所有的数组都继承自 System.Array 类。数组的定义和使用方式如下例所示：

```
int[] numbers = new int[2];    //定义并实例化数组对象
numbers[0] = 2;      //通过索引为数组元素赋值
int x = numbers[0];   //通过索引使用数组元素

int[] numbers = new int[5]{ 20, 1, 42, 15, 34 };   //定义、实例化数组，并给各元素赋初值
int[] numbers2 = { 20, 1, 42, 15, 34 };    //效果同上
var numbers3 = new[] { 20, 1, 42, 15, 34 };   //效果同上，根据初值确定数组元素类型

int[,] numbers = new int[3, 3];    //定义、实例化多维数组
numbers[1,2] = 2;    ///过索引为多维数组元素赋值
 int[,] numbers2 = new int[3, 3] { {2, 3, 2}, {1, 2, 6}, {2, 4, 5} };//定义、实例化多维数组，并给各
元素赋初值
```

2. 类类型

作为面向对象的程序设计语言，C# 中所有的类型都是"类"。可以将上文中的值类型看作是预定义的类，而开发者的任务就是自定义类。关于"类"的概念将在下文中给出更为详细的讨论。

3. 字符串类型

C# 中的字符串可以通过 System.String 类或 string 类型来定义，当然由于后者简单直观，多数开发者会选择使用 string 来定义字符串实例。虽然 C# 中的字符串并非值类型，而是引用类型，但为了开发者使用方便，string 重载了一些操作符，使其应用起来就像是值类型一样。字符串定义和使用方式如下例所示：

```
string text = "Hello World!";    //定义、实例化字符串并赋初值
string substr = text.Substring(0, 5);    //查找字符串中的子串
```

4. 接口类型

接口是一种包含成员定义却不给出实现的数据结构，一个接口变量就是一个实现了该接口的类的实例引用。关于接口的概念将在下文中给出更为详细的讨论。

5. 委托(代表元)

委托(代表元)类似于 C++ 中的函数指针类型，使用 delegate 来定义。通过委托，可以将函数作为参数进行传递，同时保持类型安全。委托的定义和使用方式如下例所示：

```
class Program
{
delegate int Operation(int a, int b);   //定义一个委托 Operation

    static int Add(int i1, int i2)    // 此函数的形式与委托 Operation 完全相同
    {
```

```
            return i1 + i2;
        }

        static int Sub(int i1, int i2)
        {
            return i1 - i2;
        }

        static void Main()
        {
            Operation op;    //实例化一个委托
            Op = Add;    //将一个函数指派给它
            int result1 = op(2, 3);    //  此时调用的是 Add 函数，结果为 5
            op = Sub;    //将一个函数指派给它
            int result2 = op(10, 2); //此时调用的是 Sub 函数，结果为 8
        }
    }
```

在 C# 中，委托被大量地用于事件处理函数的绑定，使程序的结构更加清晰。

6. 对象类型(object 类型)

object 类型是 C# 中所有类型的基类，不论是引用类型还是值类型，不论是预定义类型还是用户自定义类型，都是直接或间接从 Object 继承的。

7.2.4　值类型和引用类型的比较

C# 中的值类型非常方便使用，而引用类型有可以充分体现面向对象的特性，但初学者常常会混淆这两种数据类型，特别是对它们的区别缺乏清晰的认识。表 7-2 给出两种类型之间的主要区别。

表 7-2　值类型和引用类型的区别

	值类型	引用类型
内存分配地点	分配在栈中	分配在堆中
效率	效率高，不需要地址转换	效率低，需要进行地址转换
内存回收	使用完后，立即回收	使用完后，不是立即回收，而是等待 GC 回收
赋值操作	进行复制，创建一个同值新对象	只是对原有对象的引用
函数参数与返回值	是对象的复制	是原有对象的引用，并不产生新的对象
类型扩展	不易扩展	容易扩展，方便与类型扩展

7.2.5　变量与常量

变量的定义需要说明其类型和名称，且尽量在定义时同时给出初始取值。下面的写法都是正确的：

```
int a;                    //定义一个名为 a 的变量
int b;                    //定义一个名为 b 的变量
b = 35;                   //给变量 b 赋值
int c = 35;               //定义一个名为 c 的变量并赋初值
int d, e;                 //定义名为 d 和 e 两个变量
int f = 2, g = 3;         //定义名为 f 和 g 两个变量并赋初值
```

C# 3.0 还引入了使用 var 关键词定义变量的方式，变量的类型会根据初值来决定。如下例：

```
var myChars = new char[] {'A', 'Ö'};    //相当于 char[] myChars = new char[] {'A', 'Ö'};
var myNums = new List<int>();           //相当于 List<int> myNums = new List<int>();
```

与变量不同，常量是指在程序执行过程中不可变的值。C#使用 const 关键词来定义常量，如下例：

```
const double PI = 3.14;
```

7.2.6　命名空间

通过命名空间(Namespaces)可以给类分组，也可以区分"同名"的多个类，因为命名空间本身就是类名的一部分。命名空间的定义方式如下例：

```
namespace FooNamespace
{
    // Members
}
```

通过关键词 using 可以加载一个特定的命名空间，如下例：

```
using FooNamespace;
```

使用命名空间后，在不同的作用域中可以定义相同名字的变量而互不干扰，系统能够区别它们。这一特性对于团队软件开发和软件代码复用都很有利。

7.2.7　操作符

多数 C# 操作符的用法与 C/C++ 语言中的一致，如表 7-3 所示。

表 7-3　操作符的用法

操作符分类	操 作 符
四则运算	+, −, *, /, %
逻辑运算	&, |, ^, !, ~, &&, ||, true, false
字符串串接	+

操作符分类	操 作 符
自增、自减	++, --
移位	<<, >>
关系运算	==, !=, <, >, <=, >=
赋值运算	=, +=, -=, *=, /=, %=, &=, |=, ^=, <<=, >>=
成员访问	.
索引	[]
类型转换	()
条件运算符	?:
委派与去除委派	+, -
创建对象	new
类型信息	as is sizeof typeof
溢出异常控制	checked unchecked
引用与地址运算	*, ->, [], &
Null 合并运算	??
Lambda 表达式	=>

C# 支持操作符重载(Operator overloading，也叫运算符重载)，代码如下列：

```
public static Foo operator+(Foo foo, Bar bar)
{
    return new Foo(foo.Value + bar.Value);
}
```

可用来重载的操作符如表 7-4 所示。

表 7-4 可用来重载的操作符

操作符类型	操 作 符
一元运算符	+, -, !, ~, ++, --, true, false
二元运算符	+, -, *, /, %, &, |, ^, <<, >>
比较运算符	==, !=, <, >, <=, >=

7.2.8 流程控制语句

C# 继承了大多数 C/C++ 的程序流程控制结构语句，包括分支语句、迭代语句(循环语句)、跳转语句和异常处理语句。

分支语句可以使用 if 和 else 来完成，如下例：

```
if (i == 2)
    ...
else
    ...
```

也可以用 switch 和 case 来处理多种情况，如下例：

```
switch (ch)
{
    case 'A':
        ...
        break;
    case 'B':
        ...
        break;
    case 'C':
    case 'D':
        ...//C 和 D 两种情况都执行这段代码
        break;
    default:
        ...
        break;
}
```

通常，在每一个 case 中都会使用 break 作为处理对应情况的代码的结尾。如果没有 break，程序将跨越 case 继续往下执行，直到遇到 break 或 switch 语句结束。

迭代语句使用 while、for 或更方便的 foreach 来完成。while 和 for 语句和 C/C++ 中的语法相同，如下例：

```
for (int i = 0; i < 10; i++)
{
    ...
}
```

或者

```
int i = 0;
while (i < 10)
{
    //...
    i++;
}
```

或者

```
int i = 0;
do
{
    //...
    i++;
}
while (i < 10);
```

C/C++ 语言中没有 foreach 语句。如果要遍历一个数组中的全部元素，就需要用计数器来帮助循环，以免数组越界，如下例所示：

```
int[] myArray = new int[5]{1,2,3,4,5};
for(int i=0;i<myArray.Length;i++)
{
    Console.Writeline(myArray[i]);
}
```

在 C# 中我们使用 foreach 语句可以更方便地遍历数组或集合类型中的全部元素，如下例所示：

```
foreach(int num in myArray)
{
    Console.Writeline(num);
}
```

与 C/C++ 一样，C#的跳转语句可以用 break、continue 以及 goto 语句来完成。当然，通常考虑到保持程序的结构化，建议不要轻易使用 goto 语句。Break 语句除了可以用在 switch 语句中(如前文所示)，还可以用在循环语句中，如下例：

```
int e = 10;
for (int i = 0; i < e; i++)
{
    while (true)
    {
        break; //跳出 while 循环，但不跳出 for 循环
    }
    ...
}
```

与 break 不同，continue 语句不会退出循环，而是结束本次迭代，进入下一次迭代，如下例：

```
int ch;
while ((ch = Console.Read()) != -1)
{
    if (ch == ' ')
```

```
        continue;        //跳过本次迭代的其他语句，进入下次循环再次读取用户输入
        // 其他语句
        ...
    }
```

在 C 语言中如果代码考虑不周，可能会因为 "被 0 除"、"网络不通" 等问题使得程序直接退出或导致 "死机"。在面向对象的程序设计语言中通常采用异常处理来解决这类问题。异常处理使用 try、catch 和 finally 来完成，其中 try 块包括可能抛出异常的代码；catch 块捕获异常并进行处理；不管有没有产生异常，finally 块中的代码都将被执行。代码结构如下：

```
    try
    {
        // 可能抛出异常的部分
        ...
    }
    catch (Exception ex)
    {
        // 捕获异常并进行处理
        ...
    }
    finally
    {
        // try 和 catch 块后总是被执行的部分
        ...
    }
```

catch 块中的 ex 是异常类 Exception 或其子类的对象实例。

7.3　C# 面向对象程序设计

7.3.1　对象

C# 充分支持面向对象的程序设计特性。面向对象中最核心的概念之一就是 "对象 (Object)"。一个对象就是一个类型的实例(instance)，这个类型可以是值类型，也可以是引用类型，但两种类型在语法上没有区分。

C# 中所有的类型(包括装箱后的值类型)都派生自 System.Object 类，它是所有类的基类。基类 Object 的成员可以被所有的类直接或间接地继承，这些成员主要包括：

- Equals 函数：支持对象之间进行比较；
- Finalize 函数：在对象被回收之前执行释放内存等操作；
- GetType 函数：获取当前对象实例的类型；

- ToString 函数：返回一个描述对象实例的字符串，通常返回类的名称。

7.3.2　类

1. 类的定义

除了对象，面向对象中最核心的另一个概念是"类(Class)"。在 C# 中，类就是类型，就是对象的模板。类中封装数据成员，也封装了对数据成员进行操作的成员函数。类的定义如下例：

```
class Foo
{
    // 类的成员声明
}
```

从 C# 2.0 开始，可以采用 partial 关键词来将一个类的定义分割在多个文件中，这种方式形成的局部类定义在 ASP.NET 程序开发时被大量采用。局部类定义如下例：

```
// File1.cs  第一个文件
partial class Foo
{    ...        }
// File2.cs    第二个文件
partial class Foo
{    ...        }
```

2. 数据成员

类的数据成员也叫字段或类变量，是定义在类内用于存储数据的实例变量，如下例所示：

```
class Foo
{
    double foo;
}
```

数据成员可以在定义时直接赋初值，如下例所示：

```
class Foo
{
    double foo = 2.3;
}
```

3. 成员函数

成员函数在 C# 中也叫做方法(Method)。与 C/C++ 语言相同，函数的作用都是为了封装特定的可重用代码。但与 C/C++ 语言不同的是，C# 中的函数必须是某个类的成员函数，即必须在某个类内定义。如下例所示：

```
class Foo
{
```

```
        int Bar(int a, int b)
        {
            return a%b;
        }
    }
```

4. 属性

属性(Property)在用法上和数据成员相似，但实际上是成员函数的组合体。一个属性可以包含 get 函数和 set 函数两个函数，分别负责属性的访问和赋值。代码如下：

```
    class Person
    {
        string name;

        string Name
        {
            get { return name; }
            set { name = value; }
        }
    }


    Person person = new Person();
    person.Name = "Robert";   // 给属性赋值，实际上是调用了 set 函数
```

属性的 get 函数和 set 函数可以封装更加复杂的逻辑，比如当属性被赋值时可以进行边界检查，还可以根据对象的状态进行数据的转换。属性的应用使得对对象的操作更加简洁。

5. 构造函数和析构函数

构造函数(Constructor)是一种特殊的函数，在对象被创建的时候被调用。构造函数的名称与类的名称完全相同，其目的就是要在对象创建时初始化数据成员。一个类可以有多个构造函数，它们之间的区别是函数的参数不同。

构造函数的定义如下例所示：

```
    class Foo
    {
        Foo()
        {
            ...
        }
    }
```

对应于构造函数，析构函数(Destructor)的目的是为了在对象回收时完成善后的工作，包括释放内存空间。从基类中继承的缺省析构函数 finalize 已经完成了基本的功能，如果没有特别需要善后的工作(比如释放网络资源等)，就不必重新定义析构函数。

6. 实例化

前文中已经提到，在 C#语言中初始化一个值类型的变量(也是对象实例)的方式与 C 语言中没有大的区别。如果要实例化一个引用类型的对象实例，则需要使用关键词 new 来创建。下例实例化了一个 Foo 类型的对象实例 foo，代码如下：

```
Foo foo = new Foo();
```

其中与类名相同的 Foo 函数是类的构造函数。

实例化之后就可以调用成员函数进行各种操作了，如下所示：

```
int r = foo.Bar(7, 2)
Console.WriteLine(r);
```

7. 继承

类可以通过继承进行扩展，子类可以拥有父类的功能，并且可以进行修改或提供更多的功能。面向对象中的继承特性对软件工程中代码重用的需求提供了支持。下面的代码给出了类之间的继承方式：

```
class A     //定义类 A
{
    public void Sum(int i, int j)
    {
        int sum = i + j;
        Console.WriteLine("I am A ,my sum ={0}", sum);
    }
}


class B : A    //定义类 B，并声明类 B 继承自类 A
{
    public void Minus(int i, int j)
    {
        int minus = i - j;
        Console.WriteLine("I am B ,my minus ={0}", minus);

        //类 B 中虽然没有定义 Sum 函数，但由于继承的关系，
        //可以使用类 A 中定义的 Sum 函数
        this.Sum(3, 4);
    }
}


class InheritanceTest1
{
    static void Main(string[] args)
```

```
        {
            B b = new B();

            //下面代码输出：
            //I am B ,my minus=-1
            //I am A ,my sum = 7
            b.Minus(3, 4);

            Console.Read();
        }
    }
```

8. 访问修饰符

访问修饰符(也叫继承修饰符)设置了类、方法和其他成员的可访问性，使用访问修饰符 public、protected、internal 或 private 可以为成员指定可访问性，如表 7-5 所示。

表 7-5　访问修饰符成员的可访问性

public	成员可以在任何地方进行访问
private	成员只能在本类内进行访问，甚至其子类都不能直接访问
protected	成员只能在本类或子类内进行访问
internal	其所修饰的类或成员只能在当前程序集(本项目)中进行访问
protected internal	所修饰的类或成员只能在当前程序集(本项目)或子类中进行访问

下面的例子说明了修饰符 public 的使用方法。代码声明了 Point 和 MainClass 两个类。由于 Point 类中的两个数据成员都是 public 的，因此可以直接从 MainClass 中访问 Point 的成员 x 和 y。

```
using System;
class Point
{
    public int x;
    public int y;
}

class MainClass
{
    static void Main()
    {
        Point p = new Point();
        p.x = 10;    //直接访问 p.x
```

```
        p.y = 15;    //直接访问 p.y
        Console.WriteLine("x = {0}, y = {1}", p.x, p.y);
        //输出：x = 10, y = 15
    }
}
```

如果将 Point 中的 public 更改为 private 或 protected，在编译的时候就会出现错误信息。

7.3.3　接口

接口(Interface)与类最大的不同是，接口只包含了成员的定义，却没有包含任何的实现。接口可以在多个不同的类上定义相同的函数调用，当然函数的实现是由每个类分别给出的，即接口中只有函数的定义而没有实现。在接口中可以定义方法、属性和索引，这些成员被隐式地声明为 public。下面的代码给出了一个接口的定义：

```
interface IBinaryOperation
{
    double A { get; set; }
    double B { get; set; }
    double GetResult();
}
```

其中，A 与 B 为属性；GetResult 是方法。

对接口的实现所用的语法类似于类的继承，即用":"来声明。下面的代码定义了两个类，它们分别实现了上述的接口。

```
public class Adder : IBinaryOperation
{
    public double A { get; set; }
    public double B { get; set; }
    public double GetResult()
    {
        return A + B;
    }
}


public class Multiplier : IBinaryOperation
{
    public double A { get; set; }
    public double B { get; set; }
    public double GetResult()
    {
```

```
        return A*B;
    }
}
```

需要特别说明的是，Adder 和 Multiplier 并没有继承自同一个父类(虽然它们实现了同一个接口)，但在使用时却出现了类似继承所产生的多态特性。多态性虽然也是面向对象的重要特性，但限于篇幅和难度，本书不做深入讨论。代码如下：

```
IBinaryOperation op = null; //定义一个对象 op 为 IbinaryOperation 接口的实例
double result;

//实例化一个 Adder 类的对象，赋值给 op，op 就可以访问接口定义的成员了
op = new Adder();
op.A = 2;
op.B = 3;
result = op.GetResult(); // 5

//实例化一个 Multiplier 类的对象，赋值给 op，op 就可以访问接口定义的成员了
op = new Multiplier();
op.A = 5;
op.B = 4;
result = op.GetResult(); // 20
```

从上面的例子可以看出，实现了接口的类虽然并非是接口的"子类"，但不论是定义时的语法，或是使用的方式，都与类的继承非常相似。实际上，C#虽然不能像 C++语言那样支持多继承，但通过接口也可以得到一部分多继承的好处。

进一步分析，抽象类中也定义了没有实现的成员，也需要子类进行实现，这一特性与接口情况相同。但抽象类和接口还有许多不同点：

- 抽象类中可以包含成员变量以及非抽象的方法或属性，但接口中不能包含这些；
- 类之间只能进行单继承，但一个类可以同时实现一个或多个接口；
- 抽象类中可以包含非 public 成员，但接口中必须都是 public 成员；
- 抽象类中可以包含常量或静态成员，但接口不能包含这些；
- 抽象类中可以包含构造函数，但接口没有构造函数。

思　考　题

(1) C# 中有哪两种基本数据类型？与 C/C++ 语言有何异同？
(2) 举例说明，在 C# 中如何定义一个一维数组，如何给数组赋初值？
(3) 举例说明，在 C# 中如何定义一个二维数组，如何给数组赋初值？
(4) C# 中值类型和引用类型在内存回收、赋值操作、函数参数传递等方面有何区别？
(5) 什么是命名空间？它的主要作用是什么？

(6) 相比 for 语句，foreach 语句的主要优点是什么？在哪些情况下适合使用 foreach 语句？

(7) 什么是类？什么是对象？如何实例化一个对象？

(8) 什么是类的数据成员？什么是类的成员函数？

(9) 如何定义类的属性？属性的作用是什么？

(10) 构造函数和析构函数的作用是什么？举例说明，如何定义一个构造函数？

(11) 试说明访问修饰符 public、protected、private 对类成员的可访问性如何控制？

(12) 举例说明，如何定义一个接口？接口和抽象类有何不同？

第 8 章　Web 服务器端程序运行机制

学习提示

　　热闹的互联网离不开最基本的网络协议、分布式计算等基础技术。建议在学习 ASP.NET 核心技术之前，先了解(或复习)网络协议模型和体系结构等知识，特别要深入理解 Web 所依赖的 HTTP 协议；在此基础上，再进一步了解静态 HTML 文档及动态 HTML 的产生和传输机理。

8.1　相关网络协议

8.1.1　OSI 网络协议模型

　　开放式通信系统互联(Open System Interconnection，简称 OSI)参考模型是国际标准化组织(ISO)提出的一个试图使各种计算机在世界范围内互连为网络的标准框架。OSI 参考模型通过对层次的划分，简化了计算机之间相互通信所要完成的任务。在 OSI 参考模型中，其 7 个层次分别表示了不同的网络功能，每一层都能完成特定的功能：

　　(第 1 层)物理层：该层提供电气的、机械的、软件的或者实用的方法来激活和维护系统间的物理链路，使用双绞线、同轴电缆、光纤等物理介质。

　　(第 2 层)数据链路层：该层在物理层的基础上向网络层提供数据传输服务，主要作用是错误通告处理、网络拓扑和流量控制，使用介质访问控制(MAC)地址，这种地址也称为物理地址或硬件地址。

　　(第 3 层)网络层：该层确定把数据从一个地方移到另一个地方的最佳路径，路由器就在这一层上运行。本层使用逻辑地址方案，以便管理者能够进行管理。互联网中主要使用 IP 协议的寻址方案，此外还有 ApplTalk、DECnet、VINES 和 IPX 等寻址方案。

　　(第 4 层)传输层：该层可把数据进行分段或重组成数据流，保证一个连接并提供其可靠的传输。

　　(第 5 层)会话层：该层可建立、维持和管理应用进程之间的会话，例如 SQL、NFS、RPC 等。

　　(第 6 层)表示层：该层提供了数据表示和编码格式，还有数据传输语法的协商。它确保从网络抵达的数据能被应用进程使用，应用进程发送的信息能在网络上传送，例如 ASCII、MPEG、JPEG 等。

　　(第 7 层)应用层：该层定义了运行在不同客户端系统上的应用程序进程如何相互传递报文。

8.1.2　TCP/IP 协议栈

传输控制协议/因特网互联协议(Transmission Control Protocol/Internet Protocol，简称 TCP/IP)是 Internet 最基本的协议，也是国际互联网的基础。TCP/IP 协议其实是一组协议，传输控制协议(TCP)和网际协议(IP)是其中最重要的两个协议。

TCP/IP 协议的基本传输单位是数据包。TCP 负责把原始文件分成若干数据包，这些包通过网络传送到接收端的 TCP 层，接收端的 TCP 层把包还原为原始文件；IP 负责处理每个包的地址部分，使这些包正确地到达目的地；网络上的网关计算机根据信息的地址来进行路由选择，虽然来自同一文件的分包路由也有可能不同，但最后会在目的地汇合；如果传输过程中出现数据丢失、数据失真等情况，TCP/IP 协议会自动要求数据重新传输，并重新组包。

TCP/IP 协议栈分为四层，它与 OSI 协议栈的对应关系如图 8-1 所示。

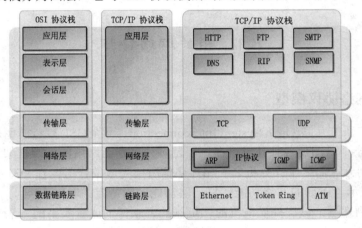

图 8-1　TCP/IP 协议栈与 OSI 协议栈的对应关系

TCP/IP 应用层协议包括超文本传输协议(HTTP)、文件传输协议(FTP)和简单邮件传输协议(SMTP)等，这些协议在网站开发和应用中被广泛使用。其中 HTTP 是 Web 应用中的关键环节。

8.1.3　HTTP 协议

超文本传输协议(HyperText Transfer Protocol，简称 HTTP)定义了 Web 客户端和 Web 服务器端请求和应答的标准。通常，由 Web 客户端(也可称为 HTTP 客户端)发起一个请求，建立一个到 Web 服务器指定端口(默认是 80 端口)的 TCP 连接，Web 服务器端(也可称为 HTTP 服务器端)则在指定端口监听客户端发送过来的请求；一旦收到请求，服务器向客户端发回一个状态行和响应的消息，消息的内容可以是请求的 HTML 文件、错误消息或者其他一些信息。

基于 HTTP 协议的信息交换过程包括建立连接、发送请求信息、发送响应信息和关闭连接四个过程。HTTP 协议的交互主要由请求和响应组成，请求是指客户端发起向服务器请求资源的消息，而响应则是服务器根据客户端的请求回送给客户端的资源消息。

1. HTTP 请求消息

发出的请求信息(Request Message)包括请求行(一个)、消息报头(多个)和请求正文，格式为：

请求消息=请求行|消息报头 CRLF[实体内容]

请求行的格式为：

MethodSPRequest-URISPHTTP-VersionCRLF

其中，SP 表示空格；Request-URI 遵循 URI 格式，在此字段为星号(*)时，说明请求并不用于某个特定的资源地址，而是用于服务器本身；HTTP-Version 表示支持的 HTTP 版本，例如为 HTTP/1.1；CRLF 表示换行回车符。

下面语句表示从/images 目录下请求 logo.gif 这个文件：

GET /images/logo.gif HTTP/1.1

HTTP/1.1 协议中共定义了 8 种方法来声明对指定的资源的不同操作方式，方法 GET 和 HEAD 可被所有的通用 Web 服务器支持，其他方法的实现是可选的。这些方法如表 8-1 所示。HTTP/1.1 协议中定义的请求头字段如表 8-2 所示。

表 8-1　HTTP/1.1 协议中的方法及其含义

方法	含　义
GET	向特定的资源发出请求。此方法的 URL 参数传递的数量是有限的，一般在 1KB 以下
POST	向指定资源提交数据进行处理请求(例如提交表单或者上传文件)，数据被包含在请求体中。传递的参数的数量比 GET 大的多，一般没有限制
HEAD	向服务器索要与 GET 请求相一致的响应，只是响应体不会被返回。请求获取由 Request-URI 所标识的资源的响应消息报头
PUT	向指定资源位置(Request-URI)上传其最新内容
DELETE	删除指定资源
TRACE	回显服务器收到的请求
CONNECT	HTTP/1.1 协议中预留，让代理服务器代替用户去访问其他网络，之后把访问结果返回给用户
OPTIONS	请求查询服务器的性能，或者查询与资源相关的选项和需求

表 8-2　HTTP/1.1 协议中定义的请求头字段

头字段	定　义
Accept	客户端可以处理的媒体类型(MIME-Type)，按优先级排序；在一个以逗号为分隔的列表中，可以定义多种类型和使用通配符
Accept-Language	客户端支持的自然语言列表
Accept-Encoding	客户端支持的编码列表
User-Agent	客户端环境类型
Host	服务器端的主机地址
Connection	连接类型，默认为 Keep-Alive

一个 GET 请求的示例如下：

GET /hello.htm HTTP/1.1 (CRLF)

Accept: */* (CRLF)

Accept-Language: zh-cn (CRLF)

Accept-Encoding: gzip, deflate (CRLF)

If-Modified-Since: Wed, 17 Oct 2007 02:15:55 GMT (CRLF)

If-None-Match: W/"158-1192587355000" (CRLF)

User-Agent: Mozilla/4.0 (compatible; MSIE 6.0; Windows NT 5.1; SV1) (CRLF)

Host: 192.168.2.162:8080 (CRLF)

Connection: Keep-Alive (CRLF)

(CRLF)

2. HTTP 响应消息

HTTP 响应消息由 HTTP 协议头和 Web 内容构成。Web 服务器收到请求后，就会立刻解释请求中所用到的方法，并开始处理应答。响应消息的格式如下：

响应消息=状态行(通用信息头|响应头|实体头)　CRLF　[实体内容]

响应消息的第一行是状态行(Status-Line)，由协议版本以及状态码和相关的文本短语组成。状态码的第一位数字定义响应类型，共有五种值，如表 8-3 所示。

表 8-3　HTTP 响应状态码

状 态 码	定　　义
1xx 报告	接收到请求，继续进程
2xx 成功	步骤成功接收，被理解，并被接受
3xx 重定向	为了完成请求，必须采取进一步措施
4xx 客户端出错	请求包括错的顺序或不能完成
5xx 服务器出错	服务器无法完成明显有效的请求

表 8-3 中，比较常见的状态码包括"200"表示成功，"404"表示资源未找到。

下面的代码为一个 HTTP 响应消息：

HTTP/1.1 200 OK

Date: Wed, 17 Oct 2010 03:01:59 GMT

Server: Apache-Coyote/1.1

Content-Length: 1580

Content-Type: text/html

Cache-Control:private

Expires: Wed, 17 Oct 2010 03:01:59 GMT

Content-Encoding:gzip

```
<html>
......
</html>
```

8.2　静态 HTML 与动态 HTML

Web 服务器的主要功能就是根据浏览器的请求，发送相应的 HTML 文档。在早期的 Web 网站中，所有的 HTML 文档都是由网站的开发者事先编写好的，这种固定内容的 HTML 文档就是静态 HTML 页面(Static HTML Pages)。

随着 Web 应用的推广，用户越来越多地需要"动态"的内容，比如实时的市场信息、航班信息等，事先编写的 HTML 文件显然无法满足这种要求，于是由程序动态生成 HTML 的技术应运而生。能够动态生成 HTML 的程序被称为服务器端程序，比如 CGI、JSP、ASP.NET 等，而所生成的 HTML 文档则被称为动态 HTML 页面(Dynamic HTML Pages)。

当客户端发出对静态页面的请求时(比如 example.htm)，服务器不需要做任何的逻辑处理，只需要直接将相应的网页文件以 HTTP 协议传输给浏览器即可。而当客户端发出对动态页面的请求时(比如 example.aspx)，服务器将运行相应的程序来生成 HTML 文件，然后以 HTTP 协议传输给浏览器。需要说明的是，页面是动态的还是静态的对于浏览器来说完全没有区别，因为 Web 浏览器的工作就是把接收到的 HTML 内容以图文并茂的形式展现给用户。所以，在 HTTP 协议和 HTML 标准的支持下，理论上不存在浏览器和服务器的兼容性问题。即使 Web 服务器是基于微软公司 Windows 操作系统和 ASP.NET 的结构，浏览器也可以是任何其他公司的产品，甚至是基于 iOS 或 Android 的移动终端浏览器。另外，不论是哪一种动态页面生成技术，如 CGI、JSP、PHP 或者 ASP.NET 等，其目标都是生成 HTML，因此在运行原理上也大同小异。

实践中，由一个程序动态生成的页面也并非完全不同，通常这些页面在格式上是相同的，如都显示为表格，所不同的就是表格中的数据。因此，动态生成 HTML 时往往需要有数据库的支持。当浏览器发出访问请求时，服务器端程序负责访问数据库以获取最新数据，并将这些数据编写到 HTML 文件中。Web 服务器响应浏览器对静态 HTML 页面和动态 HTML 页面请求的过程如图 8-2 所示。

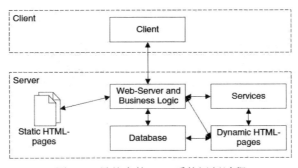

图 8-2　最基本的 Web 系统运行过程

图 8-2 中给出了最基本的 Web 系统运行过程，而大型、复杂的 Web 系统则主要提供大量动态 HTML 的服务，同时服务器端的系统结构和层次也更加复杂。

8.3 CGI 模式

早期的 Web 服务器只能简单地响应浏览器发来的 HTTP 请求，并将存储在服务器上的 HTML 文件返回给浏览器，直到通用网关接口(Common Gateway Interface，简称为 CGI)技术的产生才使 Web 服务器可根据运行时的具体情况(比如数据库的实时数据)动态地生成 HTML 页面。CGI 是外部应用程序与 Web 服务器交互的一个标准接口。1993 年，国家超级计算机应用中心(National Center for Supercomputing Applications，简称为 NCSA)提出了 CGI 1.0 的标准草案，并于 1995 年制定了 CGI 1.1 标准。遵循 CGI 标准编写的服务器端的可执行程序称为 CGI 程序。随着 CGI 技术的普及，聊天室、论坛、电子商务、搜索引擎等各式各样的 Web 应用蓬勃兴起，使互联网真正成为了信息检索、信息交换和信息处理的超级工具。

CGI 技术允许服务端的应用程序根据客户端的请求，动态地生成 HTML 页面，这使客户端和服务端的动态信息交换成为了可能。绝大多数的 CGI 程序被用来解释处理来自用户在 HTML 文件的表单中所输入的信息，然后在服务器进行相应的处理并将结果信息动态地编写为 HTML 文件反馈给浏览器。

CGI 程序大多是编译后的可执行程序，其编程语言可以是 C、C++、Pascal 或 Perl 等程序设计语言。其中，Perl 的跨操作系统、易于修改等特性使其成为了 CGI 的主要编程语言。目前几乎所有的 Web 服务器都支持 CGI。CGI 程序的工作过程如图 8-3 所示，具体流程如下：

(1) 首先用户指示浏览器访问一个 URL；
(2) 浏览器通过 HTML 表单或超链接请求指向一个 CGI 程序的 URL；
(3) Web 服务器收到请求，并在服务器端执行所指定的 CGI 程序；
(4) CGI 程序根据参数执行所需要的操作；
(5) CGI 程序把结果格式化为 HTML 网页；
(6) Web 服务器把结果返回到浏览器中。

图 8-3　基本 CGI 操作

CGI 程序通常由脚本语言编写，但也可以由普通的程序设计语言(比如 C 语言)来开发。下列代码就是用 C 语言编写的非常简单的动态 HTML 程序，它的执行结果与前面的 CGI

程序相似，执行结果如图 8-4 所示。

```c
/* HelloWorld.c */
#include <stdio.h>
#include <time.h>
int main(void)
{
    time_t now;
    time(&now);
    printf("Content-type: text/html\n\n");
    printf("<html>");
    printf("<head><title>Hello World</title></head>");
    printf("<body>");
    printf("<H1>Hello World</H1>");
    printf("I'm a C Program<br>");
    printf("It is now %s",ctime(&now));
    printf("</body>");
    printf("</html>");
}
```

图 8-4　基本 CGI 程序的执行结果

从程序代码可以看出，一个动态 HTML 生成程序的任务就是输出字符串，而这个字符串就是一个符合 HTML 标准的文档。

虽然 CGI 技术为 Web 服务器端带来了动态生成 HTML 文档的能力，但 CGI 的缺点也是较为明显的。CGI 的应用程序一般都是一个独立的可执行程序，每一个用户的请求都会激活一个 CGI 进程。当用户请求数量非常大时，大量的 CGI 程序就会吞噬系统资源，造成 Web 服务器运行效率低下。另外，在 CGI 程序设计过程中，代码编写方式(在语言中不断嵌入 HTML 文档片段)、调试等环节非常繁琐，开发效率不高。例子中的 HTML 文档内容非常简单，可以想象，如果要输出一个内容丰富的 HTML 文档，这种用 C 语言编写的 CGI 程序将会非常复杂。

思 考 题

(1) HTTP 协议的信息交换过程包括哪四个过程?

(2) 什么是静态 HTML 页面? 什么是动态 HTML 页面? 哪些技术可以实现动态 HTML 页面?

(3) 什么是 CGI? 其工作流程是什么?

第 9 章　ASP.NET 程序结构与执行过程

学习提示

前面章节讨论过用 CGI 实现动态网页的方法，但由于基本的 CGI 程序开发需要多次输出字符串才能构建出完整的 HTML 文档，其过程非常繁琐，开发效率很低。为了提高动态 HTML 生成程序的开发效率，各种改进的技术不断出现，主流的思路是不再将 HTML 的字符串嵌入到程序设计语言中，而是将负责逻辑的程序代码(或称为脚本)嵌入到 HTML 中，ASP、JSP 以及 PHP 等技术都是按照这种思路实现的。

ASP.NET 并不仅仅是 ASP 的一个新版本，而是一个一体化的 Web 开发平台。ASP.NET 提供了更方便的 Web 程序设计模板、更优化的程序执行过程和更丰富的服务器端控件。本章将重点讨论这方面的内容。

9.1　传统 ASP 程序的实现

动态服务器页面(Active Server Pages，简称为 ASP)是微软公司发布的，它将 VBScript、JavaScript 脚本语言代码嵌入在标准的 HTML 文档中，实现了在服务器端动态生成 HTML 页面的功能。

为了方便讨论，我们将 ASP.NET 出现之前的 ASP 称为传统 ASP(Classic ASP，也称 ASP)。

下面给出一段最基本的传统 ASP 程序(基于 VBScript 语言)，它的执行结果与前面的 CGI 程序相似，执行结果如图 9-1 所示。

```
<!DOCTYPE html>

<html>

<head><title>Hello World</title></head>

<body>

    <h1><%   Response.Write "Hello World!"   %>

    </h1>

    I'm an ASP Program<br>

    It is now <%   Response.Write Now   %>

</body>

</html>
```

从传统 ASP 程序中可以看出，程序的主体结构与一个静态的 HTML 文档非常类似，只是在<%   %>符号中编写了相应的脚本程序，而脚本程序的输出就会很自然地被安排在 HTML

的这个位置。可以想象,如果要建立一个内容丰富的网页,程序员可以先用网页编辑工具生成一个静态的 HTML 页面,然后再通过在 HTML 文档中适当的地方嵌入相应的脚本完成程序的开发。这种开发模式可以充分利用 HTML 的可视化开发工具,有效地提高开发和维护效率。

图 9-1　基本 ASP 程序的执行结果

上面的传统 ASP 程序的例子是基于 VBScript 语言的,但由于当前版本的 Visual Studio 只支持 C# 或 VB.NET 等基于 .NET 的语言,所以我们将基于 C# 来编写"类似于传统 ASP"的程序。在这种情况下,文件的扩展名要使用 aspx 而不是 asp。

动态 HTML 的核心是,网页中的一些内容是有服务器端程序动态产生的。所以我们要设计的传统 ASP 程序由两个文件组成,第一个文件是静态 HTML 文件 Hello.html。用户点击此文件中的按钮后,该文件将被提交到第二个动态 HTML 文件 ResponseHello.aspx 中做出响应。

Hello.html 文件的代码如下:

```
<!DOCTYPE html>
<html xmlns="http://www.w3.org/1999/xhtml">
<head>
    <meta http-equiv="Content-Type" content="text/html; charset=utf-8" />
    <title></title>
</head>
<body>
    <form method="get" action="ResponseHello.aspx" id="form1">
        <input id="Button1" name="Button1" type="submit" value="Hello" />
    </form>
</body>
</html>
```

Hello.html 文件中的 form 在被提交时以 get 的方式将参数传递给 ResponseHello.aspx,而 form 中只有一个 input 元素可以产生参数,那就是按钮 Button1。该按钮的 name 属性值为"Button1",value 属性值为"Hello",在以 get 方式提交时将产生如下 URL:

```
http://localhost:53585/ResponseHello.aspx?Button1=Hello
```

ResponseHello.aspx 文件的代码如下:

```
<%@ Page Language="C#" AutoEventWireup="true" CodeBehind="ResponseHello.aspx.cs"
Inherits="Hello.ResponseHello" %>
```

```
<!DOCTYPE html>
<html xmlns="http://www.w3.org/1999/xhtml">
<head runat="server">
    <meta http-equiv="Content-Type" content="text/html; charset=utf-8" />
    <title></title>
</head>
<body>
    <%
        if (Request.QueryString["Button1"] == "Hello")
        {
            Response.Write("Hello World");
        }
    %>
</body>
</html>
```

ResponseHello.aspx 文件的<% %>符号中间就是需要在服务器端执行的代码。Request.QueryString 中保存了传递来的参数，if 语句中判断是否是由 Button1 按钮点击所带来的页面请求(如果不是 Button1 按钮被点击，Request.QueryString["Button1"]中的值将为空字符串)。Response.Write 函数在当前位置输出了"Hello World"字符串，这将显示在网页中。

静态文件 Hello.html 和动态文件 ResponseHello.aspx 在浏览器中的显示如图 9-2 所示。

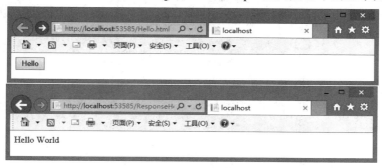

图 9-2　代码运行效果图

通过 get 或 post 方式将浏览器端的请求和数据传递给服务器，服务器再根据请求的页面和参数动态生成 HTML，这种机制在 Web 应用程序开发中非常普遍，基本的 JSP 和 PHP 也是以这种方式来建立 Web 应用程序的。

当客户端访问一个传统 ASP 页面如 hello.asp 时，Web 服务器将在加载这一传统 ASP 程序时解释并执行该程序。通常，程序解释执行的效率要低于编译执行的效率，然而由于开发效率往往是 Web 系统开发的主要矛盾，所以执行效率就要通过其他方式来解决。随着技术的发展，现在的 Web 服务器端程序的执行效率都已大幅提高，包括 ASP.net 或 JSP 等。

ASP.NET 并不是完全兼容传统的 ASP，但大多数传统的 ASP 程序可在经过少量的修改后就能在 ASP.NET 的环境中编译和运行。虽然实践中很少有情况需要在当前版本的 Visual Studio 中编写传统的 ASP 代码，但在学习 ASP.NET 开发之前非常有必要通过传统 ASP 程序的开发来了解 Web 应用程序的开发和运行过程。

传统的 ASP 代码必须嵌入到 HTML 中，并且要放在打算输出的位置上，因此很难做到将程序代码和 HTML 代码有效分离，这是传统 ASP 的局限性。这个问题增加了代码的编写、阅读和维护的难度。

ASP.NET 并不仅仅是 ASP 的一个新版本，而是一个一体化的 Web 开发平台，能向创建企业级 Web 程序的开发者提供所需的服务。它继承了 ASP 的精华，并增添了许多新特性。ASP.NET 提供了一个新的编程模型和基础结构，使开发功能更强大的新型应用程序成为可能，通过添加 ASP.NET 功能可对已有的 ASP 程序进行扩展。

9.2　ASP.NET Web 应用程序的构建

9.2.1　Web Forms 模板

通过 Visual Studio 的"Web Forms 模板"可以快速生成 ASP.NET 应用程序，步骤如下：

(1) 启动 Visual Studio 后会展开开发工具的 IDE 界面。点击"文件"菜单中"新建项目"菜单项(注意：不是"新建网站")，会出现可以新建的各种类型项目，如图 9-3 所示。

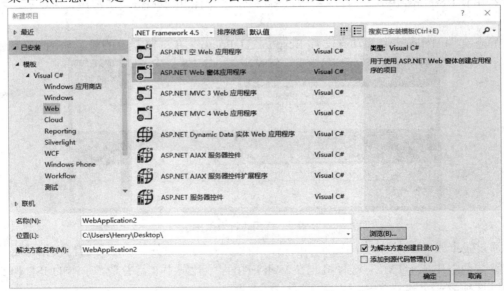

图 9-3　选择各种类型的项目

在对话框的左侧，可以选择项目的模板，其中分为 Visual Basic 和 Visual C# 两个部分。我们选择 C# 作为开发语言，并进一步选择其中"ASP.NET Web 窗体应用程序"模板选项。在 VS 2015 中，默认的.net Framework 的版本是 4.5，开发者也可以根据需要选择其他版本的 Framework。对于.net Framework 的选择，在系统开发过程中还可以进行修改。对话框的下半部分给出了项目的名称、位置和解决方案的名称。在 VS 的开发环境中，一个解决方案可包含一个或者多个项目。每一个项目都可以完成特定的功能，比如一个应用程序或者一个可复用的软件部件。而同一个解决方案中的不同项目有时会共享一些代码，或者有相互调用的情况。用解决方案和项目的这种结构，可以很好地解决开发过程中的代码组织和管理问题。在图 9-3 中，我们将项目的名称设置为"Hello"。由于同时要建立新的解决方案，所以解决方案的名称会被自动地设置为与第一个项目名称相同，即也是"Hello"。当然，此时开发者也可以根据需要修改解决方案名称。

在可选择的模板中，Web Forms 模板可以方便地创建 ASP.NET Web 应用程序，开发者可以通过可视化的开发过程和事件驱动的模型构建网站，各种 Web 控件和数据访问控件可以提高网站的开发速度；MVC 模板允许开发者采用"模型—视图—控制器"体系结构创建Web 应用程序；Single Page Application 模板用于创建丰富用户体验的胖客户端程序，并使用 HTML5、CSS3 和 JavaScript 进行客户端交互；而 Empty 模板则只是用于创建 ASP.NET应用程序的空项目模板，模板中不会自动生成任何文件内容。

(2) 为了体验模板所带来的功能，我们先选择 Web Forms 模板来构建一个 Web 应用。当用户点击 Web Forms 时，相关的文件和引用会自动加入项目中。项目生成后，我们获得了一个已经具有很多功能的 Web 网站项目，此时 IDE 中呈现如图 9-4 所示的内容。

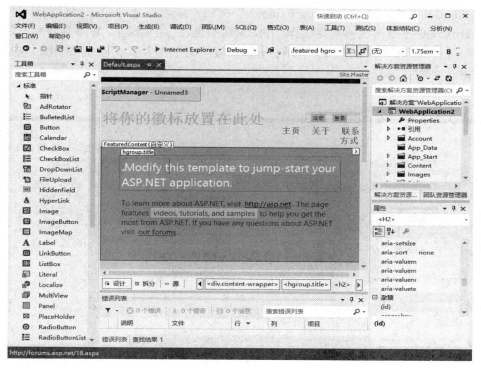

图 9-4　通过模板生成的 Web 网站

IDE 的顶部为菜单选项，可帮助程序员进行从创建到测试发布的一系列操作。接下来的工具条中给出了最常用的功能，包括存盘和运行。我们知道，Web 应用程序的运行主要是在 Web 服务器中完成，随后会将产生的 HTML 文档传输给前台的浏览器，因此，运行Web 应用程序实际上就是通过浏览器来申请访问某个服务器地址的过程。IDE 的工具条中提供了一个"Internet Explorer"按钮，点击它就可以直接运行浏览器并自动访问项目中的默认网页，此项目的默认网页为"Default.aspx"。

　　在系统菜单和工具条之下，IDE 分为三个部分。最左侧的是"工具箱"，包括用来构建网页的各种可视化控件或部件，通过拖放的动作就可以把这些控件加入到网页中；中部是进行可视化开发或代码编写的区域，开发人员可以通过可视化的方式"画出"aspx 网页，也可以直接查看和修改 aspx 的源代码；在这个区域的最底部，可以看到"设计"、"拆分"和"源"三个标签选项，其中"设计"提供了可视化开发的模式，"源"提供了直接编辑代码的模式，而"拆分"则再次分割此区域以同时提供可视化和代码编写的功能。需要特别说明的是，对于 aspx 文件，不论是可视化编辑或是代码编辑，其作用是完全等价的，这种可视化方式也叫"双向可视化"。

　　IDE 的最右侧分为两个上下区域，上面是"解决方案资源管理器"，提供了整个解决方案和项目中的文件分布视图，通过点击某个文件可以进入该文件的编辑状态；下面是"属性"区域，当开发者在编辑区域点击任何控件或部件时，属性区域将呈现该对象的各种属性并可以进行属性编辑。属性的编辑也是可视化开发的一部分，任何在属性区域的编辑修改都将反映到程序源代码中。同时，在源代码中也可以直接修改对象的属性，并会同步在属性区域展现出来，因此对象属性的编辑也是双向可视化的。

　　(3) 在工具条中点击"Internet Explorer"按钮，或者在"解决方案资源管理器"中Default.aspx 文件上点击鼠标右键选择"在浏览器中查看"菜单选项，Web 项目将开始运行，其结果如图 9-5 所示。可以看出，Web Forms 模板给出了许多基本的网站功能，包括注册、登录、关于、联系方式等。

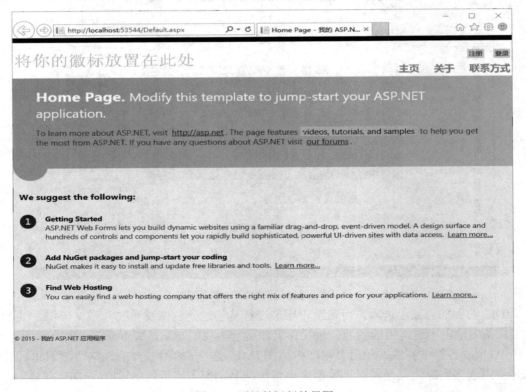

图 9-5　网站的运行效果图

通过选择模板所生成的项目已经设定了许多项目属性，在软件开发过程中，还可以根据需要对这些属性进行修改。在菜单中选择"项目"，点击"属性"可以进入属性编辑界面，如图 9-6 所示。

图 9-6　项目属性编辑界面图

在属性编辑界面中可以重新定义程序集名称和命名空间(默认均为项目名称)，还可以重新选择 .net Framework 的版本。属性编辑界面中的属性选项不全都是面向 ASP.NET 程序的，也有很多是针对 Windows Form 程序(可以理解为在 Windows 上执行的应用程序)的。属性编辑界面还可以设置 Web 应用程序"启动操作"所对应的特定页面或 URL，以方便开发人员调试程序。另外，还有针对 Web 发布的选项，可以帮助开发人员在服务器上部署 Web 应用程序。

9.2.2　空应用程序模板

前文展示了通过 Web Forms 模板产生的 Web 项目，可以看到在开发人员还没有编写任何代码前，系统已经给出了一个具有基本功能的网站，这对于 Web 网站的开发人员而言当然是非常方便的。然后，通过 Web Forms 模板所生成的大量文件和代码对于初学者来说并不是最好的起点，要理解这些代码还需要有一定的 ASP.NET 开发经验。因此，从这里开始，我们重新使用"ASP.NET 空 Web 应用程序"模板来创建一个新的项目，步骤如下：

(1) 在菜单上选择"文件"和"新建项目"，然后选择"ASP.NET 空 Web 应用程序"；

设置解决方案和项目的名称及保存的位置，并点击"确定"按钮生成新的项目。新建项目的设置如图 9-7 所示。

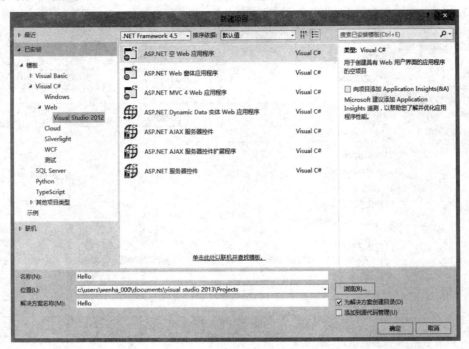

图 9-7 新建项目的选择界面

一个空 Web 应用程序建立后，在解决方案资源管理器中只有"Properties"、"引用"和"Web.config"三个部分。其中 Web.config 文件中包括了项目的基本配置参数，内容如下：

```
<?xml version="1.0" encoding="utf-8"?>
<configuration>
    <system.web>
      <compilation debug="true" targetFramework="4.5" />
      <httpRuntime targetFramework="4.5" />
    </system.web>
</configuration>
```

可以看出，Web.config 是一个 XML 文档，其中配置了项目的编译选项(debug)和.NET framework 版本。在系统开发的过程中还会在该文件中增加更多的数据内容。

目前，该项目中还没有任何动态网页。

(2) 我们可以在"项目"菜单中点击"添加新项"来创建一个名为"Default.aspx"的页面，如图 9-8 所示。

选择"Web 窗体"并设置文件名称，点击"添加"按钮就可以生成一个空白的 Web 页面。此时，在解决方案资源管理器中可以看到名为"Default.aspx"的文件，点击文件前面的白色三角，还可以展开出其他的两个文件，分别是"Default.aspx.cs"和"Default.aspx.designer.cs"。

图 9-8　新建 Web 窗体的选择界面

　　上述三个文件是共同构成一个 Web 窗体的一组文件，缺一不可。其中，"Default.aspx"
描述了运行在浏览器端的 HTML 元素和运行在服务器端的各个控件，代码如下：

```
<%@    Page    Language="C#"    AutoEventWireup="true"    CodeBehind="Default.aspx.cs"
Inherits="Hello.Default" %>


<!DOCTYPE html>
<html xmlns="http://www.w3.org/1999/xhtml">
<head runat="server">
<meta http-equiv="Content-Type" content="text/html; charset=utf-8"/>
    <title></title>
</head>
<body>
    <form id="form1" runat="server">
    <div>
    </div>
    </form>
</body>
</html>
```

　　可以看到，目前"Default.aspx"文件中除了第一句代码外，其他部分看似与普通的 HTML
相同。但标签 <head> 和 <form> 中的 runat="server" 的设置，说明这些标签已经不是浏览器
端运行的 HTML 元素，而是在服务器端运行的对象元素了。在后面的章节中，我们将会知
道这些服务器端运行的对象最终会生成标准的 HTML 元素以供浏览器展示。

　　"Default.aspx.cs"描述了整个 Web 窗体类的一部分，主要是服务器端控件的各种事件
响应函数和用户编写的代码，代码如下：

```
using System;
using System.Collections.Generic;
using System.Linq;
using System.Web;
using System.Web.UI;
using System.Web.UI.WebControls;

namespace Hello
{
    public partial class Default : System.Web.UI.Page
    {
        protected void Page_Load(object sender, EventArgs e)
        {
        }
    }
}
```

上述代码中使用 using 语句引用了多个命名空间，以便在下面的代码中方便地使用多个 Web 相关的类。在 Default 类的定义中使用了 partial 关键词，就意味着这个文件中的代码只是类定义的一部分。Page_Load 函数在网页被调用时被执行，因此通常在此函数中要做一些网页数据初始化的操作。

"Default.aspx.designer.cs"则描述了整个 Web 窗体类的另一部分，主要是服务器端控件的声明和属性设置等。需要注意的是，此代码是由开发工具自动生成的。对于初学者来说，可以完全忽略这个文件的存在，因为对此文件的更改可能会导致不正确的结果，并且如果重新生成代码，这些更改将会丢失。代码如下：

```
namespace Hello
{
    public partial class Default
    {
        /// <summary>
        /// form1 控件。
        /// </summary>
        /// <remarks>
        /// 自动生成的字段。
        /// 若要进行修改，请将字段声明从设计器文件移到代码隐藏文件。
        /// </remarks>
        protected global::System.Web.UI.HtmlControls.HtmlForm form1;
    }
}
```

上述代码中 Default 类的定义也使用了 partial 关键词，意味着这个文件中的代码也只是类定义的一部分。

"Default.aspx""Default.aspx.cs"和"Default.aspx.designer.cs"三个文件分别完成一部分功能，aspx 文件负责描述网页的显示方式，两个 cs 文件负责网页类的代码编写。

与传统的 ASP 程序不同，ASP.NET 程序的逻辑代码被放置在两个 cs 文件中，这种机制被称为代码后置技术(code behind)，它有效地把逻辑程序与显示部分代码分离。

当 aspx 文件第一次被浏览器端请求时，三个文件共同被即时编译(JIT)形成了一个网页类。而第二次请求 aspx 文件时，服务器会自动直接调用已经编译过的网页类。图 9-9 给出了 ASP.NET 程序的请求、响应以及编译过程。

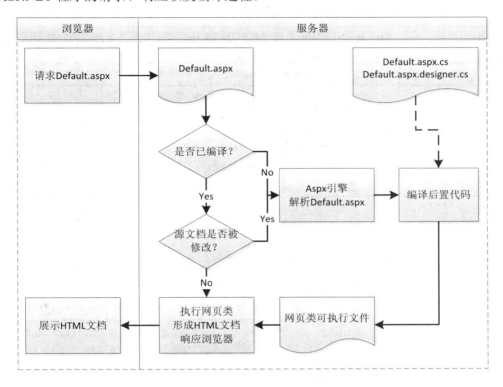

图 9-9　ASP.NET 程序的请求、响应以及编译过程

从图 9-9 中可以看出，当浏览器通过 URL 请求 Default.aspx 文件时，如果该网页没有被编译过(即从未被访问过)，则 aspx 引擎对该网页的 aspx 文件进行解析，同时对其后置代码进行编译，共同形成可执行的 DLL(动态链接库)文件，再由系统执行该 DLL 以响应浏览器的请求。图 9-9 中还给出了一个特例，如果该网页已被编译过，但之后开发者又提交了新的代码(这在系统开发和维护中很常见)，此时服务器会自动比较文件的修改时间，并再次进行编译。总之，开发者几乎不用关心程序的编译过程，这一切都是由服务器系统自动完成的。

9.2.3　目录与文件结构

通过 Web Forms 模板产生的 Web 项目给出了用来定义网站显示风格的母版页、CSS 和

JavaScript 等大量文件，这些文件被分门别类地放置在不同的目录中。除非特别设置，通常 Web 项目中的目录会直接对应到网站页面所在的 URL 路径中。

通常，ASP.NET Web 网站具有如下一些目录，如表 9-1 所示。

表 9-1　ASP.NET Web 网站的目录

目录名称	说　　明
根目录	包含网站的配置文件、母版文件和默认的网页文件等
Account	包含大量与系统注册和登录相关的页面，模板甚至自动生产了忘记密码、修改密码等常用功能页面
App_Data	包含 ASP.NET 网站的数据库文件，包括 Access(mdb)文件或者 SQL Server(mdf)文件。如果网站不是以文件方式而是服务器方式访问数据库，那这个目录中就不会有数据库文件
Content	包含 CSS 和其他非 Scripts 和图像的网站内容
Models	包含表示和操纵数据以及业务对象的类
Scripts	包含 JavaScript 类库文件和脚本文件

创建 ASP.NET 网站还需要大量不同类型的文件，表 9-2 列出了各种文件扩展名所对应的文件类型说明，其中 htm、css、js 等静态文件和 aspx、cs 等动态文件最为常用。

表 9-2　各种文件的扩展名及说明

扩展名	说　　明
.htm、.html	用 HTML 代码编写的静态 Web 文件
.css	用于确定 HTML 元素格式的样式表文件
.js	用 JavaScript 代码编写的浏览器端脚本文件
.aspx	ASP.NETWeb 窗体文件(页)，该文件可包含 Web 控件及显示和业务逻辑
.cs	运行时要编译的 C# 类源代码文件。类可以是 HTTP 模块、HTTP 处理程序、ASP.NET 页的代码隐藏文件或包含应用程序逻辑的独立类文件
.vb	运行时要编译的 VB.net 类源代码文件。类可以是 HTTP 模块、HTTP 处理程序、ASP.NET 页的代码隐藏文件或包含应用程序逻辑的独立类文件
.ascx	Web 用户控件文件，该文件定义可重复使用的自定义控件
.config	配置文件(通常是 Web.config)，该文件包含表示 ASP.NET 功能设置的 XML 元素
.asax	通常是 Global.asax 文件。该文件包含从 HttpApplication 类派生的代码，表示应用程序，并且包含应用程序生存期开始或结束时运行的可选方法
.sln	Visual Studio 项目的解决方案文件
.csproj	基于 C# 的 Visual Studio 应用程序项目的项目文件
.vbproj	基于 VB.net 的 Visual Studio 应用程序项目的项目文件
.master	母版页，定义应用程序中其他网页的布局
.resources、.resx	资源文件。该文件包含指向图像、可本地化文本或其他数据的资源字符串

扩展名	说　　明
.sitemap	站点地图文件，包含网站的结构。ASP.NET 中附带了一个默认的站点地图提供程序，它使用站点地图文件可以很方便地在网页上显示导航控件
.mdb、.ldb	Access 数据库文件
.mdf	SQL 数据库文件，用于 SQL Server Express
.dll	已编译的类库文件(程序集)。请注意，不要将已编译的程序集放在 Bin 子目录中，您可以将类的源代码放在 App_Code 子目录中
.ashx	一般处理程序文件，该文件包含用于实现 IHttpHandler 接口的代码
.asmx	XML Web services 文件，该文件包含通过 SOAP 方式可用于其他 Web 应用程序的类和方法
.axd	处理程序文件，用于管理网站管理请求，通常为 Trace.axd
.browser	浏览器定义文件，用于标识客户端浏览器的功能
.cd	类关系图文件
.compile	预编译的 stub 文件，指向表示已编译的网站文件的程序集。可执行已经过预编译并放在 Bin 子目录下的文件类型(.aspx、ascx、.master、主题文件)
.disco、.vsdisco	XML Web services 发现文件，用于帮助找到可用的 Web 服务
.dsdgm、.dsprototype	分布式服务关系图(DSD)文件。该文件可以添加到任何提供或使用 Web services 的 Visual Studio 解决方案，以便对 Web service 交互的结构视图进行反向工程处理
.licx、.webinfo	许可证文件。控件创作者可以通过授权方法来检查用户是否得到使用控件的授权，从而帮助保护自己的知识产权
.msgx、.svc	Indigo Messaging Framework (MFx) service 文件
.rem	远程处理程序文件
.sdm、.sdmDocument	系统定义模型(SDM)文件
.skin	外观文件。该文件包含应用于 Web 控件以使格式设置一致的属性设置

9.3 ASP.NET Hello World

9.3.1 编写 Hello World 程序代码

ASP.NET 的基础是 Web 窗体。Web 窗体是一类用户界面元素，可以构建 Web 应用程序的外观。Web 窗体与 Windows 窗体类似，都为置于其上的控件提供属性、方法和事件。开发者使用 Visual Studio 进行开发时，可以采用拖放式界面来可视化地创建 Web 应用程序用户界面。

与其他程序设计语言的学习方法相似，我们可通过以下步骤，创建一个能够显示"Hello

World"文字的网页。

(1) 打开"Default.aspx"文件,从编辑区域的底部选择"设计"以便进行可视化编辑。

(2) 从工具箱中选择"标准"中的"Label"控件,将其拖拽到编辑区域中的虚框中。这个虚框实际上是 aspx 文件中的<form>元素的区域。在 aspx 文件中,所有的服务器端控件都应当被放置在系统自动生成的这个<form>元素中,以形成 ASP.NET 赖以运行的前后台信息传递机制。

(3) 在可视化编辑界面中选择刚刚拖放进来的 Label 控件,可以在 IDE 右下部分的"属性"区域设置它的属性。将其 Text 属性的值从"Label"修改为"Hello World",本程序所需的功能就完成了。

可视化的设置如图 9-10 所示。

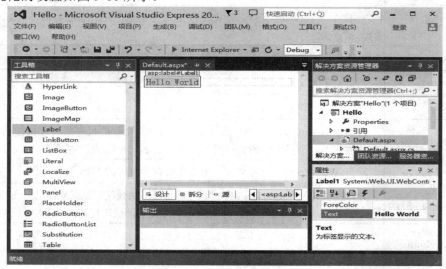

图 9-10　控件的可视化设置

要想理解可视化的编辑对程序代码的影响,我们需要观察前文中提到的三个源代码文件:"Default.aspx"、"Default.aspx.cs"和"Default.aspx.designer.cs"。

在"Default.aspx"文件编辑区域的底部点击"源"可以从可视化编辑模式切换到 aspx 的源代码,代码如下:

```
<%@ Page Language="C#" AutoEventWireup="true" CodeBehind="Default.aspx.cs"
Inherits="Hello.Default" %>
<!DOCTYPE html>
<html xmlns="http://www.w3.org/1999/xhtml">
<head runat="server">
<meta http-equiv="Content-Type" content="text/html; charset=utf-8"/>
    <title></title>
</head>
<body>
    <form id="form1" runat="server">
    <div>
```

```
            <asp:Label ID="Label1" runat="server"
                          Text="Hello World"></asp:Label>
        </div>
    </form>
</body>
</html>
```

　　上述代码中加黑的部分，即<asp:Label>元素内容就是可视化拖拽所生成的代码，其中元素中 ID="Label1"说明了这个元素对象的名称，Text 属性已经赋值为"Hello World"。

　　打开"Default.aspx.designer.cs"进行编辑，可以发现其中增加了对 Label1 对象的声明，代码如下：

```
namespace Hello {
    public partial class Default {
        /// <summary>
        /// form1 控件。
        /// </summary>
        /// <remarks>
        /// 自动生成的字段。
        /// 若要进行修改，请将字段声明从设计器文件移到代码隐藏文件。
        /// </remarks>
        protected global::System.Web.UI.HtmlControls.HtmlForm form1;

        /// <summary>
        /// Label1 控件。
        /// </summary>
        /// <remarks>
        /// 自动生成的字段。
        /// 若要进行修改，请将字段声明从设计器文件移到代码隐藏文件。
        /// </remarks>
        protected global::System.Web.UI.WebControls.Label Label1;
    }
}
```

　　由于目前还没有任何需要响应的事件，"Default.aspx.cs"文件没有改变。程序运行的结果如图 9-11 所示。

图 9-11　程序运行效果图

(4) 除了可以在代码编辑的过程中设置 Label1 对象的 Text 属性，还可以在程序运行的时候修改其 Text 属性。在"Default.aspx.cs"文件的 Page_Load 函数中增加一条语句，就可以在网页装载时设置 Label1 对象的 Text 属性值为"Hello World 2"。代码如下：

```
Label1.Text = "Hello World 2";
```

运行后可以看到，网页中没有显示"Hello World"，而是直接显示了"Hello World 2"。

(5) 为了说明 ASP.NET 的事件驱动方式，我们继续在 aspx 文件的可视化编辑中拖放一个按钮(Button)，并将其放在 Label1 对象的旁边。通过属性区域可以看到，按钮的 Text 属性(即按钮上的文字)为"Button"，而按钮的 ID 属性(即按钮对象的名称)为"Button1"。

(6) 在可视化编辑区域双击 Button1 按钮，开发工具将自动跳转到"Default.aspx.cs"文件的编辑界面，并且会自动增加 Button1_Click 函数作为"按钮 Click 事件"的处理函数。

(7) 在"Default.aspx.cs"文件的 Button1_Click 函数中增加一条语句，就可以在按钮被点击后再次设置 Label1 对象的 Text 属性值为"Hello World 3"。代码如下：

```
Label1.Text = "Hello World 3";
```

运行后可以看到，网页加载后显示了"Hello World 2"，而当用户点击按钮后网页显示了"Hello World 3"。

程序运行的结果如图 9-12 所示。

图 9-12　程序运行效果图

经过上述可视化和非可视化的编辑，相关的三个源代码文件"Default.aspx"、"Default.aspx.cs"和"Default.aspx.designer.cs"都有所改变。其中"Default.aspx"的代码如下：

```
<%@ Page Language="C#" AutoEventWireup="true" CodeBehind="Default.aspx.cs"
Inherits="Hello.Default" %>
<!DOCTYPE html>
<html xmlns="http://www.w3.org/1999/xhtml">
<head runat="server">
    <meta http-equiv="Content-Type" content="text/html; charset=utf-8" />
    <title></title>
</head>
<body>
    <form id="form1" runat="server">
        <div>
            <asp:Label ID="Label1" runat="server" Text="Hello World"></asp:Label>
```

```
            <asp:Button ID="Button1" runat="server" OnClick="Button1_Click" Text="Button" />
        </div>
    </form>
</body>
</html>
```

"Default.aspx.cs"的代码如下：

```
using System;
using System.Collections.Generic;
using System.Linq;
using System.Web;
using System.Web.UI;
using System.Web.UI.WebControls;

namespace Hello
{
    public partial class Default : System.Web.UI.Page
    {
        protected void Page_Load(object sender, EventArgs e)
        {
            Label1.Text = "Hello World 2";
        }

        protected void Button1_Click(object sender, EventArgs e)
        {
            Label1.Text = "Hello World 3";
        }
    }
}
```

"Default.aspx.designer.cs"的代码如下(由于篇幅所限，删除了代码中的注释)：

```
namespace Hello {
    public partial class Default {
        protected global::System.Web.UI.HtmlControls.HtmlForm form1;
        protected global::System.Web.UI.WebControls.Label Label1;
        protected global::System.Web.UI.WebControls.Button Button1;
    }
}
```

　　从"Hello World"程序的开发可以看出，ASP.NET 的开发过程结合了可视化开发和非可视化开发的因素，而其中的可视化开发也都可以完全采用直接输入代码的非可视化开发方式。通常在教材和网络中讨论 ASP.NET 开发问题时，很难呈现可视化开发的过程，因此常常直接将编辑后得到的代码进行展示。因此，熟悉可视化开发过程和熟悉其所生成的代码对于进一步的学习都非常重要。

9.3.2 Hello World 程序执行过程

从前文中可以看出，Hello World 程序的编写过程非常简单。同时，从直观的逻辑上看该程序的运行过程也"看似"非常简单：

(1) 首先由浏览器通过 URL 地址向服务器申请访问 Default.aspx 网页，服务器加载并运行该 aspx 程序，调用事件处理函数 Page_Load，修改 Label1 的 Text 属性(即显示的文本)，将网页上的文字由"Hello World"变为"Hello World 2"，并将该网页通过传输 HTTP 协议传输给浏览器；

(2) 浏览器得到 HTML 文件后展示给用户，用户即可看到网页显示的"Hello World 2"；

(3) 当用户在浏览器端点击 Button1 按钮时，就会引发该按钮的 OnClick 事件，于是调用相应的事件处理函数 Button1_Click 修改 Label1 的 Text 属性，这时用户就会看到网页上的文字由"Hello World 2"变为了"Hello World 3"。

上述过程确实是逻辑上的程序运行过程，该逻辑也确实有效地简化了开发人员的开发过程，但这个运行过程却不是真实的，它是被面向对象、可视化以及事件驱动的机制包装后的形象。为了更好地学习 ASP.NET 开发技术，有必要深入地理解程序运行的真实过程。

首先，我们将 HTML 文档作为切入点。我们知道，浏览器所展示的内容主要就是服务器所传输的 HTML 文档，然而 aspx 文件并不是最终的 HTML 文档。服务器传给浏览器的HTML 文档实际上是 aspx 文件以及其他两个 CS 文件共同编译并且执行后所产生的执行结果。在前面章节中，我们曾讨论过 CGI 程序的机制，CGI 程序的运行实际上就是用 printf这样的字符串输出函数并产生完整的 HTML 文档。在这一点上，ASP.NET 的执行过程也不例外。在浏览器得到服务器的响应并且在浏览器端展示出页面后，我们可以通过浏览器查看 HTML 源代码。请求 Default.aspx 后浏览器所获得的 HTML 源代码如下：

```
<!DOCTYPE html>
<html xmlns="http://www.w3.org/1999/xhtml">
<head>
    <meta http-equiv="Content-Type" content="text/html; charset=utf-8" />
    <title>        </title>
</head>
<body>
    <form method="post" action="./" id="form1">
        <div class="aspNetHidden">
            <input type="hidden" name="__VIEWSTATE" id="__VIEWSTATE" value="WNK+
GXRyEQqGK0WTs9NKP8A+wKFGb74gOroUrYyHHOoW7+shwtD3zoOmtizRmOL8MRFHCtQO
nHm+Pd+RQNpCACr1QD/ekZFSc0sRP4kjZvp+ScW0RprXikZZbdlQFWIlsM64NVPRO8EDdNqiI
```

```
MnJSg==" />
        </div>
        <div>
            <span id="Label1">Hello World 2</span>
            <input type="submit" name="Button1" value="Button" id="Button1" />
        </div>
        <div class="aspNetHidden">
            <input type="hidden" name="__VIEWSTATEGENERATOR" id="__VIEWSTATEGE
NERATOR" value="CA0B0334" />
            <input type="hidden" name="__EVENTVALIDATION" id="__EVENTVALIDATION"
value="AQZinfqfVpJgNevNfqyo8uiOUJ0vCU4K82VhCqofCwZzgcNUF59Rwj55tn+8Nf2ql8LP65p
QP76W+M6p8vw52Gsh7nlIK3d0RENwjcKTMmegJSa2ldMBS8N3JVcHRCYw" />
        </div>
    </form>
    <!-- Visual Studio Browser Link -->
    <script type="application/json" id="__browserLink_initializationData">
        {"appName":"Internet Explorer","requestId":"d379a8cbdcd5450190f5308c5236f6a2"}
    </script>
    <script type="text/javascript" src="http://localhost:52434/ 1416f52e849f44dfa9d470ea769da5ff/
browserLink" async="async"></script>
    <!-- End Browser Link -->
</body>
</html>
```

从上述代码中，我们看不到任何被包含在<% %>标签中的 ASP.NET 程序代码，但我们看到了之前在 aspx 文件中定义过的 form1、Label1 和 Button1，当然它们在形式上也有很大的不同。为了方便对比和理解，表 9-3 给出了 aspx 文件和 HTML 文件中这几个部分语句的内容。

表 9-3　aspx 文件和 HTML 文件的部分内容

对象	ASPX 中的片段	HTML 中的片段
form1	`<form id="form1" runat="server">`	`<form method="post" action="./"` `  id="form1">`
Label1	`<asp:Label ID="Label1" runat="server"` `Text="Hello World"></asp:Label>`	`<span id="Label1">Hello World 2 </span>`
Button1	`<asp:Button ID="Button1" runat="server"` `OnClick="Button1_Click" Text="Button" />`	`<input type="submit" name="Button1"` `  value="Button" id="Button1" />`

表 9-3 中，ASPX 中的片段是服务器端的程序代码，该代码的执行结果是 HTML 中的片段。虽然对于浏览器来说，HTML 也像是程序文档。但对于服务器来说，HTML 是 ASP.NET

程序的执行结果，是一系列字符串组成的数据。

　　Aspx 中的 form1 对象在服务器端设置了 id 属性，这不仅是该对象在服务器端的名称，也是未来执行后形成 HTML 时对应的 HTML 元素的 id 值。我们知道，浏览器端的 JavaScript 可以使用 id 来访问特定的 HTML 对象。runat 属性表明 form1 是服务器端控件。

　　经过 ASP.NET 的运行，HTML 中设置 form 的 method 为"post"，说明浏览器用户通过这个 HTML 向服务器提交数据时会采用 post 方式。特别值得注意的是，action 属性的值为"./"，这意味着 form1 提交的目标实际上是当前的 URL，即还是 Default.aspx。

　　Aspx 中的 Label1 对象运行后在 HTML 中形成了 span 元素，ID 值也被赋值为 span 的 id 值以供浏览器端程序访问。Aspx 中的 Label1 对象的 Text 属性值被直接放在 span 元素中以便在浏览器中显示。

　　Aspx 中的 Button1 对象运行后在 HTML 中形成了 input 元素，当然由于 type 属性设置为"submit"，因此在浏览器中将会以按钮的方式显示，并且可以引起 form 的提交。Aspx 中的 Button1 对象的 ID 属性被转换为 HTML 元素的 id 和 name 两个属性，其中 id 属性可以标记该浏览器端 HTML 对象，而 name 属性值则在 form 提交时会作为这个 input 的参数名，参数值则是 value 的属性值。对于该按钮来说，当 form 提交时会有一个"键/值对"被提交，即"Button1=Button"。

　　当 form1 以 post 的方式申请 Default.aspx 并提交参数时，如果其中参数 Button1 的值为 Button，就说明此次提交是由于用户在浏览器中点击 Button1 按钮形成的。Aspx 中的 Button1 对象的 OnClick 属性对应事件处理函数，程序将调用该函数(修改 Label1 的 Text 属性值)，并再次输出 HTML 文档给浏览器。此时用户就可以在浏览器中看到 ASP.NET 程序的又一次执行结果。程序执行的过程如图 9-13 所示。

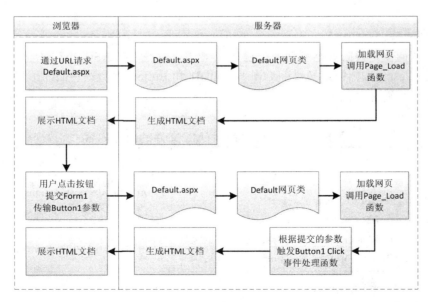

图 9-13　ASP.NET 程序执行的过程

　　再次强调，虽然在表格的同一行中，但 HTML 中的对象并不是 Aspx 中的对象，而是 Aspx 中的对象的执行结果所形成的 HTML 字符串。

回顾本节一开始给出的"看似"非常简单的执行过程可以发现，第 3 步中"当用户在浏览器端点击 Button1 按钮时，引发了该按钮的 OnClick 事件"这个描述是不正确的，因为点击浏览器端的按钮无法引发服务器端的 OnClick 事件，当然也不能直接调用服务器端的事件处理函数。浏览器端只能向服务器端发送 get 或 post 的申请，实际上是其中的参数值让服务器明白了用户在浏览器上的行为，比如填写数据、点击按钮等。

在前面章节描述传统的 ASP 应用程序实现时使用了两个文件，一个是静态 HTML 文件 Hello.html。用户点击此文件中的按钮，将 form 中的参数提交到第二个动态 HTML 文件 ResponseHello.aspx 做出响应。显然，ASP 的程序执行过程更加容易理解，但开发效率却大大低于基于可视化开发的 ASP.NET，同时在 CS 文件中后置代码(CodeBehind)的机制也有效地将网页的显示和网页的逻辑分离，为大规模的网站开发提供了更好的基础。

传统的 ASP 应用程序在执行的过程中基本上是从头到尾一行一行地执行，而 ASP.NET 却给出了更加灵活的执行顺序，这主要是依赖事件驱动的模型。

可以看出，为了让 Web 程序更加容易开发，ASP.NET "悄悄地"做了很多工作。但这种机制对于初学者来说是一把双刃剑，一方面让初学者可以很容易开发出 Web 应用程序，但另一方面也容易让初学者忽略 Web 程序的运行机理，容易造成"知道怎么做，但不知道为什么这样做"的情况，不利于系统和全面地掌握 Web 开发技术。

9.4　ASP.NET 服务器端控件

为了提高代码的条理性和可复用性，ASP.NET 提供了大量的服务器端控件。这些控件集成了大量的功能，在后台程序中使用服务器端控件可以有效减少代码量，提高可视化开发程度。在 Aspx 文件中，服务器端控件的定义采用了类似 HTML 标签的方式，但在标签中说明了 runat="server"的属性，显示这是一个服务器端的控件而不是一个普通的 HTML 元素。当然，服务器端控件在 ASP.NET 程序运行后会转换为相应的 HTML 元素或其他浏览器代码。

按照运行机理划分，ASP.NET 提供了三种服务器端控件，分别是与 HTML 标签相同并直接映射 HTML 元素的"HTML 服务器控件"(HTML Server Controls)、以新的标签来定义的"Web 服务器控件"(Web Server Controls)和检查输入是否合理的"验证服务器控件"(Validation Server Controls)。

9.4.1　HTML 服务器控件

HTML 服务器控件(以下简称为 HTML 控件)虽然使用客户端 HTML 文档中的各种的标签，但却先在服务器中执行，然后才返回浏览器端呈现为各种 HTML 元素。Aspx 文件中一般的 HTML 元素都会被看作为字符串文本，在运行生成 HTML 文档时就直接粘贴过去。但如果在标签中加入 runat="server"的属性，就使得该控件被定义为在服务器端执行，执行的结果(HTML 片段)被粘贴到最终的 HTML 文档中。

控件中所包含的 id 属性是 HTML 控件的标示(对象名称)，通过这个标示，服务器端的代码可以在运行的时候操控这个控件。

前面看到的 Hello World 例子中有一个<form>标签，并且包含属性 runat="server"。事实上，所有的 HTML 服务器端控件都必须放在<form>标签中。比如，HTML 的超链接标签<a>就有对应的 HTML 控件，它们之间在代码上的区别就是是否有 runat="server"属性。下列代码定义了一个 HTML 控件 link1，它是一个超链接控件，但在 aspx 代码中没有给出超链接的地址。

```
<html>
<body>
  <form id="form1" runat="server">
    <a id="link1" runat="server">Visit Hello World!</a>
  </form>
</body>
</html>
```

我们可以在 cs 文件的 Page_Load 函数中加入语句，使 aspx 页面在运行时动态地设置link1 的超链接地址，代码如下：

```
protected void Page_Load(object sender, EventArgs e)
{
    link1.HRef = "http://www.helloworld.com";
}
```

很容易理解，当浏览器调用此网页的时候，就会执行服务器端代码，可输入如下 HTML代码交给浏览器(为方便说明，HTML 代码进行了删减)：

```
<html>
<body>
  <form method="post" action="./" id="form1">
    <a href="http://www.helloworld.com" id="link1">Visit Hello World!</a>
  </form>
</body>
</html>
```

可以看到，HTML 控件其实就是在 HTML 元素的基础上加上 runat="server"所构成的控件。服务器代码执行后，HTML 控件会转变为浏览器端 HTML 元素。

需要说明的是，HTML 控件可以看做是为了向下兼容传统 ASP 而推出的介于 HTML元素和 Web 服务器控件之间的权宜之物。因此，如果不是为了移植传统 ASP 应用程序，建议直接使用 Web 服务器控件，而不是 HTML 服务器控件。

9.4.2 Web 服务器控件

与 HTML 服务器控件相似，Web 服务器控件(以下简称为 Web 控件)也具有runat="server"属性，也需要在服务器端运行，但 Web 控件的标签却不是 HTML 标签。某个Web 控件也不一定会直接对应某个 HTML 元素，它可能对应多个元素或者更复杂的 HTML代码片段，比如 Calendar(日历)控件。下面是定义 Web 控件的语法：

```
<asp:control_name id="some_id" runat="server" />
```

从 HTML 的语法中我们知道，网页中呈现的"按钮"实际上是由<input>标签构成，但在 ASP.NET 的 Web 控件中却提供了 Button 控件。asp 文件代码如下：

```
<html>
<body>
  <form runat="server">
    <asp:Button id="WebButton" Text="Click me!" runat="server" OnClick="submit"/>
  </form>
</body>
</html>
```

响应的 cs 文件中定义了按钮 OnClick 事件对应的事件处理函数 submit，函数执行时会将按钮上面的文字改为"You clicked me!"。代码如下：

```
protected void submit(object sender, EventArgs e)
{
    WebButton.Text = "You clicked me!";
}
```

很容易理解，当浏览器第一次调用此网页的时候，就会执行服务器端代码，可输入如下 HTML 代码交给浏览器(为方便说明，HTML 代码进行了删减)：

```
<html>
<body>
  <form method="post" action="./" id="form1">
    <input type="submit" name="WebButton" value="Click me!" id="WebButton" />
  </form>
</body>
</html>
```

可以看到，Web 控件 Button 在执行后形成了<input>元素，其 type="submit"，value="Click me!"。点击此按钮时会提交 form1 表单，服务器将运行 submit 函数，然后再次返回一个 HTML 文件。此时，HTML<input>元素中 value="You clicked me!"。

9.4.3　验证服务器控件

验证服务器控件(以下简称为验证控件)可以检查用户的输入是否符合特定的格式要求，如数字、电子邮件地址等。如果用户输入错误，则在网页中指定的地方为用户显示错误信息。

对于用户输入的验证，可以由浏览器端直接进行，也可以将用户输入返回到服务器端进行。浏览器端的验证需要用 JavaScript 脚本，由于不需要与服务器交换数据，所以效率高，响应时间短；服务器端的验证则需要用 C#语言所编写的代码进行，但每次提交都要把数据传到服务器，所以响应速度慢。

　　ASP.NET 的验证控件之所以不同于一般的 Web 服务器控件，就是因为这些验证控件非常"智能"。如果浏览器支持 JavaScript，则验证控件会以 HTML 元素和 JavaScript 代码的形式发给浏览器，验证的工作就在浏览器中进行；反之，如果客户机不支持用于验证的 JavaScript，或者开发者专门进行设置要求在服务器端验证，则所生成的 HTML 将不会包含相应的 JavaScript 代码，验证就需在服务器上进行。

　　关于验证控件的具体用法，后面的章节会详细讨论。

思 考 题

(1) 试举例说明传统 ASP 程序的执行过程。

(2) 试举例说明 ASP.NET 程序的执行过程。

(3) 什么是服务器控件? ASP.NET 提供了哪几类服务器端控件?

第 10 章　基本 Web 服务器控件

学习提示

ASP.NET 中提供了多种服务器端控件，其中 Web 服务器控件最为常用。通过服务器的运行，Web 服务器控件可以转化为 HTML 中的按钮、文本框、复选框、超链接、下拉列表等元素。配合相应的 Javascript 代码，这些控件可以获取用户的输入，并反馈运行结果。

10.1　按钮 Button

按钮是最基本的服务器控件之一。使用 Button 控件，可在网页上创建一个下压按钮，点击按钮可以将页面回发到服务器上。

Button 控件包含一系列"属性"和"事件"，使开发者可以控制按钮的显示和行为。在 Visual Studio 开发界面的右下方，可以看到设置属性和事件的窗口区域，如图 10-1 所示。开发者可以通过属性窗口直接设置程序运行时的初始值，也可以在程序代码中使用赋值语句动态设置属性的值，以完成相应的程序逻辑。

图 10-1　设置 Button 控件属性和事件的窗口

Button 控件的常用属性如表 10-1 所示。

表 10-1　Button 控件的常用属性表

名　称	说　明
ID	获取或设置分配给服务器控件的标识符(继承自 Control)
Enabled	获取或设置是否启用 Web 服务器控件。如果值为 false，则按钮呈现灰色，不响应用户点击(继承自 WebControl)
CausesValidation	获取或设置在单击 Button 控件时是否执行验证
CommandArgument	获取或设置可选参数，该参数与关联的 CommandName 一起被传递到 Command 事件
CommandName	获取或设置命令名，该命令名与传递给 Command 事件的 Button 控件相关联
OnClientClick	获取或设置在引发 HTML 按钮的 Click 事件时所执行的客户端脚本
PostBackUrl	获取或设置单击 Button 控件时从当前页发送到的网页的 URL
Text	获取或设置在 Button 控件中显示的文本标题
UseSubmitBehavior	获取或设置是否使用客户端浏览器的提交机制，否则使用 ASP.NET 回发机制
ValidationGroup	获取或设置在 Button 控件回发到服务器时要进行验证的控件组

TextBox 的 Text 属性是最常用的属性，可以通过该属性来设置和获取按钮上的文本内容。

Enabled 属性决定了按钮是否可用，如果值为 false，则按钮呈现灰色，不响应用户点击。

下面的例子中有一个按钮，当用户点击此按钮后，按钮将变为灰色"不可用"，同时按钮上的文字变为"我已经被点击过了"。

为了实现这一功能，我们从工具箱中拖拽一个按钮到 Web 界面中，在设计界面双击此按钮，开发工具会自动形成按钮 Click 事件的处理函数 Button1_Click。我们可以在函数中设置 Text 属性和 Enabled 属性，达到程序的目标。

ButtonForm.aspx 文件的代码如下：

```
<%@ Page Language="C#" AutoEventWireup="true" CodeBehind="ButtonForm.aspx.cs"
Inherits="TextBoxCode.ButtonForm" %>
<!DOCTYPE html PUBLIC "-//W3C//DTD XHTML 1.0 Transitional//EN"
"http://www.w3.org/TR/xhtml1/DTD/xhtml1-transitional.dtd">

<html xmlns="http://www.w3.org/1999/xhtml">
<head runat="server">
    <title></title>
</head>
<body>
    <form id="form1" runat="server">
        <div>
```

```
        <asp:Button ID="Button1" runat="server" onclick="Button1_Click" Text="Button" />
    </div>
    </form>
</body>
</html>
```

ButtonForm.aspx.cs 文件的代码如下：

```
using System;
using System.Collections.Generic;
using System.Linq;
using System.Web;
using System.Web.UI;
using System.Web.UI.WebControls;

namespace TextBoxCode
{
    public partial class ButtonForm : System.Web.UI.Page
    {
        protected void Page_Load(object sender, EventArgs e)
        {}

        protected void Button1_Click(object sender, EventArgs e)
        {
            Button1.Text = "我已经被点击过了";
            Button1.Enabled = false;
        }
    }
}
```

10.2　标签 Label

　　Label Web 服务器控件为开发者提供了一种以编程方式显示网页文本的方法。与直接在 HTML 中写入静态文本不太一样，Label 控件支持在服务器代码中更改文本的内容或其他特性。比如希望当用户在点击按钮时更新文本的内容，通过程序代码设置 Label 控件的 Text 属性就可以实现；可以将 Label 控件的 Text 属性绑定到数据源，以在页面上显示数据库信息；可以将 Label 控件的 Text 属性设置为任何字符串(包括包含 HTML 标记的字符串)，如将 Text 属性设置为Test，则网页中将以粗体呈现单词 Test。

　　Label 控件的常用属性如表 10-2 所示。

表 10-2　Label 控件的常用属性表

名　　称	说　　明
ID	获取或设置分配给服务器控件的标识符(继承自 Control)
Enabled	获取或设置是否启用 Web 服务器控件(继承自 WebControl)
Text	获取或设置 Label 控件的文本内容
Visible	获取或设置是否在网页上显示(继承自 Control)

　　下面的例子中，网页中有一个文本和一个按钮，其中文本是用 Label 控件实现的。初始呈现的网页中显示了"Hello World!"；当用户点击按钮后，Label 的文本将改变为"Hello，Again!"，如图 10-2 所示。

图 10-2　程序运行效果图

　　LabelForm.aspx 文件的代码如下：

```
<%@ Page Language="C#" AutoEventWireup="true" CodeBehind="LabelForm.aspx.cs" Inherits=
"TextBoxCode.LabelForm" %>


<!DOCTYPE html PUBLIC "-//W3C//DTD XHTML 1.0 Transitional//EN" "http://www.w3.org/
TR/xhtml1/DTD/xhtml1-transitional.dtd">


<html xmlns="http://www.w3.org/1999/xhtml">
<head runat="server">
    <title></title>
</head>
<body>
    <form id="form1" runat="server">
    <asp:Label ID="Label1" runat="server" Text="Label"></asp:Label>
    <asp:Button ID="Button1" runat="server" onclick="Button1_Click" Text="Button" />
    </form>
</body>
</html>
```

　　LabelForm.aspx.cs 文件的代码如下：

```
using System;
using System.Collections.Generic;
using System.Linq;
using System.Web;
using System.Web.UI;
using System.Web.UI.WebControls;


namespace TextBoxCode
```

```
    {
        public partial class LabelForm : System.Web.UI.Page
        {
            protected void Page_Load(object sender, EventArgs e)
            {
                Label1.Text = "Hello World!";
            }

            protected void Button1_Click(object sender, EventArgs e)
            {
                Label1.Text = "Hello, Again!";
            }
        }
    }
```

10.3　文本框 TextBox

TextBox 服务器控件可以形成浏览器端的文本框，可以接受用户在浏览器端输入的信息，并提交给服务器进行处理。

TextBox 的 Text 属性是最常用的属性，可以通过该属性来设置和获取文本框的内容。

ReadOnly 属性设置为 true 时，文本框为只读，可以防止用户对内容的修改。

MaxLength 属性用来设置用户可以输入的字符数上限，比如当 MaxLength 属性设置为 10 时，用户只能输入最多 10 个字符(英文字母、符号或数字)。对于以 utf-8 编码(Visual Studio 默认的编码方式)的中文网页来说，1 个汉字也是 1 个字符，因此同样也最多输入 10 个汉字。

TextBox 的 TextMode 属性设置为 TextBoxMode.SingleLine 时，意味着用户只能输入一行信息；如果希望用户输入密码时不要显示出来，则将 TextMode 属性设置为 TextBoxMode. Password，这样当用户输入时将以特定的字符(通常为圆点或星号)替代用户的输入；如果将 TextMode 属性设置为 TextBoxMode.MultiLine 则可以接受多行信息。多行文本框会根据用户输入的内容自动换行，并根据情况出现水平及垂直滚动条。

可以通过以像素为单位的 Width(宽度)和 Height(高度)属性设置控件的大小，也可以通过以字符为单位的 Columns(列)和 Rows(行)属性来设置控件的大小。但 Height 和 Width 优先于 Rows 和 Columns，即如果设置了 Height 值就会忽略 Rows 值。另外，这些属性都不会限制用户输入的字符数和行数，只是通过限制控件的大小限制了显示的字符数或行数。

MaxLength 属性在多行文本框中不起作用。

Wrap 属性用来设置自动换行行为。如果设置为 true，文本将会自动换行，但不会嵌入回车/换行符；如果设置为 false，则文本不会自动换行，用户必须按 Enter(回车键)来开始新行，这时将嵌入回车/换行符。将 Wrap 属性设置为 false 时控件会显示出水平滚动条。

TextBox 控件的常用属性如表 10-3 所示。

表 10-3　　TextBox 控件的常用属性表

名　称	说　明
ID	获取或设置分配给服务器控件的标识符(继承自 Control)
Enabled	获取或设置是否启用 Web 服务器控件(继承自 WebControl)
AutoCompleteType	获取或设置自动填写的方式,比如当用户在填写电子邮件的前几个字母时,自动帮助用户完成全部的地址填写
AutoPostBack	获取或设置回发开关,决定当控件失去焦点时(比如鼠标离开此控件而点击了其他控件)是否产生页面回发
CausesValidation	获取或设置验证开关,决定在页面回发时是否进行校验
Columns	获取或设置以字符为单位的显示宽度
MaxLength	获取或设置文本框可以输入的字符数
ReadOnly	获取或设置只读开关,决定是否允许用户修改文本框中的内容
Rows	获取或设置多行输入情况下的行数
Text	获取或设置文本框中的字符内容
TextMode	获取或设置文本框的行为模式(包括单行、多行或者密码等)
ValidationGroup	获取或设置内容验证的分组信息
Wrap	获取或设置折行开关,决定在多行文本框中是否自动折行

下面的例子展示了如何读取一个名为 TextBox1 的 TextBox 控件的值,并使用该值来设置另一个控件 TextBox2 的值。

TextBoxForm.aspx 文件代码如下:

```
<%@ Page Language="C#" AutoEventWireup="true" CodeBehind="TextBoxForm.aspx.cs" Inherits=
"TextBoxCode.TextBoxForm" %>
<!DOCTYPE html PUBLIC "-//W3C//DTD XHTML 1.0 Transitional//EN" "http://www.w3.org/TR/
xhtml1/DTD/xhtml1-transitional.dtd">
<html xmlns="http://www.w3.org/1999/xhtml">
<head runat="server">
    <title></title>
</head>
<body>
    <form id="form1" runat="server">
    <asp:TextBox ID="TextBox1" runat="server"></asp:TextBox>
    <asp:TextBox ID="TextBox2" runat="server"></asp:TextBox>
    <asp:Button ID="Button1" runat="server" onclick="Button1_Click" Text="Button" />
    </form>
</body>
</html>
```

TextBoxForm.aspx.cs 文件代码如下:

```
using System;
using System.Collections.Generic;
using System.Linq;
using System.Web;
using System.Web.UI;
using System.Web.UI.WebControls;
namespace TextBoxCode
{   public partial class TextBoxForm : System.Web.UI.Page
    {   protected void Page_Load(object sender, EventArgs e){ }

        protected void Button1_Click(object sender, EventArgs e)
        {
            TextBox2.Text = TextBox1.Text;
        }
    }
}
```

需要注意的是，网页中的用户输入可能包括潜在有害的客户端脚本(JavaScript 脚本注入)。默认情况下，Web 窗体页验证用户输入是否不包括脚本或 HTML 元素。因此，如果在 TextBox1 中输入类似"网页标签<html>"这样的字符串时，程序将引发异常。

10.4　复选框 CheckBox

复选框允许用户在多个选项中选择 0 到多个选项。各个选项之间相互独立，点击其中某个选项一次选中选项，再次点击将取消选择。

CheckBox 控件的常用属性如表 10-4 所示。

表 10-4　CheckBox 控件常用属性表

名　称	说　明
ID	获取或设置分配给服务器控件的标识符(继承自 Control)
Enabled	获取或设置是否启用 Web 服务器控件(继承自 WebControl)
AutoPostBack	获取或设置回发开关，决定点击控件时是否产生页面回发
CausesValidation	获取或设置验证开关，决定当选中控件时是否执行验证
Checked	获取或设置是否已选中该控件
InputAttributes	获取控件中 INPUT 元素(方框的部分)的特性集合
LabelAttributes	获取控件中 LABEL 元素(文字的部分)的特性集合
Text	获取或设置控件的文本标签内容
TextAlign	获取或设置文本标签的对齐方式
ValidationGroup	获取或设置内容验证的分组信息

下面的例子显示了如何让用户从 CheckBox1(体育)、CheckBox2(游戏)和 CheckBox3(音乐)多种选项中选择自己的爱好。当用户点击按钮时，将在 Label1 中显示用户的选择情况，如图 10-3 所示。

图 10-3　程序运行效果图

CheckBoxForm.aspx 文件的代码如下：

```
<%@ Page Language="C#" AutoEventWireup="true" CodeBehind="CheckBoxForm.aspx.cs"
Inherits="TextBoxCode.CheckBoxForm" %>
<!DOCTYPE html PUBLIC "-//W3C//DTD XHTML 1.0 Transitional//EN"
"http://www.w3.org/TR/xhtml1/DTD/xhtml1-transitional.dtd">
<html xmlns="http://www.w3.org/1999/xhtml">
<head runat="server">
    <title></title>
</head>
<body>
    <form id="form1" runat="server">
    <div>
        <asp:CheckBox ID="CheckBox1" runat="server" Text="体育" />
        <asp:CheckBox ID="CheckBox2" runat="server" Text="游戏" />
        <asp:CheckBox ID="CheckBox3" runat="server" Text="音乐" />
        <br />
        <asp:Button ID="Button1" runat="server" OnClick="Button1_Click" Text="Button" />
        <asp:Label ID="Label1" runat="server" Text="Label"></asp:Label>
    </div>
    </form>
</body>
</html>
```

CheckBoxForm.aspx.cs 文件的代码如下：

```
using System;
using System.Collections.Generic;
using System.Linq;
using System.Web;
using System.Web.UI;
using System.Web.UI.WebControls;

namespace TextBoxCode
{
```

```
public partial class CheckBoxForm : System.Web.UI.Page
{
    protected void Page_Load(object sender, EventArgs e)
    {}

    protected void Button1_Click(object sender, EventArgs e)
    {
        Label1.Text = "你的爱好包括：";
        if (CheckBox1.Checked)
            Label1.Text = Label1.Text + "体育；";
        if (CheckBox2.Checked)
            Label1.Text = Label1.Text + "游戏；";
        if (CheckBox3.Checked)
            Label1.Text = Label1.Text + "音乐；";
    }
}
```

10.5   复选框组 CheckBoxList

　　向页面中添加多个复选框的方法有两种，分别是多次添加 CheckBox 控件和添加 CheckBoxList 控件，然后向该控件添加单个列表项。前者在前文中已经介绍，而后者则更适合多个复选框的情况，并且可以方便地关联数据源中的数据。

　　从工具箱中拖拽一个 CheckBoxList 控件到页面中后，点击鼠标右键并选择菜单中的"编辑项…"，或者在属性窗口中查找 Items 属性并进行编辑，都可以进入 ListItem 集合编辑器，如图 10-4 所示。

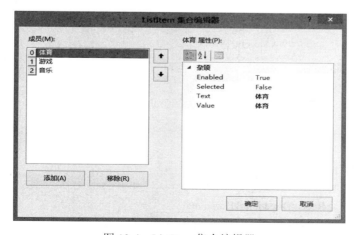

图 10-4   ListItem 集合编辑器

虽然 CheckBoxList 控件可以方便地添加、删除复选框项目，但作为一个控件，没有办法像多个 CheckBox 控件那样在网页中随意布局。CheckBoxList 控件可以使用 RepeatLayout 和 RepeatDirection 属性指定列表的显示方式。默认情况下，RepeatDirection 设置为 RepeatDirection.Vertical，即纵向排列多个选项；相反，如果此属性的值为 RepeatDirection. Horizontal，则横向呈现多个选项。

CheckBoxList 控件的常用属性如表 10-5 所示。

表 10-5　CheckBoxList 控件的常用属性表

名　称	说　明
ID	获取或设置分配给服务器控件的标识符(继承自 Control)
Enabled	获取或设置是否启用 Web 服务器控件(继承自 WebControl)
Items	获取列表控件项的集合
CellPadding	获取或设置表单元格的边框和内容之间的距离(以像素为单位)
CellSpacing	获取或设置单元格之间的距离(以像素为单位)
RenderWhenDataEmpty	获取或设置决定如果数据源没有数据或控件未进行数据绑定时,是否呈现控件的值
RepeatColumns	获取或设置要在 CheckBoxList 控件中显示的列数
RepeatDirection	获取或设置控件是垂直显示还是水平显示
RepeatLayout	获取或设置在 HTML 中选项的呈现方式，可选方式包括 table 元素、ul 元素、ol 元素和 span 元素
TextAlign	获取或设置组内复选框的文本对齐方式

为了比较 CheckBoxList 控件和 CheckBox 控件的异同，我们将实现前文用 CheckBox 控件实现的例子。

CheckBoxListForm.aspx 文件的代码如下：

```
<%@ Page Language="C#" AutoEventWireup="true" CodeBehind="CheckBoxListForm.aspx.cs"
Inherits= "TextBoxCode.CheckBoxListForm" %>
<!DOCTYPE html PUBLIC "-//W3C//DTD XHTML 1.0 Transitional//EN" "http://www.w3.org/TR/
xhtml1/DTD/xhtml1-transitional.dtd">

<html xmlns="http://www.w3.org/1999/xhtml">
<head runat="server">
    <title></title>
</head>
<body>
    <form id="form1" runat="server">
    <div>
        <asp:CheckBoxList ID="CheckBoxList1" runat="server"
            RepeatDirection="Horizontal">
            <asp:ListItem>体育</asp:ListItem>
            <asp:ListItem>游戏</asp:ListItem>
```

```
            <asp:ListItem>音乐</asp:ListItem>
        </asp:CheckBoxList>
        <asp:Button ID="Button1" runat="server" OnClick="Button1_Click" Text="Button" />
        <asp:Label ID="Label1" runat="server" Text="Label"></asp:Label>
    </div>
    </form>
</body>
</html>
```

从上述代码可以看出，CheckBoxList 控件中的选项是由多个<asp:ListItem>组成的。CheckBoxListForm.aspx.cs 文件的代码如下：

```
using System;
using System.Collections.Generic;
using System.Linq;
using System.Web;
using System.Web.UI;
using System.Web.UI.WebControls;

namespace TextBoxCode
{
    public partial class CheckBoxListForm : System.Web.UI.Page
    {
        protected void Page_Load(object sender, EventArgs e)
        {}

        protected void Button1_Click(object sender, EventArgs e)
        {
            Label1.Text = "你的爱好包括：";
            if (CheckBoxList1.Items[0].Selected)
                Label1.Text = Label1.Text + "体育；";
            if (CheckBoxList1.Items[1].Selected)
                Label1.Text = Label1.Text + "游戏；";
            if (CheckBoxList1.Items[2].Selected)
                Label1.Text = Label1.Text + "音乐；";
        }
    }
}
```

需要注意的是，CheckBoxList 控件中的 Items 属性是一个集合类型(类似于数组的类型)，集合元素的序号从 0 开始。上面例子中只有三个选项，但如果有更多选项或者选项有逻辑顺序时，则可以使用循环语句来访问 Items 集合并测试每一项是否被选中。测试项目是否被选中不用 Checked 属性，而要用 Selected 属性。

10.6 单选按钮 RadioButton

多个单选按钮控件可以组成一组，让用户在多个选项中选择其中一个作为输入。用户选择哪个单选按钮，它的 Checked 属性就被设置为 true，否则设置为 false。如果用户改变了选项，则原来被选择的控件自动被恢复为 false，即一个组中的多个单选按钮是互相排斥的，同一时间只能有一个被选中。

RadioButton 控件的常用属性如表 10-6 所示。

表 10-6 RadioButton 控件的常用属性表

名　称	说　明
ID	获取或设置分配给服务器控件的标识符(继承自 Control)
Enabled	获取或设置是否启用 Web 服务器控件(继承自 WebControl)
Items	获取列表控件项的集合
CellPadding	获取或设置表单元格的边框和内容之间的距离(以像素为单位)
CellSpacing	获取或设置单元格之间的距离(以像素为单位)
RenderWhenDataEmpty	获取或设置决定如果数据源中没有数据或控件未进行数据绑定时，是否呈现控件的值
RepeatColumns	获取或设置要在 CheckBoxList 控件中显示的列数
RepeatDirection	获取或设置控件是垂直显示还是水平显示
RepeatLayout	获取或设置在 HTML 中选项的呈现方式，可选方式包括 table 元素、ul 元素、ol 元素和 span 元素
TextAlign	获取或设置组内复选框的文本对齐方式

从表 10-6 中可以看出，RadioButton 控件的许多属性继承自 CheckBox 控件。

下面例子中使用了两个单选按钮控件 RadioButton1 和 RadioButton2，分别设置其 Text 属性为"男"和"女"。为了使其构成一组，将它们的 GroupName 属性设置为相同的值"sex"。如果需要，在设计时将 RadioButton1 的 Checked 设置为 true，那么在网页加载时"男"的选项就会被默认选择。当用户点击按钮时，将在 Label1 中显示用户的选择情况，如图 10-5 所示。

图 10-5 程序运行效果图

RadioButtonForm.aspx 文件的代码如下：

```
<%@ Page Language="C#" AutoEventWireup="true"
CodeBehind="RadioButtonForm.aspx.cs" Inherits="TextBoxCode.RadioButtonForm" %>
```

```html
<!DOCTYPE html PUBLIC "-//W3C//DTD XHTML 1.0 Transitional//EN" "http://www.w3.org/TR/
xhtml1/DTD/xhtml1-transitional.dtd">

<html xmlns="http://www.w3.org/1999/xhtml">
<head runat="server">
    <title></title>
</head>
<body>
    <form id="form1" runat="server">
    <div>
        <asp:RadioButton ID="RadioButton1" runat="server" Checked="True"
            GroupName="sex" Text="男" />
        <asp:RadioButton ID="RadioButton2" runat="server" GroupName="sex" Text="女" />
        <br />
        <asp:Button ID="Button1" runat="server" onclick="Button1_Click" Text="Button" />
        <asp:Label ID="Label1" runat="server" Text="Label"></asp:Label>
    </div>
    </form>
</body>
</html>
```

RadioButtonForm.aspx.cs 文件代码如下：

```csharp
using System;
using System.Collections.Generic;
using System.Linq;
using System.Web;
using System.Web.UI;
using System.Web.UI.WebControls;

namespace TextBoxCode
{
    public partial class RadioButtonForm : System.Web.UI.Page
    {
        protected void Page_Load(object sender, EventArgs e)
        {           }

        protected void Button1_Click(object sender, EventArgs e)
        {
            if (RadioButton1.Checked)
                Label1.Text = "你的选择是男";
```

```
            if (RadioButton2.Checked)
                Label1.Text = "你的选择是女";
        }
    }
}
```

10.7 单选按钮组 RadioButtonList

向页面中添加多个单选按钮的方法有两种，即多次添加 RadioButton 控件和添加 RadioButtonList 控件，然后向该控件添加单个列表项。前者在前文中已经介绍，而后者则在实际开发中更为常用，并且可以方便地关联数据源中的数据。

RadioButtonList 控件的常用属性如表 10-7 所示。

表 10-7 RadioButtonList 控件的常用属性表

名　称	说　明
ID	获取或设置分配给服务器控件的标识符(继承自 Control)
Enabled	获取或设置是否启用 Web 服务器控件(继承自 WebControl)
Items	获取列表控件项的集合
CellPadding	获取或设置表单元格的边框和内容之间的距离(以像素为单位)
CellSpacing	获取或设置单元格之间的距离(以像素为单位)
RenderWhenDataEmpty	获取或设置决定如果数据源中没有数据或控件未进行数据绑定时，是否呈现控件的值
RepeatColumns	获取或设置要在 CheckBoxList 控件中显示的列数
RepeatDirection	获取或设置控件是垂直显示还是水平显示
RepeatLayout	获取或设置在 HTML 中选项的呈现方式，可选方式包括 table 元素、ul 元素、ol 元素和 span 元素
TextAlign	获取或设置组内复选框的文本对齐方式

为了比较 RadioButtonList 控件和 RadioButton 控件的异同，我们将实现前文用 RadioButton 控件实现的例子。

RadioButtonListForm.aspx 文件的代码如下：

```
<%@ Page Language="C#" AutoEventWireup="true"
CodeBehind="RadioButtonListForm.aspx.cs" Inherits="TextBoxCode.RadioButtonListForm" %>
<!DOCTYPE html PUBLIC "-//W3C//DTD XHTML 1.0 Transitional//EN" "http://www.w3.org/TR/
xhtml1/DTD/xhtml1-transitional.dtd">

<html xmlns="http://www.w3.org/1999/xhtml">
<head runat="server">
    <title></title>
</head>
```

```
<body>
    <form id="form1" runat="server">
    <div>
        <asp:RadioButtonList ID="RadioButtonList1" runat="server"
            RepeatDirection="Horizontal">
            <asp:ListItem>男</asp:ListItem>
            <asp:ListItem>女</asp:ListItem>
        </asp:RadioButtonList>
        <asp:Button ID="Button1" runat="server" onclick="Button1_Click" Text="Button" />
        <asp:Label ID="Label1" runat="server" Text="Label"></asp:Label>
    </div>
    </form>
</body>
</html>
```

RadioButtonListForm.aspx.cs 文件的代码如下：

```
using System;
using System.Collections.Generic;
using System.Linq;
using System.Web;
using System.Web.UI;
using System.Web.UI.WebControls;

namespace TextBoxCode
{
    public partial class RadioButtonListForm : System.Web.UI.Page
    {
        protected void Page_Load(object sender, EventArgs e)
        { }

        protected void Button1_Click(object sender, EventArgs e)
        {
            if (RadioButtonList1.SelectedIndex == 0)
                Label1.Text = "你的选择是男";
            else
                Label1.Text = "你的选择是女";
        }
    }
}
```

需要注意的是：虽然 RadioButtonList 的 Items 属性(集合类型)与 CheckBoxList 控件中的 Items 属性一样，其中每一个元素都具有 Selected 值，但 Selected 值并不能说明某个选项是否被选中。应使用 RadioButtonList 的 SelectedIndex 来获取组中被选中项目的编号，如上面代码所示。如果选项较多，可以使用 C#语言的 switch 语句来对不同的选择进行处理。

10.8　超链接 Hyperlink

ASP.NET 程序员可以通过两种方式在网页上添加超链接：一种方式是通过 HTML 的超链接标签<a>直接将超链接放在网页中，另一种方式则是在页面上放置 HyperLink Web 服务器控件并将它与一个 URL 相关联。这两种方式最后呈现在浏览器上时效果是一样的，但使用 HyperLink 控件时可以在服务器代码中设置链接属性，比如可以根据不同的情况动态地更改链接文本或链接目标。

HyperLink 控件不仅可以以文本方式呈现超链接，还可以以图形方式呈现超链接。如果是文本链接，需要设置控件的 Text 属性；如果要创建一个图形链接，则要将控件的 ImageUrl 属性设置为一个 gif、jpg 或其他 Web 支持的图形文件的 URL；如果同时设置了 ImageUrl 和 Text 属性，则 ImageUrl 属性优先，即优先呈现图形链接。

NavigateUrl 属性可以设置超链接的 URL。Target 属性可以设置链接页面的目标窗口或框架，其取值可以是窗口名称或者预定义的目标值(如_top、_parent 等)。

需要注意的是，与大多数 Web 服务器控件不同，当用户单击 HyperLink 控件时并不会在服务器代码中引发任何事件，只是按照超链接的地址进行页面切换。

HyperLink 控件的常用属性如表 10-8 所示。

表 10-8　Hyper Link 控件的常用属性表

名　称	说　明
ID	获取或设置分配给服务器控件的标识符(继承自 Control)
Enabled	获取或设置是否启用 Web 服务器控件(继承自 WebControl)
ImageHeight	获取或设置图像超链接的高度
ImageWidth	获取或设置图像超链接的宽度
ImageUrl	获取或设置图像超链接中图像的路径
NavigateUrl	获取或设置超链接的 URL
Target	获取或设置超链接的目标窗口或框架
Text	获取或设置超链接的文本

下面的示例显示了如何在运行时设置 HyperLink 控件的属性。首先在网页中添加两个 Button 控件，分别是 Button1 和 Button2，再添加一个 HyperLink 控件 HyperLink1。通过两个 Button 控件的 Click 事件，分别设置 HyperLink1 的链接文本和目标页，即点击两个按钮后，超链接将切换不同的文字和目标，界面如图 10-6 所示。

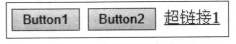

图 10-6　程序运行效果图

HyperLinkForm.aspx 文件的代码如下：

```
<%@    Page    Language="C#"    AutoEventWireup="true"    CodeBehind="HyperLinkForm.aspx.cs"
Inherits="TextBoxCode.HyperLinkForm" %>
<!DOCTYPE html PUBLIC "-//W3C//DTD XHTML 1.0 Transitional//EN" "http://www.w3.org/TR/
xhtml1/DTD/xhtml1-transitional.dtd">
<html xmlns="http://www.w3.org/1999/xhtml">
<head runat="server">
    <title></title>
</head>
<body>
    <form id="form1" runat="server">
    <div>
        <asp:Button ID="Button1" runat="server" onclick="Button1_Click"
            Text="Button1" />
 <asp:Button ID="Button2" runat="server" onclick="Button2_Click" Text="Button2" />
 <asp:HyperLink ID="HyperLink1" runat="server">HyperLink</asp:HyperLink>
    </div>
    </form>
</body>
</html>
```

HyperLinkForm.aspx.cs 文件的代码如下：

```
using System;
using System.Collections.Generic;
using System.Linq;
using System.Web;
using System.Web.UI;
using System.Web.UI.WebControls;

namespace TextBoxCode
{
    public partial class HyperLinkForm : System.Web.UI.Page
    {
        protected void Page_Load(object sender, EventArgs e)
        {}

        protected void Button1_Click(object sender, EventArgs e)
        {
            HyperLink1.Text = "超链接 1";
            HyperLink1.NavigateUrl = "HyperLink1.htm";
```

```
        }

        protected void Button2_Click(object sender, EventArgs e)
        {
            HyperLink1.Text = "超链接 2";
            HyperLink1.NavigateUrl = "HyperLink2.htm";
        }
    }
}
```

10.9　下拉列表 Dropdownlist

DropDownList Web 服务器控件可以让用户从下拉列表的多个选项中选中其中一个选项，其执行结果在 HTML 中呈现为<select>标签和其中的多个<option>选项。

虽然开发者可以定义下拉列表控件的宽度，但当用户点击下拉时，开发者无法控制下拉列表中显示的选项数量。当选项比较多时，浏览器会在列表旁自动显示滚动条。

与复选框组 CheckBoxList 和单选按钮组 RadioButtonList 控件一样，DropDownList 控件的 Items 属性中包含了所有的选项，可以通过可视化编辑或者编写代码来设定选项。当前所选项可在 DropDownList 控件的 SelectedItem 属性中得到。

DropDownList 控件的常用属性如表 10-9 所示。

表 10-9　DropDownList 控件的常用属性表

名　称	说　明
ID	获取或设置分配给服务器控件的标识符(继承自 Control)
Enabled	获取或设置是否启用 Web 服务器控件(继承自 WebControl)
Items	获取列表控件项的集合
SelectedIndex	获取或设置控件中的选定项的索引
SelectedItem	获取列表控件中索引最小的选定项
SelectedValue	获取列表控件中选定项的值，或选择列表控件中包含指定值的项

下面的例子显示了如何让用户从下拉列表中选择某一个民族，并在点击提交按钮后 Label1 中显示的用户的选择情况，如图 10-7 所示。

图 10-7　程序运行效果图

DropDownListForm.aspx 文件的代码如下：

```
<%@ Page Language="C#" AutoEventWireup="true"
CodeBehind="DropDownListForm.aspx.cs" Inherits="TextBoxCode.DropDownListForm" %>
<!DOCTYPE html PUBLIC "-//W3C//DTD XHTML 1.0 Transitional//EN"
"http://www.w3.org/TR/xhtml1/DTD/xhtml1-transitional.dtd">
<html xmlns="http://www.w3.org/1999/xhtml">
<head runat="server">
    <title></title>
</head>
<body>
    <form id="form1" runat="server">
    <div>
        民族<asp:DropDownList ID="DropDownList1" runat="server">
            <asp:ListItem>汉族</asp:ListItem>
            <asp:ListItem>回族</asp:ListItem>
            <asp:ListItem>壮族</asp:ListItem>
            <asp:ListItem>满族</asp:ListItem>
        </asp:DropDownList>
        <asp:Button ID="Button1" runat="server" onclick="Button1_Click" Text="提交" />
        您选择的民族是：<asp:Label ID="Label1" runat="server" Text="Label"></asp:Label>
    </div>
    </form>
</body>
</html>
```

DropDownListForm.aspx.cs 文件的代码如下：

```
using System;
using System.Collections.Generic;
using System.Linq;
using System.Web;
using System.Web.UI;
using System.Web.UI.WebControls;

namespace TextBoxCode
{
    public partial class DropDownListForm : System.Web.UI.Page
    {
        protected void Page_Load(object sender, EventArgs e)
        {}
```

```
        protected void Button1_Click(object sender, EventArgs e)
        {
            Label1.Text = DropDownList1.SelectedValue;
        }
    }
}
```

10.10　列表框 ListBox

　　ListBox Web 服务器控件可以让用户从多个选项组成的列表中选择一项或多项。与 DropDownList 控件的不同之处在于，ListBox 控件可以一次显示多个项并使用户能够选择多个项。

　　ListBox 控件是一个或多个列表项的容器，Items 属性中包含了所有的选项。Items 属性中的每个 ListItem 对象列表项都具有各自的属性。对 Items 属性的操作方式与复选框组 CheckBoxList、单选按钮组 RadioButtonList、DropDownList 控件中的操作完全一致。

　　如果将控件设置为单选模式，即 SelectionMode 属性值为 Single，则与 DropDownList 控件一样，当前所选项可在 ListBox 控件的 SelectedItem 属性中得到；如果将控件设置为多选模式，即 SelectionMode 属性值为 Multiple，则需要通过循环遍历整个 Items 集合并检查每个项的 Selected 属性来获取选定的项。

　　需要注意的是，用户对 DropDownList 控件操作比之前的控件要复杂一些：用户可以通过单击列表中的单个项来选择某个选项，但如果再点击其他选项时，原来选择的选项就会被取消，这个用户体验类似于单选按钮组；如果将 ListBox 控件设置为多选模式，则用户需要在按住 Ctrl 或 Shift 键的同时点击选项以完成多选。Ctrl 键可以让用户随意选择(或取消)列表中的某个选项，Shift 键则可以让用户选择多个连续的选项。

　　ListBox 控件的常用属性如表 10-10 所示。

表 10-10　ListBox 控件的常用属性表

名　称	说　明
ID	获取或设置分配给服务器控件的标识符(继承自 Control)
Enabled	获取或设置是否启用 Web 服务器控件(继承自 WebControl)
Items	获取列表控件项的集合
SelectedIndex	获取或设置控件中的选定项的索引
SelectedItem	获取列表控件中索引最小的选定项
SelectedValue	获取列表控件中选定项的值，或选择列表控件中包含指定值的项
Rows	获取或设置 ListBox 控件中显示的行数
SelectionMode	获取或设置 ListBox 控件的选择模式

　　下面的例子显示了如何让用户从下拉列表中选择多个爱好，并在点击提交按钮后 Label1 中显示的用户的选择情况。程序使用了 foreach (ListItem a in ListBox1.Items)语句来循环遍历整个 Items 集合并检查每个项的 Selected 属性来获取选定的项，如图 10-8 所示。

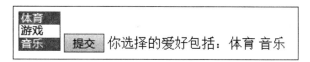

图 10-8　程序运行效果图

ListBoxForm.aspx 文件的代码如下：

```
<%@ Page Language="C#" AutoEventWireup="true" CodeBehind="ListBoxForm.aspx.cs"
Inherits="TextBoxCode.ListBoxForm" %>

<!DOCTYPE html PUBLIC "-//W3C//DTD XHTML 1.0 Transitional//EN"
"http://www.w3.org/TR/xhtml1/DTD/xhtml1-transitional.dtd">

<html xmlns="http://www.w3.org/1999/xhtml">
<head runat="server">
    <title></title>
</head>
<body>
    <form id="form1" runat="server">
    <div>

        <asp:ListBox ID="ListBox1" runat="server" Rows="3" SelectionMode="Multiple">
            <asp:ListItem>体育</asp:ListItem>
            <asp:ListItem>游戏</asp:ListItem>
            <asp:ListItem>音乐</asp:ListItem>
        </asp:ListBox>

        <asp:Button ID="Button1" runat="server" onclick="Button1_Click" Text="提交" />
        你选择的爱好包括：<asp:Label ID="Label1" runat="server" Text="Label"></asp:Label>

    </div>
    </form>
</body>
</html>
```

ListBoxForm.aspx.cs 文件的代码如下：

```
using System;
using System.Collections.Generic;
using System.Linq;
using System.Web;
using System.Web.UI;
using System.Web.UI.WebControls;

namespace TextBoxCode
{
    public partial class ListBoxForm : System.Web.UI.Page
    {
        protected void Page_Load(object sender, EventArgs e)
        {}

        protected void Button1_Click(object sender, EventArgs e)
        {
            Label1.Text = "";
            foreach (ListItem a in ListBox1.Items)
            {
                if (a.Selected)
                    Label1.Text = Label1.Text + a.Value+" ";
            }
        }
    }
}
```

10.11　验证控件 Validator

在 Web 程序与用户的交互过程中，必须允许用户出现误操作，并且要给出相应的提示，这是改善用户体验的需要。比如，当用户提交数据时，有些必须填写的信息用户没有填写，有些固定格式的信息(比如电子邮件地址、电话号码等)用户写错了。这类错误都适合在浏览器端发现和提示，但需要使用 JavaScript 来编写相应的脚本程序。另外，出于系统安全的需要，后台程序还必须再次编写程序进行验证。

使用 ASP.NET 验证控件可以非常方便地检查网页中的用户输入，而完成许多常用的验证都无需开发者编写代码。当然，这依赖于验证控件中是否封装了相应的后台代码以及是否自动编写了前台 JavaScript 代码。

ASP.NET 提供了多种验证控件，如表 10-11 所示。

表 10-11　ASP.NET 提供的验证控件及说明

控件名称	验证类型	说　　明
RequiredFieldValidator	必填检查	确保用户必须填写某个信息，否则提示出错
CompareValidator	对比检查	将用户输入的两个信息进行比较，或者将用户输入与固定值进行比较，确保小于、等于、大于或不等于，否则提示出错
RangeValidator	范围检查	确保用户的输入是否在指定的上下限范围内，否则提示出错
RegularExpressionValidator	模式匹配	确保用户输入与正则表达式定义的模式匹配，例如电子邮件地址、电话号码、邮政编码等，否则提示出错
CustomValidator	用户定义	使用开发者自定义的验证逻辑检查用户输入

下面的例子展示了多种验证效果，包括必填检查、对比检查(要求两个控件中的数据相同)、范围检查(要求输入 18 到 80 之间的整数)、模式匹配(要求填写电子邮件地址)。用户输入错误时，将在输入项旁边用红色字体提示错误信息。运行效果如图 10-9 所示。

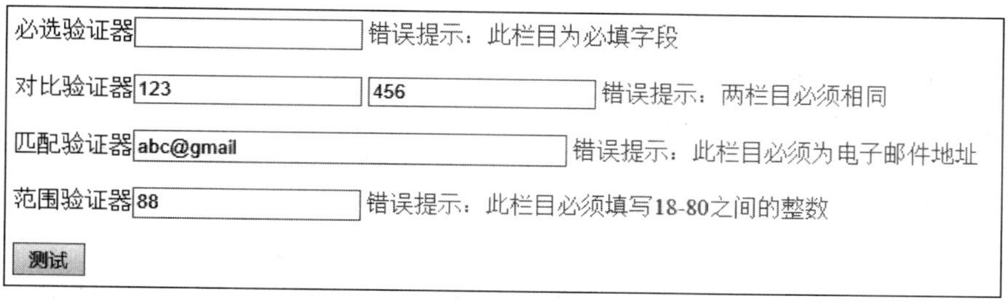

图 10-9　程序运行效果图

由于在这个例子中没有使用用户自定义验证逻辑的 CustomValidator 控件，因此只需要通过可视化的方式就可完成代码编写。

在可视化的设置中，对于名为 tbRequiredField 的 TextBox 控件，有必填验证 RequiredFieldValidator 控件对它进行验证。在验证控件中，设置 ControlToValidate 的值为 "tbRequiredField"，并在 Text 属性中给出相应的提示文字。必填验证控件 RequiredFieldValidator1 的声明如下：

```
<asp:RequiredFieldValidator ID="RequiredFieldValidator1" runat="server"
    ControlToValidate="tbRequiredField" ErrorMessage="RequiredFieldValidator"
    ForeColor="Red">错误提示：此栏目为必填字段</asp:RequiredFieldValidator>
```

对于名为 tbCompare1 和 tbCompare2 的两个 TextBox 控件，有对比验证 CompareValidator 控件对它们进行验证，要求它们的值相同。两个 TextBox 控件的名称分别被设置为 CompareValidator 控件的 ControlToCompare 和 ControlToValidate 属性，Operator 属性的值为 "Equal" 说明要求两个值相等，并在 Text 属性中给出相应的提示文字。对比验证控件 CompareValidator1 的声明如下：

```
<asp:CompareValidator ID="CompareValidator1" runat="server"
    ControlToCompare="tbCompare1" ControlToValidate="tbCompare2"
```

ErrorMessage="CompareValidator" ForeColor="Red" Operator="Equal">错误提示：

两栏目必须相同</asp:CompareValidator>

对于名为 tbRegularExpression 的 TextBox 控件，有匹配验证 RegularExpressionValidator 控件对它进行验证。在验证控件中，设置 ControlToValidate 的值为"tbRegularExpression"，ValidationExpression 属性的值是电子邮件字符串的正则表达式，并在 Text 属性中给出相应的提示文字。匹配验证控件 RegularExpressionValidator1 的声明如下：

<asp:RegularExpressionValidator ID="RegularExpressionValidator1" runat="server"

ControlToValidate="tbRegularExpression"

ErrorMessage="RegularExpressionValidator" ForeColor="Red"

ValidationExpression="\w+([-+.']\w+)*@\w+([-.]\w+)*\.\w+([-.]\w+)*">错误提示：此

栏目必须为电子邮件地址</asp:RegularExpressionValidator>

对于名为 tbRange 的 TextBox 控件，有范围验证 RangeValidator 控件对它进行验证。在验证控件中，设置 ControlToValidate 的值为"tbRange"，属性 MaximumValue 和 MinimumValue 分别给出了可以填写的范围，而 Type="Integer"则说明填写的数据类型为整数，并在 Text 属性中给出相应的提示文字。范围验证控件 RangeValidator1 的声明如下：

<asp:RangeValidator ID="RangeValidator1" runat="server"

ControlToValidate="tbRange" ErrorMessage="RangeValidator" ForeColor="Red"

MaximumValue="80" MinimumValue="18" Type="Integer">错误提示：此栏目必须

填写 18-80 之间的整数</asp:RangeValidator>

可视化设置后 ValidatorForm.aspx 文件中完整的代码如下：

```
<%@    Page    Language="C#"    AutoEventWireup="true"    CodeBehind="ValidatorForm.aspx.cs"
Inherits= "TextBoxCode.ValidatorForm" %>
<!DOCTYPE html PUBLIC "-//W3C//DTD XHTML 1.0 Transitional//EN"
"http://www.w3.org/TR/xhtml1/DTD/xhtml1-transitional.dtd">
<html xmlns="http://www.w3.org/1999/xhtml">
<head runat="server">
    <title></title>
</head>
<body>
    <form id="form1" runat="server">
    <div>
        必选验证器<asp:TextBox ID="tbRequiredField" runat="server"></asp:TextBox>
        <asp:RequiredFieldValidator ID="RequiredFieldValidator1" runat="server"
            ControlToValidate="tbRequiredField" ErrorMessage="RequiredFieldValidator"
            ForeColor="Red">错误提示：此栏目为必填字段</asp:RequiredFieldValidator>
        <br />          <br />
        对比验证器<asp:TextBox ID="tbCompare1" runat="server"></asp:TextBox>
        <asp:TextBox ID="tbCompare2" runat="server"></asp:TextBox>
        <asp:CompareValidator ID="CompareValidator1" runat="server"
```

```
                ControlToCompare="tbCompare1" ControlToValidate="tbCompare2"
                ErrorMessage="CompareValidator" ForeColor="Red" Operator="Equal">错误提示：
        两栏目必须相同</asp:CompareValidator>
                <br />            <br />
                匹配验证器<asp:TextBox  ID="tbRegularExpression"  runat="server"  Width="287px">
        </asp:TextBox>
                <asp:RegularExpressionValidator ID="RegularExpressionValidator1" runat="server"
                    ControlToValidate="tbRegularExpression"
                    ErrorMessage="RegularExpressionValidator" ForeColor="Red"
        ValidationExpression="\w+([-+.']\w+)*@\w+([-.]\w+)*\.\w+([-.]\w+)*">错误提示：此栏目必须为电
        子邮件地址</asp:RegularExpressionValidator>
                <br />            <br />
                范围验证器<asp:TextBox ID="tbRange" runat="server"></asp:TextBox>
                <asp:RangeValidator ID="RangeValidator1" runat="server"
                    ControlToValidate="tbRange" ErrorMessage="RangeValidator" ForeColor="Red"
                    MaximumValue="80" MinimumValue="18" Type="Integer">错误提示：此栏目必须
        填写 18-80 之间的整数</asp:RangeValidator>
                <br />            <br />
                <asp:Button ID="Button1" runat="server" Text="测试" />
            </div>
            </form>
        </body>
        </html>
```

　　如果浏览器支持 JavaScript 标准，则 ASP.NET 验证控件可以利用客户端脚本来及时执行验证，而无需将用户输入一次次地提交到服务器中来验证，因此通常响应速度很快。值得一提的是，即使验证控件已在客户端执行验证，当用户数据提交时，ASP.NET 仍会在服务器端再次执行验证，这样做的目的是为了防止用户通过禁用或更改客户端脚本来逃避验证。

　　一个验证控件只对一个输入控件执行一次测试，但可以让多个验证控件对一个输入控件执行多次测试。比如，要求某个输入项目既是必填项，同时又有范围要求。实现这种需求只要将两个验证控件的 ControlToValidate 属性都设置为同一个输入控件即可。

　　多个验证控件验证一个输入控件可以实现逻辑"与"，即用户输入的数据必须通过所有测试才能视为有效。如果要实现逻辑"或"则比较复杂，需要使用 RegularExpressionValidator 验证控件指定一个复杂的(包含逻辑"或"的)正则表达式，或者使用 CustomValidator 验证控件编写自己的验证代码。

　　从 RegularExpressionValidator 验证控件的使用可以看出，正则表达式在其中起到了非常重要的作用。

　　正则表达式是一种文本匹配模式，它可以用来描述文本的规则，方便程序进行匹配或验证。正则表达式使用元字符的组合来描述文本模式，不同的元字符代表了某种上下文行为。表 10-12 给出了几个元字符以及对应的行为。

表 10-12　不同的元字符及其对应的行为

元字符	行　为	示　例
*	零次或多次匹配前面的字符或子表达式 等效于 {0,}	zo* 与 "z" 和 "zoo" 匹配
+	一次或多次匹配前面的字符或子表达式 等效于 {1,}	zo+ 与 "zo" 和 "zoo" 匹配，但与 "z" 不匹配
?	零次或一次匹配前面的字符或子表达式 等效于 {0,1} 当?紧随任何其他限定符(*、+、?、{n}、{n,} 或 {n,m})之后时，匹配模式是非贪婪的。在整个表达式匹配成功的前提下，贪婪模式尽可能多地匹配，非贪婪模式尽可能少地匹配	zo? 与 "z" 和 "zo" 匹配，但与 "zoo" 不匹配 o+? 只与 "oooo" 中的单个 "o" 匹配，而 o+ 与所有 "o" 匹配 do(es)? 与 "do" 或 "does" 中的 "do" 匹配
^	匹配搜索字符串开始的位置。如果标志中包括 m(多行搜索)字符，^ 还将匹配 \n 或 \r 后面的位置 如果将 ^ 用作括号表达式中的第一个字符，则会对字符集求反	^\d{3} 与搜索字符串开始处的 3 个数字匹配 [^abc] 与除 a、b 和 c 以外的任何字符都匹配
$	匹配搜索字符串结尾的位置。如果标志中包括 m(多行搜索)字符，^ 还将匹配 \n 或 \r 前面的位置	\d{3}$ 与搜索字符串结尾处的 3 个数字匹配
.	匹配除换行符 \n 之外的任何单个字符。若要匹配包括 \n 在内的任意字符，请使用诸如 [\s\S] 之类的模式	a.c 与 "abc"、"a1c" 和 "a-c" 匹配
[]	标记括号表达式的开始和结尾	[1-4] 与 "1"、"2"、"3" 或 "4" 匹配；[^aAeEiIoOuU] 与任何非元音字符匹配
{}	标记限定符表达式的开始和结尾	a{2,3} 与 "aa" 和 "aaa" 匹配
()	标记子表达式的开始和结尾。可以保存子表达式以备将来之用	A(\d) 与 "A0" 至 "A9" 匹配。保存该数字以备将来之用
|	指示在两个或多个项之间进行选择	z|food 与 "z" 或 "food" 匹配。(z|f)ood 与 "zood" 或 "food" 匹配
\	将下一字符标记为特殊字符、文本、反向引用或八进制转义符	\n 与换行符匹配。\(与 "(" 匹配。\\ 与 "\" 匹配
\d	数字字符匹配 等效于 [0-9]	在搜索字符串 "12 345" 中，\d{2} 与 "12" 和 "34" 匹配。\d 与 "1"、"2"、"3"、"4" 和 "5" 匹配
\D	非数字字符匹配 等效于 [^0-9]	\D+ 与 "abc123 def" 中的 "abc" 和 "def" 匹配
\w	与以下任意字符匹配：A-Z、a-z、0-9 和下划线 等效于 [A-Za-z0-9_]	在搜索字符串 "The quick brown fox…" 中，\w+ 与 "The"、"quick"、"brown" 和 "fox" 匹配

续表

元字符	行 为	示 例
\W	与除 A-Z、a-z、0-9 和下划线以外的任意字符匹配 等效于 [^A-Za-z0-9_]	在搜索字符串 "The quick brown fox…" 中，\W+ 与 "…" 和所有空格匹配
[a-z]	字符范围。匹配指定范围内的任何字符	[a-z] 与 "a" 到 "z" 范围内的任何小写字母字符都匹配
[^a-z]	反向字符范围。与不在指定范围内的任何字符都匹配	[^a-z] 与不在范围 "a" 到 "z" 内的任何字符都匹配
{n}	正好匹配 n 次。n 是非负整数	o{2} 与 "Bob" 中的 "o" 不匹配，但与 "food" 中的两个 "o" 匹配
{n,}	至少匹配 n 次。n 是非负整数 * 与 {0,} 相等 + 与 {1,} 相等	o{2,} 与 "Bob" 中的 "o" 不匹配，但与 "foooood" 中的所有 "o" 匹配
{n,m}	匹配至少 n 次，至多 m 次。n 和 m 是非负整数，其中 n <= m。逗号和数字之间不能有空格 ? 与 {0,1} 相等	在搜索字符串 "1234567" 中，\d{1,3} 与 "123"、"456" 和 "7" 匹配

表 10-12 中并未给出正则表达式的全部语法，更多的信息可以从网络或书籍中得到。表 10-13 给出了几个网站中常用的正则表达式。

表 10-13 常用的正则表达式

目 标	正则表达式
电子邮件	"\w+([-+.']\w+)*@\w+([-.]\w+)*\.\w+([-.]\w+)*"
身份证号(15 位或 18 位数字)	"\\d{14}[[0-9],0-9xX]"
手机号码	"^1[3|4|5|7|8][0-9]\\d{8}$"

在页面呈现在浏览器时，验证控件的信息是不可见的。但如果控件检测到错误，就会显示指定的错误信息文本。错误信息可以在多个位置显示：设置在 Text 属性中的文本将显示在验证控件所在的位置，通常是在发生错误的控件旁边；如果将验证控件分组并使用 ValidationSummary 控件，则可以在 ValidationSummary 控件所在的地方集中显示本组中的多个错误信息。程序还可以捕获错误信息并自行显示错误信息。

10.12 服务器控件的继承关系

从前文我们可以发现，CheckBoxList、RadioButtonList、DropDownList 以及 ListBox 控件中都包含相同的 Items 属性，并且它们具有一些相似的行为。这不是一种巧合，而是 ASP.NET 类框架的刻意设计：这些控件类都继承自 ListControl 类。

更普遍的是，我们可以看到，所有的服务器控件都具有继承自 Control 类的 ID 属性、Visible 属性以及 WebControl 类的 Enabled 属性等。

通常来说，所有基类中定义的公共(Public)属性、方法和事件都会被子类继承，开发者可以应用这些类的成员进行开发。这种继承的特性是面向对象程序设计的重要因素，在基于 C#和 ASP.NET 的开发中，如果清楚地知道类之间的继承关系，会很大程度上帮助理解 ASP.NET 的开发方法，并可以灵活应用面向对象技术带来的开发效率和质量优势。

图 10-10 列出了 ASP.NET 中主要的服务器控件类的继承关系。

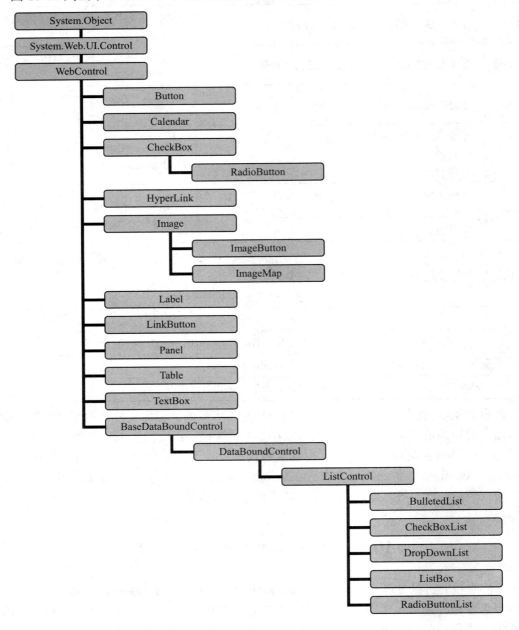

图 10-10 ASP.NET 中主要的服务器控件类的继承关系

下面对其中几个控件类进行简要介绍。

1. System.Object 类

.NET 中的所有的类都继承自 System.Object 类，它是 .NET Framework 中所有类的基类，是类型层次结构的根。C#语言虽然不要求在定义类时声明继承自 Object 类，但所有的类都会隐式地继承自该类。

Object 类的方法如表 10-14 所示。

表 10-14　Object 类的方法表

名　　称	说　　明
Equals	确定指定的对象是否等于当前对象
GetHashCode	作为默认哈希函数
GetType	获取当前实例的 Type
ReferenceEquals	确定指定的 Object 实例是否是相同的实例
ToString	返回表示当前对象的字符串

2. System.Web.UI.Control 类

Control 类是包括自定义控件、用户控件和页在内的所有 ASP.NET 服务器控件的共同基类，它定义了相关的属性、方法和事件。比如 ASP.NET 页面就是 Page 类的实例，而 Page 类继承自 Control 类。

Control 类的属性如表 10-15 所示。

表 10-15　Control 类的属性表

名　　称	说　　明
AppRelativeTemplateSource-Directory	获取或设置包含该控件的 Page 或 UserControl 对象的应用程序相对虚拟目录
BindingContainer	基础结构。获取包含该控件的数据绑定的控件
ClientID	获取由 ASP.NET 生成的 HTML 标记的控件 ID
ClientIDMode	获取或设置用于生成 ClientID 属性值的算法
Controls	获取 ControlCollection 对象，该对象表示 UI 层次结构中指定服务器控件的子控件
DataItemContainer	如果命名容器实现 IDataItemContainer，则获取对命名容器的引用
DataKeysContainer	如果命名容器实现 IDataKeysControl，则获取对命名容器的引用
EnableTheming	获取或设置一个值，该值指示主题是否应用于该控件
EnableViewState	获取或设置一个值，该值指示服务器控件是否向发出请求的客户端保持自己的视图状态以及它所包含的任何子控件的视图状态
ID	获取或设置分配给服务器控件的编程标识符
NamingContainer	获取对服务器控件的命名容器的引用，此引用创建唯一的命名空间，以区分具有相同 Control.ID 属性值的服务器控件

续表

名　称	说　明
Page	获取对包含服务器控件的 Page 实例的引用
Parent	获取对页 UI 层次结构中服务器控件的父控件的引用
RenderingCompatibility	获取一个值，该值指定呈现的 HTML 将与之兼容的 ASP.NET 版本
Site	获取容器信息，该容器在呈现于设计图面上时承载当前控件
SkinID	获取或设置要应用于控件的外观
TemplateControl	获取或设置对包含该控件的模板的引用
TemplateSourceDirectory	获取包含当前服务器控件的 Page 或 UserControl 的虚拟目录
UniqueID	获取服务器控件的唯一的、以分层形式限定的标识符
ValidateRequestMode	获取或设置指示控件是否检查来自浏览器的客户端输入是否具有潜在危险值的值
ViewStateMode	获取或设置此控件的视图状态模式
Visible	获取或设置一个值，该值指示服务器控件是否作为 UI 呈现在页上

Control 类的方法如表 10-16 所示。

表 10-16　Control 类的方法表

名　称	说　明
DataBind	将数据源绑定到被调用的服务器控件及其所有子控件
Dispose	使服务器控件得以在从内存中释放之前执行最后的清理操作
FindControl	在当前的命名容器中搜索带指定 id 参数的服务器控件
Focus	为控件设置输入焦点
GetRouteUrl	获取与一组路由参数对应的 URL
GetUniqueIDRelativeTo	返回指定控件的 UniqueID 属性的前缀部分
HasControls	确定服务器控件是否包含任何子控件
RenderControl	将服务器控件的内容输出到所提供的 HtmlTextWriter 对象中；如果已启用跟踪功能，则存储有关控件的跟踪信息
ResolveClientUrl	获取浏览器可以使用的 URL
ResolveUrl	将 URL 转换为在请求客户端可用的 URL
SetRenderMethodDelegate	设置事件处理程序的委托方式，将服务器控件及其内容呈现到父控件中
SetTraceData	使用跟踪数据键和跟踪数据值，为呈现数据的设计时追踪设置跟踪数据

Control 类的事件如表 10-17 所示。

表 10-17　Control 类的事件表

名　称	说　明
DataBinding	当服务器控件绑定到数据源时发生
Disposed	当从内存释放服务器控件时发生,这是请求 ASP.NET 页时服务器控件生存期的最后阶段
Init	当服务器控件初始化时发生。初始化是控件生存期的第一步
Load	当服务器控件加载到 Page 对象中时发生
PreRender	在加载 Control 对象之后、呈现之前发生
Unload	当服务器控件从内存中卸载时发生

3. System.Web.UI.WebControls.WebControl 类

Control 类没有任何用户界面的功能，ASP.NET 中具有用户界面功能的控件都继承自 WebControl 类。WebControl 类提供所有 Web 服务器控件的公共属性、方法和事件。

通过设置在此类中定义的属性，可以控制 Web 服务器控件的外观和行为。例如，通过使用 BackColor 和 ForeColor 属性，可以分别控制控件的背景色和字体颜色；通过设置 BorderWidth、BorderStyle 和 BorderColor 属性，可以控制控件的边框宽度、边框样式和边框颜色；通过设置 Enabled 属性，可以启用和禁用控件；通过设置 TabIndex 属性，可以控制控件在 Tab 键顺序中的位置；通过设置 ToolTip 属性，可以在鼠标停留在该控件上时弹出提示。

WebControl 类的属性如表 10-18 所示。

表 10-18　WebControl 类的属性表

名　称	说　明
AccessKey	获取或设置使您得以快速导航到 Web 服务器控件的访问键
Attributes	获取与控件的特性不对应的任意特性(只用于呈现)的集合
BackColor	获取或设置 Web 服务器控件的背景色
BorderColor	获取或设置 Web 控件的边框颜色
BorderStyle	获取或设置 Web 服务器控件的边框样式
BorderWidth	获取或设置 Web 服务器控件的边框宽度
ControlStyle	获取 Web 服务器控件的样式。 此属性主要由控件开发人员使用
ControlStyleCreated	获取一个值，该值指示是否已为 ControlStyle 属性创建了 Style 对象。此属性主要由控件开发人员使用
CssClass	获取或设置由 Web 服务器控件在客户端呈现的级联样式表(CSS)类
DisabledCssClass	获取或设置要在控件处于禁用状态时应用于呈现的 HTML 元素的 CSS 类
Enabled	获取或设置一个值，该值指示是否启用 Web 服务器控件

续表

名　称	说　明
EnableTheming	获取或设置一个值，该值指示主题是否应用于该控件(重写 Control.Enable Theming)
Font	获取与 Web 服务器控件关联的字体属性
ForeColor	获取或设置 Web 服务器控件的前景色(通常是文本颜色)
HasAttributes	获取一个值，该值指示控件是否具有特性集
Height	获取或设置 Web 服务器控件的高度
SkinID	获取或设置要应用于控件的外观(重写 Control.SkinID)
Style	获取将在 Web 服务器控件的外部标记上呈现为样式特性的文本特性的集合
SupportsDisabledAttribute	获取一个值，该值指示在控件的 IsEnabled 属性为 false 时，控件是否应将呈现的 HTML 元素的 disabled 特性设置为"disabled"
TabIndex	获取或设置 Web 服务器控件的选项卡索引
ToolTip	获取或设置当鼠标指针悬停在 Web 服务器控件上时显示的文本
Width	获取或设置 Web 服务器控件的宽度

WebControl 类的方法如表 10-19 所示。

表 10-19　WebControl 类的方法表

名　称	说　明
ApplyStyle	将指定样式的所有非空白元素复制到 Web 控件中，覆盖控件中所有现有的样式元素。此方法在自定义用户控件时使用
CopyBaseAttributes	将 Style 对象未封装的属性从指定的 Web 服务器控件复制到从中调用此方法的 Web 服务器控件中。此方法在自定义用户控件时使用
MergeStyle	将指定样式的所有非空白元素复制到 Web 控件中，但不覆盖该控件中现有的任何样式元素。此方法在自定义用户控件时使用
RenderBeginTag	将控件中的 HTML 开始标记呈现到指定的编写器中。此方法在自定义用户控件时使用
RenderEndTag	将控件中的 HTML 结束标记呈现到指定的编写器中。此方法在自定义用户控件时使用

4. System.Web.UI.WebControls.ListControl 类

ListControl 类是 BulletedList 类、CheckBoxList 类、DropDownList 类、ListBox 类和 RadioButtonList 的基类。ListControl 类本身继承自 DataBoundControl 类，DataBoundControl

类是所有以列表或表格形式显示数据 Web 服务器控件的基类。

ListControl 类的属性如表 10-20 所示。

表 10-20　ListControl 类的属性

名　　称	说　　明
AppendDataBoundItems	获取或设置一个值，该值指示是否在绑定数据之前清除列表项
AutoPostBack	获取或设置一个值，该值指示当用户更改列表中的选定内容时是否自动产生向服务器的回发
CausesValidation	获取或设置一个值，该值指示在单击从 ListControl 类派生的控件时是否执行验证
DataTextField	获取或设置为列表项提供文本内容的数据源字段
DataTextFormatString	获取或设置格式化字符串，该字符串用来控制如何显示绑定到列表控件的数据
DataValueField	获取或设置为各列表项提供值的数据源字段
Items	获取列表控件项的集合
SelectedIndex	获取或设置列表中选定项的最低序号索引
SelectedItem	获取列表控件中索引最小的选定项
SelectedValue	获取列表控件中选定项的值，或选择列表控件中包含指定值的项
Text	获取或设置 ListControl 控件的 SelectedValue 属性
ValidationGroup	获取或设置控件组，当从 ListControl 类派生的控件回发到服务器时，将导致对该组控件进行验证

ListControl 类的方法如表 10-21 所示。

表 10-21　ListControl 类的方法表

名　　称	说　　明
ClearSelection	清除列表选择并将所有项的 Selected 属性设置为 false

ListControl 类的事件如表 10-22 所示。

表 10-22　ListControl 类的事件表

名　　称	说　　明
SelectedIndexChanged	当列表控件的选定项在信息发往服务器之间变化时发生
TextChanged	当 Text 和 SelectedValue 属性更改时发生

ListControl 类的 Items 属性是 ListItemCollection 类型。ListItemCollection 类是集合类型，其中可以包含多个 ListItem 类的对象。开发者可以在集合中添加、删除其中的选项。

ListItemCollection 类的属性如表 10-23 所示。

表 10-23 ListItemCollection 类的属性表

名　　称	说　　明
Capacity	获取或设置 ListItemCollection 可以存储的最大项数
Count	获取集合中的 ListItem 对象数
IsReadOnly	获取一个值，该值指示 ListItemCollection 是否为只读
IsSynchronized	获取一个值，该值指示是否同步 ListItemCollection 访问(线程安全)
Item	获取集合中指定索引处的 ListItem
SyncRoot	获取可用于同步 ListItemCollection 访问的对象

ListItemCollection 类的方法如表 10-24 所示。

表 10-24 ListItemCollection 类的方法表

名　　称	说　　明
Add	将指定的 ListItem 追加到集合的结尾
AddRange	将 ListItem 对象数组中的项添加到集合
Clear	从集合中移除所有 ListItem 对象
Contains	确定集合是否包含指定的项
CopyTo	将 ListItemCollection 中的项复制到指定的 System.Array 中，从指定的索引开始
FindByText	搜索集合中其 Text 属性等于指定文本的 ListItem
FindByValue	搜索集合中具有 Value 属性且包含指定值的 ListItem
GetEnumerator	返回一个实现了 System.Collections.IEnumerator 的对象，该对象包含 ListItemCollection 中的所有 ListItem 对象
IndexOf	确定索引值，该值表示指定 ListItem 在集合中的位置
Insert	将表示指定字符串的 ListItem 插入集合中的指定索引位置
Remove	从集合中移除指定的 ListItem
RemoveAt	从集合中移除指定索引位置的 ListItem

　　从 ListItemCollection 类的方法表中可以看到 Add 方法有两个重载的函数，分别是以 ListItem 对象的方式和以字符串的方式为列表增加选项。

　　下面的代码片段利用 Add 方法通过编程为一个 ListBox 添加了 4 个选项，程序运行效果如图 10-11 所示。

图 10-11　程序运行效果图

AddListForm.aspx.cs 文件的代码如下：

```
using System;
using System.Collections.Generic;
using System.Linq;
using System.Web;
using System.Web.UI;
using System.Web.UI.WebControls;

namespace TextBoxCode
{
    public partial class AddListForm : System.Web.UI.Page
    {
        protected void Page_Load(object sender, EventArgs e)
        {}

        protected void Button1_Click(object sender, EventArgs e)
        {
            ListBox1.Items.Add(new ListItem("汉族"));
            ListBox1.Items.Add(new ListItem("回族"));
            ListBox1.Items.Add("壮族");
            ListBox1.Items.Add("维吾尔族");
        }
    }
}
```

思　考　题

(1) 使用按钮、标签控件进行编程，达到如下效果：最初页面中显示数字 0，用户每点击一次按钮，页面中的数字就加 1。

(2) 使用复选框和文本框控件进行编程，达到如下效果：当用户在复选框中选择某个选项时，文本框中就显示该选项的文本。

(3) 使用两个下拉列表控件进行编程，达到如下效果：一个下拉列表中放置"省"，一个下拉列表放置"市"。当用户在一个下拉列表中选择某个省时，另一个下拉列表中的数据改变为该省所包含的市。提示：初步设计时，省市之间的关系可以直接通过代码给出。学习了数据库应用程序的开发后，可以将省市信息放置在数据库中。

第 11 章　ASP.NET 请求、响应及页生命周期

学习提示

ASP.NET 的 Web Forms 开发模式很大程度上减少了程序员的工作量,大量的 Web 服务器控件和可视化的开发过程让初学者很容易开发出具有一定功能的网站。但 Web Forms 对 Web 程序运行过程的封装也使初学者没有机会深入了解 Web 程序的运行机理,使初学者在处理复杂问题或大规模网站开发时不知所措。因此有必要对 ASP.NET 中的 Web Forms 的运行机理做更为详细的讨论。

实际上,所有 ASP.NET 页面中的控件都是被放在页类(Page)的实例中进行处理。因此,本章将分析 Page 类的重要属性、方法和事件,这对于深入掌握 ASP.NET 开发技术至关重要。

11.1　ASP.NET 网页代码模型

11.1.1　网页代码的语法

前面在学习使用 ASP.NET 的多种 Web 服务器控件时我们已经给出了许多网页代码,下面将对 ASP.NET 网页代码的主要语法进行更为系统的说明。

1. ASP.NET 文件扩展名

可以在服务器端执行的 ASP.NET 页面和在浏览器端执行的静态 HTML 网页最大的不同就是 ASP.NET 页面代码中包含需要 Web 服务器识别和处理的元素。通常 ASP.NET 网页的文件扩展名为 .aspx,而静态 HTML 文件的扩展名为 .htm 或 .html。在微软提供的 Web 服务器 Internet 信息服务(Internet Information Services,IIS)的默认配置中,.aspx 页面由 ASP.NET 运行,而 .htm 和 .html 页面则不在服务器端运行。虽然开发者可以使用 .aspx 文件扩展名对任何 HTML 页进行重命名,然后将该页作为 ASP.NET 网页运行,但如果该页面中并不包含需要服务器处理的代码,则会无谓地增加页面处理的系统开销。因此,在基于 ASP.NET 开发的过程中,应该将动态网页的文件扩展名设置为 .aspx,而静态网页文件的扩展名设置为 .htm 或 .html。

2. @指令

ASP.NET 页通常包含一些指令,这些指令在服务器端进行处理,通过这些指令可以设置属性和配置信息。

最常用的指令为@Page 指令，该指令用来设置页面的多个属性，包括指定编程语言(C#或是 VB.NET)、网页代码模型(单文件页面模型或是代码隐藏页面模型)、调试和跟踪选项、关联的母版页(MasterPage)信息等。下面的代码中给出了一个典型的@Page 指令：

```
<%@ Page Title="" Language="C#" MasterPageFile="~/Site.Master" AutoEventWireup="true"
CodeBehind="ProductEdt.aspx.cs" Inherits="CRMWebApp.Product.ProductEdt" %>
```

从代码中可以看出，该 ASP.NET 页选取 C#作为开发语言，采用了代码隐藏页面模型(隐藏的代码文件为 ProductEdt.aspx.cs)，对应的类为 ProductEdt，关联的母版页文件为"~/Site.Master"。

如果页面中不包含@Page 指令，或者该指令不包含某个设置，服务器会从 Web 应用程序的配置文件(Web.config)或站点配置文件(Machine.config)获取这个设置的值。如果配置文件中的值与页面中@Page 指令中给出的设置不一致，则会优先按照@Page 指令中的设置执行。

除了包含@Page 指令之外，还可以包含支持附加页面特定选项的其他指令。其他常用指令如下：

- @Import 指令：指定要在代码中引用的命名空间。
- @OutputCache 指令：指定 Web 服务器缓存此页面，并指定关于具体缓存起始及存续时间的参数。
- @Implements 指令：指定页面实现 .NET 接口。
- @Register 指令：注册其他控件以便在页面上使用。
- @Master 指令：在母版页文件中使用。
- @Control 指令：在用户控件文件中使用。

3. form 元素

默认情况下，在 VS 中新增一个 ASP.NET 页面(Web Form 页面)时，自动生成的代码中会包含一个 form 元素。这个 form 元素在用户与页面交互并向服务器提交数据的过程中起到非常关键的作用。它的作用机理在后文关于"状态管理"中会有进一步的解释。

这个 form 元素在 ASP.NET 页面运行后确实会在 HTML 文件中生成标准的 HTML form 元素，但在 ASPX 源代码中需要符合以下规则：

- 一个页面只能包含一个 form 元素。
- form 元素必须包含 runat="server"的属性设置。
- 需要执行回发的服务器控件必须位于 form 元素之内。
- form 元素中不包含 action 属性，服务器将在处理该页面时动态设置这一属性。

4. runat="server"

除了 form 元素外，ASP.NET 代码中可以放置多种具有 runat="server"属性的服务器控件和 HTML 元素。

我们已经知道，在 ASP.NET 页面中可以添加允许用户与页面交互的服务器控件，包括按钮、文本框、列表等。这些服务器控件与 HTML 文件中的 input 元素类似，但却是在服务器上被处理的。服务器控件还会引发相应的服务器端事件，并且可以通过后台代码对其属性进行设置。

ASP.NET 服务器控件的标记名称通常以前缀 asp:开头，包含 runat="server" 属性和一个可选的 ID，可以使用这个 ID 在服务器代码中引用该控件。下列代码给出了典型的 TextBox 控件和 Button 控件的声明：

```
<asp:TextBox ID="TextBox1" runat="server"></asp:TextBox>
<asp:Button ID="Button1" runat="server" Text="Click" OnClick="Button1_Click" />
```

当 ASP.NET 页面运行后，服务器控件通常会在 HTML 中对应生成一个(有时为多个)HTML 元素，其 ID 值与 ASPX 文件代码中设置的值一致。例如，asp:textbox 控件将具有 type="text" 属性的 input 元素呈现在页面中。但是，服务器控件与 HTML 元素间并非一一对应。例如，asp:calendar 控件就会呈现一个 HTML TABLE，而有些控件则完全不会向浏览器呈现任何内容。

比较容易被忽略的是，除了使用服务器控件之外，开发者也可以在普通的 HTML 元素上增加 runat="server" 属性和 ID 属性，进而将其作为服务器控件使用。页面运行时，服务器会识别并处理这些控件。例如，可以向 HTML body 元素添加 runat="server" 属性，代码如下：

```
<body runat="server" id="body">
```

然后，可以在后台代码中动态设置 body 元素的各种属性，例如在运行时根据用户输入设置 body 的背景色。

5. 服务器端代码

ASP.NET 支持多种语言编写服务器端代码，包括 C#、Visual Basic、J#、Jscript 和其他支持.NET 的语言。

ASP.NET 服务器端代码由元素标记和程序逻辑组成。元素标记包括 HTML 标记、服务器控件和静态文本等；程序逻辑包括各种事件处理程序和其他代码。如果将两种代码放在一个 .aspx 文件中，则称为单文件模型；如果两种代码分别放置在 .aspx 和 .aspx.cs 文件中，则称为代码隐藏模型。下文中将分别介绍这两种网页代码模型。

11.1.2 单文件模型

在单文件模型中，页的标记及其编程代码位于同一个扩展名为 aspx 的文件中。编程代码位于<script>元素中，为了区别于 HTML 文件中的编程代码块，该<script>元素包含 runat="server"属性，即声明此处脚本程序将在服务器端执行。

下面的例子演示了一个单文件页，此页中包含一个 Button 控件和一个 Label 控件。当按钮被点击时，将会调用<script>元素中定义的事件处理函数 Button1_Click，该函数将用户点击按钮的日期时间显示到 Label 上。

```
<%@ Page Language="C#" %>
<script runat="server">
void Button1_Click(Object sender, EventArgs e)
{
    Label1.Text = "Clicked at " + DateTime.Now.ToString();
}
```

```
</script>

<html>
<head>
  <title>Single-File Page Model</title>
</head>
<body>
  <form runat="server">
    <div>
      <asp:Label id="Label1" runat="server" Text="Label"> </asp:Label>
      <br />
      <asp:Button id="Button1" runat="server" onclick="Button1_Click"
        Text="Button">
      </asp:Button>
    </div>
  </form>
</body>
</html>
```

从上述代码中可以看出，<asp:Button>元素中定义了 Web 服务器控件 Button1，设置了它的呈现方式(设置 Text 属性，即按钮上的文字为"Button")和行为方式(指定其 onclick 事件的处理函数为"Button1_Click")，而函数本身作为程序逻辑则被放置在<script>元素中。总之，按钮的定义和相关的程序逻辑虽然在一个 aspx 文件中，但也被清楚地分别放在不同的区域。<script>元素可以包含页中各个控件的事件处理函数、方法、属性等代码。

单文件模型在运行时，aspx 文件会被编译为 Page 类的一个派生类，并实例化出一个页对象且被调用，页面中的各个控件会成为页的数据成员。

11.1.3　代码隐藏模型

通过代码隐藏模型，可以在 aspx 文件中保留网页中元素标记的定义和属性设置，并在 aspx.cs 文件(对于 VB.NET 语言则为 aspx.vb 文件)中编写程序逻辑。由于程序逻辑代码没有出现在 aspx 文件中，而是被分离和"隐藏"到 aspx.cs 文件中，因此，这种模型被称为代码隐藏模型。

与单文件模式相同，最终这两部分会被合并编译为 Page 类的一个派生类。一个类被定义在两个(甚至更多个)文件中，需要编程语言支持"分部类"机制。C#语言通过 partial 关键词提供了对分部类的支持。

下面的例子实现了与上文中单文件模型同样的功能，但可以预见，元素标记和程序逻辑将会被分离在不同的文件中。

SamplePage.aspx 文件中的代码如下：

```
<%@ Page Language="C#" CodeFile="SamplePage.aspx.cs"
```

```
                        Inherits="SamplePage" AutoEventWireup="true" %>
       <html>
       <head runat="server" >
           <title>Code-Behind Page Model</title>
       </head>
       <body>
           <form id="form1" runat="server">
               <div>
                   <asp:Label id="Label1" runat="server" Text="Label" > </asp:Label>
                   <br />
                   <asp:Button id="Button1" runat="server" onclick="Button1_Click"
                       Text="Button" >
                   </asp:Button>
               </div>
           </form>
       </body>
       </html>
```

与单文件模型相比，上面的 .aspx 文件有两处不同：在代码隐藏模型中，不存在具有
runat="server" 属性的<script>元素；另外，代码隐藏模型中的@Page 指令指定了对应的隐
藏文件 SamplePage.aspx.cs，并设置了 Page 类的属性。

SamplePage.aspx.cs 文件中的代码如下：

```
       using System;
       using System.Web;
       using System.Web.UI;
       using System.Web.UI.WebControls;
       public partial class SamplePage : System.Web.UI.Page
       {
           protected void Button1_Click(object sender, EventArgs e)
           {
               Label1.Text = "Clicked at " + DateTime.Now.ToString();
           }
       }
```

代码隐藏文件包含了 Page 类的派生类声明，其中使用 partial 关键词说明这里的类定
义并不完整，其他文件也包含了该类其他部分的定义。在页运行时，编译器将读取.aspx
页，然后根据@Page 指令中指定的隐藏文件名将它们汇编成单个类，并实例化为 Page
对象来运行。

比较单文件模型和代码隐藏模型的运行方式可以看出，它们的编译结果和运行性能并
没有差异，因此选择哪一种页面代码模式主要取决于开发方面的因素。

我们看到，很多书籍和网站中在讨论到 ASP.NET 代码时倾向于使用单文件模式，这主要是因为使用单个文件说明问题可以方便读者阅读。同样的原因，在程序逻辑代码很少的情况下，元素标记和程序逻辑放在一个文件中也方便程序的共享和发布。当需要对文件重命名时，也不需要同时重命名多个文件。

但可以想象，当网页功能较复杂时，混合了元素标记和程序逻辑的代码会很难阅读，这时代码隐藏模型就体现出它的优势了；由于文件的分割，不同的开发人员可以分别负责元素标记(包括网站的布局、风格等)和程序逻辑，提高开发效率；另外，代码隐藏模型带来的信息隐蔽和代码重用等特点也符合软件工程的要求。

基于上述原因，本教材主要采用代码隐藏模型来进行代码编写。

11.2 Page 类及页生命周期

从前面的章节我们已经知道，所有的 aspx 文件都会被编译为一个 Page 类的派生类。下面我们深入了解一下 Page 类本身的机理，以便为后面的学习奠定基础。

Page 类提供了由.aspx 文件创建的页面内所有对象的基本行为，还实现了 IHttpHandler 接口，可以作为 HTTP 请求的处理程序。Page 的父类 TemplateControl 定义了页面(或控件)的基本功能，TemplateControl 类的父类 Control 定义了 ASP.NET 服务器端元素(包括页面、控件和用户控件)共享的属性、方法和事件。同时，TemplateControl 类还实现了 INamingContainer 接口，使 Page 类可以作为控件的容器。

Page 类常用属性如表 11-1 所示。

表 11-1 Page 类常用属性

名 称	说 明
ID	获取或设置 Page 类的特定实例的标识符
Request	获取请求的页的 HttpRequest 对象
Response	获取与该 Page 对象关联的 HttpResponse 对象
Application	为当前的 Web 请求获取 HttpApplicationState 对象
Session	获取 ASP.NET 提供的当前 Session 对象
Server	获取 Server 对象，它是 HttpServerUtility 类的实例
User	获取有关发出页请求的用户的信息
EnableViewState	获取或设置一个值，该值指示当前页请求结束时该页是否保持其视图状态以及它包含的任何一个控件的视图状态
ViewStateEncryptionMode	获取或设置视图状态的加密模式
ViewStateUserKey	将一个标识符分配给与当前页关联的视图状态变量中的单个用户
IsPostBack	获取一个值，该值指示页是第一次呈现还是为了响应回发而加载
IsCrossPagePostBack	获取一个值，该值指示跨页回发中是否涉及该页

续表

名　称	说　明
IsCallback	获取一个值，该值指示页请求是否是回调的结果
AutoPostBackControl	获取或设置页中用于执行回发的控件
ClientQueryString	获取请求的 URL 的查询字符串部分
ContentType	基础结构。设置与页关联的 HttpResponse 对象的 HTTP MIME 类型
ErrorPage	获取或设置错误页，在发生未处理的页异常的事件时请求浏览器将被重定向到该页
Items	获取存储在页的上下文中的对象的列表
Form	获取页的 HTML 窗体
Header	获取 HTML 文稿中的 Head 元素内容
Title	获取或设置页面的标题
Master	获取确定页的整体外观的母版页
PreviousPage	获取向当前页传输控件的页
ResponseEncoding	基础结构。设置当前的 HttpResponse 对象的编码语言
Validators	获取请求的页上包含的全部验证控件的集合
Visible	获取或设置是否呈现 Page 对象的值

在 Page 类的属性中，有几个常用的内置对象，包括 Request、Response、Application 和 Session 等，它们会参与页面的运行和页面之间的信息传递。本书的后面会给出较详细的介绍。

ASP.NET 页面从被客户端请求、到运行、再到卸载的过程称为页的生命周期。在此期间，页将执行一系列处理步骤。了解页生命周期可以帮助开发者在生命周期的合适阶段编写代码，以达到预期效果。

从客户端请求开始，页要经历以下一系列阶段：

• 页请求：页请求是指用户通过浏览器向服务器请求特定的 ASP.NET 页。Web 服务器将根据情况判断是否需要编译，是否发送缓存或者需要执行页面程序。

• 开始：在开始阶段将设置页的多个属性，包括 Request、Response、IsPostBack 等属性。

• 页初始化：页初始化期间将设置页中的控件 UniqueID 的属性，将主题应用于页。

• 加载：在加载期间，如果判断出当前请求是回发请求，则根据之前的视图状态和控件状态恢复控件属性。

• 验证：在验证期间，将调用所有验证程序控件的 Validate 方法，以设置控件和页的 IsValid 属性。

• 回发事件处理：如果请求是回发请求，则将调用所有事件处理程序。

• 呈现：在呈现之前，会针对该页和所有控件保存视图状态，以供下一次回发时使用。

• 卸载：完全呈现页并已将页发送至客户端。在页面执行过程中，将产生的内置对象和其他数据成员进行删除，以释放内存空间。

在页生命周期的每个阶段中，页都会引发相关事件。开发者可以编写相应的事件处理函数以响应事件。

一个页面被启动可能有很多原因，最容易理解的方式是通过客户端直接请求页面的 URL 地址。在浏览器地址栏上输入 URL 地址或者通过其他页面的超链接跳转都可以被视为页面的直接请求。直接请求的 ASP.NET 页面在后台运行的生命周期中，IsPostBack 属性为 false，即说明该页面不是"回发"。

页面的"回发"是 ASP.NET 页面运行的特别机制。在服务器控件中，一些事件(比如按钮的 Click 事件)会立即引发 Form 的提交，并将 Form 中各参数的值传递给服务器。通常这种 Form 提交都指向当前页面本身，所以就构成了页面的"回发"。也就是说，该页面不是直接请求的，而是浏览器端在用户操作页面的过程中向服务器提交数据时引发的页面请求。

页面的"回发"是 ASP.NET 的 Web Forms 编程模型特有的机制，它将 HTML、服务器控件和逻辑代码通过事件驱动的方式组合起来。Web Forms 的代码在服务器端编译和运行，运行所产生的 HTML 文档会显示在浏览器上。同时，返回给浏览器的 HTML 文档中还自动包含了相应的 JavaScript 程序代码，以便让浏览器端的控件能够触发页面的"回发"事件，即再次请求同一页面，并提交 Form 中的数据给该页面。"回发"的 ASP.NET 页面在后台运行的生命周期中 IsPostBack 属性为 true，即说明该页面是"回发"的。

特别需要注意的是，由于 ASP.NET 中状态管理、事件驱动和可视化开发等原因，初学者会误以为用户在访问某个页面时，服务器一直都有这个页面的实例，并且在响应用户操作所引发的事件。实际上，页面的"回发"会导致一个新的页的完整的生命周期的开始，它与之前的页面是两个独立的 Page 实例。只是在"回发"的页面中，页面的 IsPostBack 属性为 true，并且会调用相应的事件处理程序。

直接请求页面或是回发页面之后，都会引发该页的初始化事件(Page_Load)。如果不希望在回发页面时完成与直接请求页面相同的任务，则需要在 Page_Load 函数中用 IsPostBack 属性判断是否为回发页面，代码如下：

```
protected void Page_Load(object sender, EventArgs e)
{
    //此处添加的代码会在每次页面初始化时执行，包括回发的页面
    if (!IsPostBack)
    {
        //此处添加的代码只有直接请求页面初始化时执行，回发的页面不会执行
    }
}
```

11.3　ASP.NET 的事件驱动模型

目前，基于面向对象程序的程序设计语言和开发环境大多支持事件驱动模型，该模型可以使开发人员将主要的精力集中于针对程序运行的状态做出响应。比如在一个游戏中，

玩家的下一个操作是很难预计的，程序只能根据发生的事件做出对应的处理。

事件(Event)是一个信号，它会告知应用程序有重要情况发生。例如，用户单击窗体上的某个控件时，窗体可能会引发一个 Click 事件并调用一个处理该事件的过程。参考前面"Default.aspx"文件中的一行代码：

```
<asp:Button ID="Button1" runat="server" OnClick="Button1_Click" Text="Button" />
```

其中 Onclick 就是一个事件，是当按钮被点击时产生的事件。

事件发送器(Event Sender)是引发事件的对象，也称"事件源"。窗体、控件和用户定义的对象都可以是事件发送器。前面的代码中 Button1 就是产生事件的发送器。

事件处理程序(Event Handler)是相应事件发生时调用的过程。代码中 Button1_Click 所对应的函数就是事件处理程序。在事件处理程序生效之前，首先必须将事件与事件处理程序进行关联。OnClick="Button1_Click" 部分就实现了两者的关联。

前面章节中所解释的 Javascript 也具有事件驱动的特性，但与传统 HTML 页或基于客户端的 Web 应用程序中的事件相比，由 ASP.NET 服务器控件引发的事件的工作方式稍有不同。导致差异的主要原因在于事件本身与处理该事件的位置的分离。在基于客户端的应用程序中，引发事件和处理事件都是在客户端进行的，比如引发 Javascript 事件和处理 Javascript 事件都是在浏览器中完成的。但在 ASP.NET 网页中，与服务器端控件关联的事件是在客户端(浏览器)上引发的，比如用户点击网页中的按钮，但要由 ASP.NET 程序在 Web 服务器上进行处理。

对于在客户端引发的事件，ASP.NET 事件驱动模型要求在客户端捕获事件信息，并通过 POST 方式将事件消息传输到服务器。服务器端程序需要解释该 POST 以确定所发生的事件，然后在要处理该事件的服务器上调用代码中的相应方法。

虽然 ASP.NET 处理捕获、传输和解释事件的方式与传统客户端程序不同，但开发过程却大体相同。尽管如此，ASP.NET 网页中的事件处理还有一些值得注意的问题。

1. 执行效率

由于大多数 ASP.NET 服务器控件事件需要浏览器和服务器的往返行程才能进行处理，因此这些事件可能会影响页面的响应速度。所以，服务器控件仅提供有限的一组事件，通常仅限于 Click 类型事件。也有一些服务器控件支持 Change 事件。例如 CheckBox 控件，用户单击该检查框时，会引发服务器代码中的 CheckedChanged 事件。还有一些服务器控件支持更抽象的事件。例如，用户在 Calendar 控件上点击选择某个日期时，会引发 SelectionChanged 事件，而该事件实际上是 Click 事件的抽象版本。

为了避免在浏览器和服务器之间产生过于频繁的数据交换，ASP.NET 服务器控件不支持类似 onmouseover 的事件。如果 Web 应用程序需要响应这类事件以构建所需的用户体验，则需要在浏览器端使用 JavaScript 进行程序设计。

不过，有些服务器端事件本身就是在服务器端产生的，比如 Init、Load 和 PreRender 等生命周期事件，这类事件的产生和处理都在服务器端，因此不会在浏览器和服务器之间产生数据交换。我们可以在应用程序中重复利用这些生命周期事件，比如在页面对象的 Load 事件中设置控件的默认值。

2. 事件参数

基于服务器的 ASP.NET 页和控件事件遵循 .NET Framework 事件处理程序方法的标准

模式。所有事件都传递了两个参数：表示引发事件的事件发送器对象以及包含各种特定信息的事件对象。第二个参数通常是 EventArgs 类型，但对于某些控件而言是特定于该控件的类型。例如，对于 ImageButton 控件来说，第二个参数是 ImageClickEventArgs 类型，它包括有关用户单击位置的坐标信息。

3. 服务器控件中的回发和非回发事件

在服务器控件中，一些事件(比如 Click 事件)会立即引发 Form 的提交，并将 Form 中各参数的值传递给服务器。通常这种 Form 提交都是指向当前页面本身，所以实际上是一种"回发"。而另一些事件(如 TextBox 控件的 Change 事件)则不会立即导致 Form 被提交，它们会在下一次发生提交操作时引发。

有时我们希望自己控制某个服务器控件的事件是否立即回发。比如，我们通过网页中的一系列 CheckBox 控件来收集用户的兴趣选项，希望当用户点击多个选项后再通过提交按钮一次性提交到服务器端；有时我们却希望当用户点击 CheckBox 控件按钮改变状态时能立即在页面上做出反应，因此希望 CheckBox 控件的 CheckedChanged 事件能够立即回发。默认情况下，CheckBox 控件的 CheckedChanged 事件不会导致该页被提交。但是，如果将控件的 AutoPostBack 属性设置为 true，则一旦用户单击该复选框，该页面便会立即被发送到服务器进行处理。

4. 转发的事件

GridView 服务器控件是在设计数据库应用程序时最常用的控件之一，它包含一个类似表格的区域，里面可以呈现多行、多列数据。通过程序设计，在 GridView 的表格中还可以包含按钮类控件。这种情况并不会导致每个按钮各自引发一个事件，而会把来自嵌套控件的事件转发到容器控件，然后再由容器通过事件的参数来区分具体的情况，这样可避免为每一个嵌套控件编写单独的事件处理程序。

总之，对事件的响应方式会直接影响到 Web 程序的性能。程序员可以结合浏览器端技术来优化用户体验，同时也要综合考虑开发效率和执行效率的平衡问题。

5. 事件与处理函数的绑定

事件消息与特定函数之间的绑定是通过事件委托来实现的。在设计时，开发者可以在控件标记中指定事件处理函数。例如下面的代码中将 Button 的 OnClick 事件绑定到名为 Button1_Click 的函数上。

```
<asp:Button ID="Button1" runat="server"
OnClick="Button1_Click" Text="Button" />
```

如果控件本身是在页面运行时通过代码动态创建的，则不能使用上述绑定方法，因为在设计时还没有该控件的引用。在这种情况下，必须创建委托并将它与控件的事件显式关联。下面的代码给出了如何在运行时创建一个按钮，并将函数 ButtonClick 绑定到按钮的 Click 事件上：

```
Button b = new Button;
b.Text = "Click";
b.Click += new System.EventHandler(ButtonClick);
Controls.Add(b);
```

11.4   Request 属性

Page.Request 属性是 HttpRequest 类的实例对象，Request 中包含有关当前 HTTP 请求的信息。通过 Request 可以获得浏览器在 Web 请求期间发送的值，这些值有的是用户的输入，有的是客户端本身的信息。

我们知道，浏览器向服务器提交数据的方式分为 POST 和 GET 两种。在 POST 方式中，数据存在于请求报文体当中；另一种数据传输方式是通过 GET 方式，即所传输数据是用在 URL 上直接输入的查询字符串来表达的。由于两种方式的机理有所不同，所以对应到 Request 获取这些数据的方法也有所区别。

如果浏览器采用 POST 方式传递数据，即在 HTML 中有如下的语句：

```
<form method="POST" action="WebForm1.aspx">
    <input id="text1"    name="abc" type="text" />
    <input id="button1" type="submit" value="提交" />
</form>
```

则在服务器端 WebForm1.aspx 文件中需要使用下面的语句来获取数据：

```
Request.Form["abc"]
```

其中，"abc"是 POST 方式所传递的参数名，而整个语句所获得的是对应的参数值。

如果浏览器采用 GET 方式传递数据，即在 HTML 中有如下的语句：

```
<form method="GET" action="WebForm1.aspx">
    <input id="text1"    name="abc" type="text" />
    <input id="button1" type="submit" value="提交" />
</form>
```

或者直接输入 URL 为：

```
http://www.aspcn.com/ WebForm1.aspx?abc=111
```

则在服务器端需要使用下面的语句来获取数据：

```
Request.QueryString["abc"]
```

类似地，"abc"是 GET 方式所传递的参数名，而整个语句所获得的是对应的参数值。

回顾前文中关于 Web 服务器控件的内容我们可以看到，用户可以通过控件向服务器提交数据，其中所用的提交方式是 POST。但我们在后台代码中发现，用来获取参数的语句并非是 Request，而是直接使用控件对象的属性，比如对于一个文本框可以使用 TextBox1.Text 来获取用户的输入。实际上，浏览器向服务器传递数据是离不开 POST 或 GET 机制的，之所以服务器控件中的值可以直接通过 Text 等属性来获取，是因为 ASP.NET 页面运行的机理已经将这部分 Request 过程封装到 Page 类中了。开发者建立的 ASP.NET 页面都是 Page 类的派生类，因此可以通过简洁的方式来获得服务器控件的各种数据。

前面提到了 Request 的 Form 和 QueryString 属性，从其语法上可以看出，Form 和 QueryString 都是集合类型，可以使用方括号来得到集合中的元素。除了这两个属性，Request 的 Cookies 和 ServerVariables 属性也是集合类型。Cookies 中记录了服务器在客户机中保存的少量信息，ServerVariables 中可以查询到服务器本身的各种配置参数。

通常，由于参数传递的方式是由开发者主动选择的，所以后台代码会以对应的方式来获取数据。为了方便代码的书写，Request 还提供了通用的获取方式，写法如下：

   Request["abc"]

即无论哪种参数传递方式，用上面的写法都可以得到名为"abc"的参数值。由于没有指定具体的集合类型属性，可能会对查询的效率带来影响。

下面的例子展示了如何获取用户在 TextBox 上输入的数据。在项目中建立两个文件，一个是展示输入界面的 RequestHTMLPage.htm，这是一个静态 HTML 文件，负责与用户交互，并将数据提交服务器。运行结果如图 11-1 所示。

图 11-1　程序运行效果图

另一个文件是 RequestForm.aspx，负责接收浏览器提交的数据，并将用户输入进行展示处理。另外，此文件还展示了应用 Request 获得的其他浏览器信息。运行结果如图 11-2 所示。

图 11-2　程序运行效果图

RequestHTMLPage.htm 文件的代码如下：

```
<!DOCTYPE html PUBLIC "-//W3C//DTD XHTML 1.0 Transitional//EN" "http://www.w3.org/TR/
xhtml1/DTD/xhtml1-transitional.dtd">
<html xmlns="http://www.w3.org/1999/xhtml">
<head>
    <title></title>
</head>
<body>
```

```
            <form method="post" action="RequestForm.aspx">
            <input id="text1" name="abc" type="text" />
            <input id="button1" type="submit" value="提交" />
            </form>
        </body>
        </html>
```

RequestForm.aspx.cs 文件的代码如下：

```
using System;
using System.Collections.Generic;
using System.Linq;
using System.Web;
using System.Web.UI;
using System.Web.UI.WebControls;

namespace RequestResponse
{
    public partial class RequestForm : System.Web.UI.Page
    {
        protected void Page_Load(object sender, EventArgs e)
        {
            //获取用户输入的信息
            Response.Write("用户输入信息为：" + Request.Form["abc"] + "<BR />");

            //获取浏览器端的信息
            Response.Write("客户端 IP：" + Request.UserHostAddress + "<BR />");
            Response.Write("浏览器：" + Request.Browser.Browser + "<BR />");
            Response.Write("浏览器版本：" + Request.Browser.Version + "<BR />");
            Response.Write("浏览器类型：" + Request.Browser.Type + "<BR />");
            Response.Write("客户端操作系统：" + Request.Browser.Platform + "<BR />");
            Response.Write("是否支持 Java：" + Request.Browser.JavaApplets + "<BR />");
            Response.Write("是否支持框架网页：" + Request.Browser.Frames + "<BR />");
            Response.Write("是否支持 Cookie：" + Request.Browser.Cookies + "<BR />");
            Response.Write("JScript 版本：" + Request.Browser.JScriptVersion + "<BR />");
            Response.Write("请求的虚拟路径：" + Request.Path + "<BR />");
            Response.Write("浏览器类型和版本：" + Request.ServerVariables ["HTTP_
USER_AGENT"] + "<BR />");
            Response.Write("用户的 IP 地址：" + Request.ServerVariables["REMOTE_ADDR"] +
"<BR />");
            Response.Write("请求的方法：" + Request.ServerVariables["REQUEST_METHOD"]
```

```
        + "<BR />");


        }
    }
}
```

上述代码中使用了 Response 对象，它负责向浏览器输出信息。Response 对象的使用方法将在后面详细给出。

后台程序可以从 Request 对象中获得许多信息，这些信息都来自于 HttpRequest 类的属性。HttpRequest 类的常用属性如表 11-2 所示。

表 11-2　HttpRequest 类的常用属性表

名　称	说　明
Item	从 QueryString、Form、Cookies 或 ServerVariables 集合获取指定的对象
Form	获取窗体变量集合
QueryString	获取 HTTP 查询字符串变量集合
ServerVariables	获取 Web 服务器变量集合
Cookies	获取客户端发送的 Cookie 的集合
HttpMethod	获取客户端使用的 HTTP 数据传输方法(如 GET、POST 或 HEAD)
RequestType	获取或设置客户端使用的 HTTP 数据传输方法(GET 或 POST)
Params	获取 QueryString、Form、Cookies 和 ServerVariables 项的组合集合
AcceptTypes	获取客户端支持的 MIME 接受类型的字符串数组
ApplicationPath	获取服务器上 ASP.NET 应用程序的虚拟应用程序根路径
AppRelativeCurrentExecutionFilePath	获取应用程序根的虚拟路径，并通过对应用程序根使用波形符(~) 表示法(例如，以 "~/page.aspx" 的形式表示)使该路径成为相对路径
Browser	获取或设置有关正在请求的客户端的浏览器功能的信息
ClientCertificate	获取当前请求的客户端安全证书
ContentEncoding	获取或设置实体主体的字符集
Path	获取当前请求的虚拟路径
ContentLength	指定客户端发送的内容长度(以字节计)
ContentType	获取或设置传入请求的 MIME 内容类型

续表

名　称	说　明
CurrentExecutionFilePath	获取当前请求的虚拟路径
CurrentExecutionFilePathExtension	获取 CurrentExecutionFilePath 属性中指定的文件名的扩展名
FilePath	获取当前请求的虚拟路径
Files	获取采用多部分 MIME 格式的由客户端上载的文件的集合
Headers	获取 HTTP 协议头的数据集合
IsSecureConnection	获取一个值，指示 HTTP 连接是否使用安全套接字(即 HTTPS)
PathInfo	获取具有 URL 扩展名的资源的附加路径信息
PhysicalApplicationPath	获取当前正在执行的服务器应用程序的根目录的物理文件系统路径
PhysicalPath	获取与请求的 URL 相对应的物理文件系统路径
RawUrl	获取当前请求的原始 URL
RequestContext	获取当前请求的RequestContext实例
Url	获取有关当前请求的 URL 的信息
UrlReferrer	获取有关客户端上次请求的 URL 的信息，该请求链接到当前的 URL
UserHostAddress	获取远程客户端的 IP 主机地址
UserHostName	获取远程客户端的 DNS 名称
UserLanguages	获取客户端语言首选项的排序字符串数组

11.5　Response 属性

　　Page.Response 属性是 HttpResponse 类的实例对象，该对象可以将 HTTP 响应数据发送到客户端，并包含该响应的相关信息。HttpResponse 封装了页面执行后返回到浏览器的输出，即 HTTP 响应报文数据。

　　在讨论 Request 对象的时候，RequestForm.aspx.CS 文件中已经使用了 Response 的一个常用的函数 Write，它可以向客户端发送字符串信息。Response 的另一个函数 Redirect 则可以将浏览器的请求重定向到其他的 URL 上，实现页面的跳转。

　　Write 函数的使用方法可以参考前文中的 RequestForm.aspx.CS 文件。下面的例子展示了如何使用 Redirect 函数实现页面的跳转。首先在页面中放置 DropDownList 控件，其中预先设置多个选项；当用户选择其中选项并点击按钮提交后，程序将通过判断选项的值来确定调整的页面。网页运行如图 11-3 所示。

图 11-3 程序运行效果图

RedirectForm.aspx 文件的代码如下：

```
<%@ Page Language="C#" AutoEventWireup="true" CodeBehind="RedirectForm.aspx.cs"
Inherits="RequestResponse.RedirectForm" %>

<!DOCTYPE html PUBLIC "-//W3C//DTD XHTML 1.0 Transitional//EN"
  "http://www.w3.org/TR/xhtml1/DTD/xhtml1-transitional.dtd">

<html xmlns="http://www.w3.org/1999/xhtml">
<head runat="server">
    <title></title>
</head>
<body>
    <form id="form1" runat="server">
    <div>
        请选择你要去的国家<asp:DropDownList ID="DropDownList1" runat="server">
            <asp:ListItem>USA</asp:ListItem>
            <asp:ListItem>UK</asp:ListItem>
            <asp:ListItem>France</asp:ListItem>
        </asp:DropDownList>
        <asp:Button ID="Button1" runat="server" onclick="Button1_Click" Text="Button" />
    </div>
    </form>
</body>
</html>
```

RedirectForm.aspx.cs 文件的代码如下：

```
using System;
using System.Collections.Generic;
using System.Linq;
using System.Web;
using System.Web.UI;
using System.Web.UI.WebControls;

namespace RequestResponse
{
    public partial class RedirectForm : System.Web.UI.Page
    {
        protected void Page_Load(object sender, EventArgs e)
        {}

        protected void Button1_Click(object sender, EventArgs e)
        {
            switch (DropDownList1.SelectedValue)
            {
                case "USA":
                    Response.Redirect("US.htm");
                    break;
                case "UK":
                    Response.Redirect("UK.htm");
                    break;
                case "France":
                    Response.Redirect("France.htm");
                    break;
            }
        }
    }
}
```

在上面的代码中，switch 语句会判断用户的输入，然后根据情况分别跳转至不同的 HTML 文件。

除了可以跳转页面或输出文字，Response 对象还可以输入图像(如网站登录时常见的验证码图片)、文件(如服务器根据用户查询所生成的 Excel 文件)等，这些输出都需要设定 Response.ContentType、Response.OutputStream 等属性的值，还需要调用 HttpResponse 类中相应的方法。

HttpResponse 类的常用属性如表 11-3 所示。

表 11-3　HttpResponse 类的常用属性表

名　　称	说　　明
Buffer	获取或设置一个值，该值指示是否缓冲输出并在处理完整个响应之后发送它
BufferOutput	获取或设置一个值，该值指示是否缓冲输出并在处理完整个页之后发送它
Cache	获取网页的缓存策略(例如过期时间、保密性设置和变化条款)
Charset	获取或设置输出流的 HTTP 字符集
ContentEncoding	获取或设置输出流的 HTTP 字符集
ContentType	获取或设置输出流的 HTTP MIME 类型
Cookies	获取响应 Cookie 集合
HeaderEncoding	获取或设置一个 Encoding 对象，该对象表示当前标头输出流的编码
Headers	获取响应标头的集合
IsClientConnected	获取一个值，通过该值指示客户端是否仍连接在服务器上
Output	启用到输出 HTTP 响应流的文本输出
OutputStream	启用到输出 HTTP 内容主体的二进制输出
Status	设置返回到客户端的 Status 栏
StatusCode	获取或设置返回给客户端的输出的 HTTP 状态代码
StatusDescription	获取或设置返回给客户端的输出的 HTTP 状态字符串

HttpResponse 类的常用方法如表 11-4 所示。

表 11-4　HttpResponse 类的常用方法表

名　　称	说　　明
BeginFlush	向客户端发送当前所有缓冲的响应
BinaryWrite	将一个二进制字符串写入 HTTP 输出流
Clear	清除缓冲区流中的所有内容输出
ClearContent	清除缓冲区流中的所有内容输出
ClearHeaders	清除缓冲区流中的所有头
Close	关闭到客户端的套接字连接
End	将当前所有缓冲的输出发送到客户端，停止该页的执行，并引发 EndRequest 事件
EndFlush	完成异步刷新操作
Flush	向客户端发送当前所有缓冲的输出

名　称	说　明
Redirect(String)	将请求重定向到新 URL 并指定该新 URL
Redirect(String, Boolean)	将客户端重定向到新的 URL。指定新的 URL 并指定当前页的执行是否应终止
TransmitFile(String)	将指定的文件直接写入 HTTP 响应输出流，而不在内存中缓冲该文件
Write(String)	将一个字符串写入 HTTP 响应输出流
WriteFile(String)	将指定文件的内容作为文件块直接写入 HTTP 响应输出流

思　考　题

(1) 什么是单文件模型？什么是代码隐藏模型？两种模型的区别是什么？

(2) 所有的 aspx 文件都会被编译为一个 Page 类的派生类。从客户端请求开始，Page 对象要经历哪些阶段？

(3) 什么是事件驱动模型？如何避免事件驱动影响执行效率？

(4) 试举例说明 Page 对象中 Request 属性的作用。

(5) 试举例说明 Page 对象中 Response 属性的作用。

第 12 章　ASP.NET 状态管理

学习提示

　　Web 应用程序开发中特别需要关注的一个问题就是"状态管理"，比如服务器需要知道哪个用户正在访问页面，需要知道他之前浏览过哪些商品，需要知道他的购物车中已经包含了哪些商品等，这些都可以被设定为需要管理的"状态"。状态管理是支持网站中客户端和服务器进行交互的重要基础。

　　当你从 ASP.NET 服务器请求一个页面时，服务器就会接受请求、执行程序并将 HTML 结果反馈给浏览器。在这个过程中，服务器完全不会"记得"你在访问这个页面之前的其他页面请求，也就是说，每一次请求和响应都是相对独立的，这就是 HTTP 协议的无状态性。随着 Web 技术的广泛应用，特别是在客户端与服务器进行动态交互的 Web 应用程序出现之后，HTTP 无状态的特性严重阻碍了这些应用程序的实现，毕竟交互是需要承前启后的，简单的购物车程序也要知道用户到底在之前选择了什么商品。因此，就需要使用一些方法以保持 HTTP 的连接状态，比如 Cookie、Session 等。

　　需要说明的是，以 HTTP 协议为技术基础的 Web 应用程序可以进行状态管理，但"HTTP 协议本身无状态"这个事实不会发生改变。

　　ASP.NET 提供了基于客户端的状态管理方式和基于服务器的状态管理方式两种方式。

　　其中，基于客户端的状态管理方式包括视图状态(ViewState)、控件状态(ControlState)、隐藏域(HiddenField)、Cookie 及查询字符串等。基于客户端的状态管理方式可以在页中或客户端计算机上存储信息，在此过程中服务器上不会维护任何信息。

　　基于服务器的状态管理方式包括应用程序状态(Application)、会话状态(Session)及配置文件属性(Profile)等。基于服务器的状态管理方式可以减少发送给客户端的信息量，但它需要使用服务器上的计算和存储资源。

　　这些状态管理方式分别可以保存和管理应用程序、会话、页、用户等不同环节的信息，有助于实现程序的逻辑。

12.1　视　图　状　态

　　视图状态(ViewState)管理就是通过页面中的 ViewState 对象保持和管理页面交互的数据，同时 ViewState 的管理方法也是页面保存 page 对象和各个控件属性值的默认方法。

　　服务器获取浏览器对页面的请求后，会将 ASP.NET 页面中 page 对象和各个控件的当前状态散列为一个 Base64 编码字符串，并在页中保存为一个或多个隐藏域；当将页回发(PostBack)到服务器时，页会在页初始化阶段分析 ViewState 字符串，并还原那些信息；

这个过程不需要额外的程序代码，ASP.NET 的运行机制会自动完成，即默认的 ViewState 管理。

我们使用 VS 生成一个新页面，其 aspx 文件的代码如下：

```
<%@ Page Language="C#" AutoEventWireup="true" CodeBehind="DefaultViewStateForm.aspx.cs"
Inherits= "StateManagement.DefaultViewStateForm" %>
<!DOCTYPE html PUBLIC "-//W3C//DTD XHTML 1.0 Transitional//EN" "http://www.w3.org/ TR/
xhtml1/DTD/xhtml1-transitional.dtd">


<html xmlns="http://www.w3.org/1999/xhtml">
<head runat="server">
    <title></title>
</head>
<body>
    <form id="form1" runat="server">
    <div> </div>
    </form>
</body>
</html>
```

运行后，在浏览器中得到的 HTML 文本如下：

```
<!DOCTYPE html PUBLIC "-//W3C//DTD XHTML 1.0 Transitional//EN" "http://www.w3.org/
TR/xhtml1/DTD/xhtml1-transitional.dtd">
<html xmlns="http://www.w3.org/1999/xhtml">
<head><title></title></head>
<body>
    <form method="post" action="DefaultViewStateForm.aspx" id="form1">
<div class="aspNetHidden">
<input type="hidden" name="__VIEWSTATE" id="__VIEWSTATE" value=
"/wEPDwULLTE2MTY2ODcyMjlkZPPWAMLDCv0z3+tvg2ITIyz/nxrOvAfjB0KcjFE0Oh5U" />
</div>
<div class="aspNetHidden">
<input type="hidden" name="__VIEWSTATEGENERATOR" id="__VIEWSTATEGENERATOR"
value="3FDDD2E5" />
</div>
    <div> </div>
    </form>
</body>
</html>
```

比较上面两个文件可以看出，ASP.NET 程序运行后所生成的 HTML 文本中产生了一个名为"__VIEWSTATE"的 input 标签,它是隐藏类型(hidden),其值是一串编码后的字符串。还要注意到,这个标签是包含在 form 中的,该 form 在 ASPX 文件中标记为"runat="server""。

上述 HTML 文件就是 ViewState 机制所产生的代码:通过后台运行的 ASPX 程序产生了名为"__VIEWSTATE"的标签来记录本次的运行状态;当用户在页面中交互产生了回发(PostBack)而再次访问同一页面时,"__VIEWSTATE"中的值也会被 Post 回服务器;这样就把上一次的状态信息成功地传递给了下一次页面访问,相关状态信息得以持续。

除了系统自动完成的默认 ViewState 管理,开发者还可以编写代码来操作 ViewState 对象以记录自定义的状态信息。开发者可以在代码中使用页的 ViewState 属性访问视图状态,ViewState 属性是一个包含键/值对的字典。

下面的例子展示了如何使用 ViewState 来保存用户在多次回发访问这个页面时产生的数据。页面中有一个 BulletedList 控件,用来展示多个字符串,而所有的字符串都是由用户通过页面中的 TextBox 输入并点击按钮添加的。当通过浏览器访问这个页面时,用户输入的字符串会被记录并展示。

但如果再打开一个新的浏览器窗口来访问同一页面时,由于新窗口与之前的窗口没有回发的关系,ViewState 中所保存的值没有传递给新窗口,两个窗口将各自保存所属窗口的状态信息,即两个窗口中的 BulletedList 控件所展现的信息是相互独立的。运行结果如图 12-1 所示,其中左右各为一个独立的窗口。

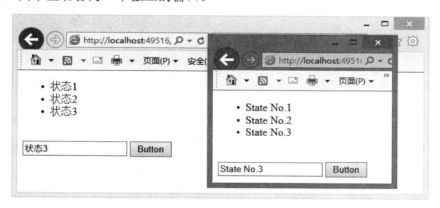

图 12-1　程序运行效果图

ViewStateForm.aspx 文件的代码如下:

```
<%@    Page    Language="C#"    AutoEventWireup="true"    CodeBehind="ViewStateForm.aspx.cs"
Inherits= "StateManagement.ViewStateForm" %>

<!DOCTYPE html PUBLIC "-//W3C//DTD XHTML 1.0 Transitional//EN" "http://www.w3.org/TR
/xhtml1/DTD/xhtml1-transitional.dtd">

<html xmlns="http://www.w3.org/1999/xhtml">
<head runat="server">
    <title></title>
</head>
```

```
<body>
    <form id="form1" runat="server">
    <div>
        <asp:BulletedList ID="BulletedList1" runat="server">
        </asp:BulletedList>
        <br />
        <asp:TextBox ID="TextBox1" runat="server"></asp:TextBox>
        <asp:Button ID="Button1" runat="server" onclick="Button1_Click" Text="Button" />
    </div>
    </form>
</body>
</html>
```

ViewStateForm.aspx.cs 文件的代码如下：

```
using System;
using System.Collections.Generic;
using System.Linq;
using System.Web;
using System.Web.UI;
using System.Web.UI.WebControls;

namespace StateManagement
{
    public partial class ViewStateForm : System.Web.UI.Page
    {
        public static List<string> entries;

        protected void Page_Load(object sender, EventArgs e)
        {
            if (!IsPostBack)
            {
                entries = new List<string>();
                ViewState["entries"] = entries;
            }
        }

        private void bindData()
        {
            BulletedList1.DataSource = ViewState["entries"];
            BulletedList1.DataBind();
        }
```

```
        protected void Button1_Click(object sender, EventArgs e)
        {
            entries = (List<string>)ViewState["entries"];
            entries.Add(TextBox1.Text);
            ViewState["entries"] = entries;

            bindData();
        }

    }
}
```

在 ViewStateForm.aspx.cs 文件的代码中，首先创建了一个 List<string>类型的数据成员 entries，它将存放用户不断输入的字符串列表；在页面加载时会自动运行 Page_Load 函数，判读如果不是回发访问则需要实例化 entries 成员，并且将 entries 的值赋予 ViewState["entries"]。这个赋值的过程就会建立一个新的 ViewState "键/值对"以保存名为 entries 的状态信息。

当用户输入字符串并点击按钮后，页面将回发并执行 Button1_Click 函数。该函数的前三句代码首先将 ViewState["entries"]中的状态信息取出并放在 entries 成员中，然后通过 Add 函数将新的字符串加入字符串列表中，再将新的字符串列表记录到 ViewState["entries"]。如果希望代码简洁，可以将这三句代码写为如下形式，即不再使用数据成员 entries 进行过渡，而直接在 ViewState["entries"]中增加新的字符串：

```
        ((List<string>)Application["entries"]).Add(TextBox1.Text);
```

Button1_Click 函数最后一句代码调用了 bindData 函数，该函数将 ViewState["entries"]绑定到 BulletedList 控件中以显示字符串列表。

使用 ViewState 可以方便地在一个页面的多次回发中保持状态,但它的使用也有一些限制和需要注意的地方。

首先，如果需要在多个页上使用状态信息，或者如果需要在对网站的多次独立的访问之间保存信息，必须使用其他方法来维护状态，比如应用程序状态、会话状态或配置文件属性。

其次，ViewState 信息被序列化为 Base64 编码机制进行编码，这可能会在 HTML 文件中生成大量数据；将页发送到服务器时，ViewState 的内容会作为页回发信息的一部分进行发送；如果 ViewState 包含大量信息，则会影响系统的性能。因此需要通过一定规模的数据测试以确定 ViewState 的大小是否会导致性能问题。

第三，ViewState 信息是被放在隐藏字段来传递数据的。如果隐藏字段中的数据量过大，则某些代理和防火墙将禁止访问包含这些数据的页。可以通过设置页的 MaxPageState FieldLength 属性来指定最大的字段长度值，ViewState 中超出的部分会被拆分为多个隐藏字段。另外，某些移动设备不允许使用隐藏字段，这种情况下就需要用其他方式来管理状态信息。

第四，如果用户查看网页的 HTML 源并可以对 base64 编码字符串进行解码，进而可以看到 ViewState 字段中的信息，这可能会产生安全问题。因此，不要在 ViewState 中存储保密的数据，或者加密后保存。

12.2　控件状态

除 ViewState 以外，ASP.NET 还支持控件状态(ControlState)。ControlState 与 ViewState 类似，也存储在一个或多个隐藏字段中。页使用 ControlState 来保留必须在回发之间保留的控件信息，虽然 ViewState 也可以完成相同的任务，但开发人员可以在页级别关闭 ViewState，从而使控件无法正常工作。这时，就需要使用 ControlState 属性来保持特定控件的属性信息，因为即使将 page 对象或某个控件的 ViewState 设置为禁止，ControlState 依然可以正常工作。

12.3　隐　藏　域

ASP.NET 允许程序将信息存储在 HiddenField 控件中，后台的代码可以利用 HiddenField 控件的 Value 属性记录一个字符串，此控件将呈现为一个标准的 HTML 的 input 元素并且 type="hidden"。HiddenField 在浏览器中不以可见的形式呈现，但可以像对待标准控件一样设置其属性。当向服务器提交页时，HiddenField 的内容将在 HTTP 窗体集合中随同其他控件的值一起发送。

HiddenField 的做法利用了 ASP.NET 回发机制的特点，即在页面的回发过程中，Form 中所有 HTML 控件的值(包含被设置为“hidden”类型的控件的值)，都会被以 POST 的方式提交给服务器，这样便可以建立多次回发之间的数据联系。

实际上，ViewState 的方式就是利用 HiddenField 来完成的。与 ViewState 的问题一样，恶意用户可以很容易地查看和修改 HiddenField 的内容，因此不要在 HiddenField 中存储任何敏感信息或保障应用程序正确运行的信息。

12.4　查询字符串

查询字符串是在页面 URL 地址的结尾附加的信息。下面是一个典型的查询字符串示例：

    http://www.abc.com/searchlist.aspx?category=food&price=20

在上面的 URL 路径中，查询字符串以问号开始，并包含“category=food”和“price=20”两个“键/值对”。

查询字符串提供了一种维护状态信息的简单方法，但在使用时需要注意：由于查询字符串就出现在浏览器的地址栏中，所以用户可以很方便地看到、理解并修改，但这样可能会造成系统安全问题；另外大多数浏览器对 URL 的长度有限制(比如最长 2083 个字符)，在信息传递时要注意数据长度不能超过限制。

　　本质上讲，查询字符串的方式与 HiddenField 的方式非常相似，它们之间最大的不同是：HiddenField 采用 HTTP POST 命令向服务器提交数据，而查询字符串则采用 HTTP GET 命令进行提交。

12.5　Cookie

　　Cookie 机制允许网站将少量的数据存储在客户端文件系统浏览器会话的内存中，比如某个网站可以把正在访问的用户名保存在 Cookie 中，下次用户登录时可以自动填入用户名的输入框。Cookie 所包含的信息是随着 HTML 页面一起由服务器发送到客户端的。Cookie 的保存期可以是有限的时间，也可以是永久的。

　　下面的例子中，用户通过输入框输入一个新的名字，通过按钮提交后，服务器使用 Cookie 机制将用户名保存在客户端的 Cookie 文件中。当用户再次访问这个地址时，页面会先判断 Cookie 中是否存在该用户名；如果存在，就在页面中显示出来。程序的运行结果如图 12-2 所示。

图 12-2　程序运行效果图

CookieForm.aspx 文件中的代码如下：

```
<%@ Page Language="C#" AutoEventWireup="true" CodeBehind="CookieForm.aspx.cs" Inherits="StateManagement.CookieForm" %>

<!DOCTYPE html PUBLIC "-//W3C//DTD XHTML 1.0 Transitional//EN" "http://www.w3.org/TR/xhtml1/DTD/xhtml1-transitional.dtd">

<html xmlns="http://www.w3.org/1999/xhtml">
<head runat="server">
    <title></title>
</head>
<body>
    <form id="form1" runat="server">
    <div>
        <asp:Label ID="Label1" runat="server" Text="Label"></asp:Label>
```

```
                <br />
                请输入你的新名字，下次我会记得你：<br />
                <asp:TextBox ID="TextBox1" runat="server"></asp:TextBox>
                <asp:Button ID="Button1" runat="server" onclick="Button1_Click" Text="Button" />
            </div>
        </form>
    </body>
</html>
```

CookieForm.aspx.cs 文件中的代码如下：

```
using System;
using System.Collections.Generic;
using System.Linq;
using System.Web;
using System.Web.UI;
using System.Web.UI.WebControls;

namespace StateManagement
{
    public partial class CookieForm : System.Web.UI.Page
    {
        protected void Page_Load(object sender, EventArgs e)
        {
            if (!IsPostBack)
            {
                if (Request.Cookies["userName"] != null)
                {
                    Label1.Text = "你是" + Request.Cookies["userName"].Value + "吗？欢迎你
回来！";
                }
                else
                {
                    Label1.Text = "你是谁啊？我不记得你！";
                }
            }
        }

        protected void Button1_Click(object sender, EventArgs e)
        {
            Response.Cookies["userName"].Value = TextBox1.Text;
```

```
            Response.Cookies["userName"].Expires = DateTime.Now.AddDays(1);
        }
    }
}
```

从上面的代码中可以看到，当页面加载时，通过 Request.Cookies["userName"]判断是否存在相应的 Cookie，如果存在就将其值写入 Label 中，如果不存在就给出提示。

当用户点击按钮提交新的名字时，通过 Response.Cookies["userName"].Value 可以直接创建或修改 Cookie 的值。通过 Response.Cookies["userName"].Expires 可以设置该 Cookie 的失效期，代码中将失效期设置为当前时间的下一天；如果要设置为永不失效，可以把到期日期设置为从现在起 50 年。服务器不能直接删除 Cookie，如需删除，可以创建一个与要删除的 Cookie 同名的新 Cookie，并将该 Cookie 的到期日期设置为早于当前日期的某个日期。当浏览器检查 Cookie 的到期日期时，便会丢弃这个现已过期的 Cookie，达到删除 Cookie 的目的。

在 Windows 操作系统中使用 IE 浏览器时，Cookie 是以文件的形式保存在系统中的。打开 IE 浏览器的"Internet 选项"菜单，点击"浏览历史记录"中的"设置"按钮，然后打开"网站数据设置"对话框，就可以看到 Cookie 文件保存的位置，如图 12-3 所示。

图 12-3　Cookie 文件保存位置设置

在文件夹中可以看到不同网站对应不同的 Cookie 文件。打开上面例子所对应的 Cookie 文件，我们可以看到所有保存的信息都是以明文的方式呈现的，如图 12-4 所示。

图 12-4　程序运行效果图

虽然理论上只有创建 Cookie 的网站才能访问该 Cookie 信息，但恶意用户可通过多种方法访问 Cookie 并读取其中的内容。因此，建议不要将敏感信息(如密码等)存储在 Cookie 中，同样服务器也不能轻信来自浏览器的 Cookie 信息。可以在 Cookie 中只存放用户的 ID，而将与此 ID 关联的其他信息都保存在服务器中。

除了系统安全的问题，使用 Cookie 还需注意以下几个问题：虽然 Cookie 可以方便地在客户端存放信息，但客户端用户可以禁用 Cookie 功能，因此应用程序不应将关键业务建立在 Cookie 上；大多数浏览器都限制 Cookie 的大小，最大为 4096 字节，因此只能用 Cookie 存储少量数据；由于不同的浏览器存储 Cookie 的方式不同，因此即使在同一台计算机上，不同的浏览器也不一定能够读取彼此的 Cookie。

12.6 会 话 状 态

与 ViewState 相同，ASP.NET 允许使用会话状态(Session)来维持每个客户端的状态。但与 ViewState 不同的是，Session 可以在不同页面中保存和共享状态信息，而 ViewState 只能在一个页面的多次回发中共享状态。例如，在购物网站中，我们可以同时打开多个不同的页面选购商品，并分别将它们提交到共同的购物车中。这里的购物车就可以由 Session 来管理。

在 ASP.NET 程序开发中，可以使用 Session 对象来保存会话状态。Session 对象是 HttpSessionState 类的一个实例，它采用"键/值对"字典形式的结构来存储会话信息。

下面的例子与前文 ViewState 的例子相似，展示如何使用 Session 来保存用户在一次会话中访问页面时产生的数据。页面中有一个 BulletedList 控件，用来展示多个字符串，而所有的字符串都是由用户通过页面中的 TextBox 输入并点击按钮添加的。当通过浏览器访问这个页面时，用户输入的字符串会被记录并展示。

但如果再打开一个新的浏览器窗口来访问同一页面，由于新窗口与之前的窗口属于同一个会话，Session 中所保存的值将传递给新窗口，两个窗口将共享状态信息，即两个窗口中的 BulletedList 控件所展现的信息会相互影响。运行情况如图 12-5 所示，其中左右各为一个独立的窗口。

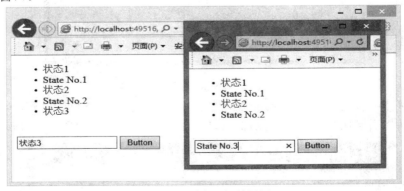

图 12-5 程序运行效果图

SessionForm.aspx 文件的代码如下：

```aspx
<%@ Page Language="C#" AutoEventWireup="true" CodeBehind="SessionForm.aspx.cs" Inherits=
"StateManagement.SessionForm" %>
<!DOCTYPE html PUBLIC "-//W3C//DTD XHTML 1.0 Transitional//EN" "http://www.w3.org/TR
/xhtml1/DTD/xhtml1-transitional.dtd">

<html xmlns="http://www.w3.org/1999/xhtml">
<head runat="server">
    <title></title>
</head>
<body>
    <form id="form1" runat="server">
    <div>
        <asp:BulletedList ID="BulletedList1" runat="server">
        </asp:BulletedList>
        <br />
        <asp:TextBox ID="TextBox1" runat="server"></asp:TextBox>
        <asp:Button ID="Button1" runat="server" onclick="Button1_Click" Text="Button" />
    </div>
    </form>
</body>
</html>
```

SessionForm.aspx.cs 文件的代码如下：

```csharp
using System;
using System.Collections.Generic;
using System.Linq;
using System.Web;
using System.Web.UI;
using System.Web.UI.WebControls;

namespace StateManagement
{
    public partial class SessionForm : System.Web.UI.Page
    {
        public static List<string> entries;

        protected void Page_Load(object sender, EventArgs e)
        {
            if (!IsPostBack)
            {
```

```
                    if (Session["entries"] == null)
                    {
                        entries = new List<string>();
                        Session["entries"] = entries;
                    }
                    bindData();
                }
            }

            private void bindData()
            {
                BulletedList1.DataSource = Session["entries"];
                BulletedList1.DataBind();
            }

            protected void Button1_Click(object sender, EventArgs e)
            {
                entries = (List<string>)Session["entries"];
                entries.Add(TextBox1.Text);
                Session["entries"] = entries;
                bindData();
            }
        }
    }
```

　　比较这里 Session 例子和前文 ViewState 例子中的代码可以看出，它们的代码非常相似，即 Session 的使用方法和 ViewState 的使用方法基本一致。但在 Session 例子中，Page_Load 函数除了要判断该访问是否是回发外，还要进一步判断是否存在 Session["entries"]这一 Session 值。ViewState 例子中之所以不用判断是否已经存在状态值，是因为如果不是页面的回发，则该页面为新创建的页面(在不同的窗口访问就会创建新的页面)，因此逻辑上不会存在已有的状态；但在 Session 的例子中，即使是新创建的页面，也不排除同一会话之前的页面已经生成了相应的状态值，因此需要判断是否需要初始化该状态值。

　　与 ViewState 的另一个不同在于，Session 信息是由服务器存储和管理的，开发者可以指定 Session 的存储方式，可以将 Session 信息存储在 Cookie 中、进程外服务器中或 SQL Server 服务器中。

12.7　应用程序状态

　　应用程序状态(Application)与会话状态(Session)的使用方法非常相似，但状态信息共享的范围不同。简单地说，如果有不同的用户在使用网站的应用程序，则每个用户都将有一个独立的 Session，多个用户之间不会通过 Session 共享信息，因此可以用 Session 保存购物车信息。Application 则不同，整个 Web 服务器只有一个 Application 实例对象，即所有的用户都可以访问同样的 Application。

　　针对 Application 的学习，最常见的例子是使用 Application 来记录网站当前的在线人数。当一个用户访问网站并建立 Session 时，在线用户计数器加 1；当一个用户 Session 结束时，计数器减 1，这样就可以随时更新在线的用户数了。程序运行后的网页界面如图 12-6 所示。

图 12-6　程序运行效果图

　　Session 和 Application 的开始与结束都会引发相关的事件，这些事件的处理函数可以写在全局应用程序类 Global 中。通过 VS 可以新建全局应用程序类 Global，其中 Global.asax.cs 的代码如下：

```
using System;
using System.Collections.Generic;
using System.Linq;
using System.Web;
using System.Web.Security;
using System.Web.SessionState;

namespace StateManagement
{
    public class Global : System.Web.HttpApplication
    {

        protected void Application_Start(object sender, EventArgs e)
        {
            Application.Add("OnlineCount", 0);
        }

        protected void Session_Start(object sender, EventArgs e)
        {
            Application.Lock();
            Application["OnlineCount"] = (int)Application["OnlineCount"] + 1;
```

```
        Application.UnLock();
    }

    protected void Session_End(object sender, EventArgs e)
    {
        Application.Lock();
        Application["OnlineCount"] = (int)Application["OnlineCount"] - 1;
        Application.UnLock();

    }
}
```

    Application_Start 函数是网站应用启动事件的处理函数，其中构建了一个名为"OnlineCount"的状态，并赋初值为 0；Session_Start 函数会在新的 Session 产生时被调用，并将"OnlineCount"计数器加 1。Application.Lock()和 Application.UnLock()的代码是为了避免并发用户同时操作计数器导致的计数错误，当 Application 被锁定后，其他用户将不能修改其中的状态值；Session_End 函数会在 Session 结束时被调用，并将"OnlineCount"计数器减 1。

    为了展示在线用户数，我们再建立一个页面 OnlineCountForm.aspx，并在其中放置一个 Label 以显示 Application["OnlineCount"]。

    OnlineCountForm.aspx.cs 文件的代码如下：

```
using System;
using System.Collections.Generic;
using System.Linq;
using System.Web;
using System.Web.UI;
using System.Web.UI.WebControls;

namespace StateManagement
{
    public partial class OnlineCountForm : System.Web.UI.Page
    {
        protected void Page_Load(object sender, EventArgs e)
        {
            Label1.Text = Application["OnlineCount"].ToString();
        }
    }
}
```

在测试时，我们可以在一台计算机上多次打开浏览器窗口来访问这个页面，每次开启浏览器都相当于与服务器建立了一个 Session，因此页面中的数字也逐渐增加。但同时我们也会发现，每次关闭浏览器后，计数器的数字并没有减小。实际上，每一个使用网站的用户都会在服务器上建立一个 Session 实例对象，当用户在一段时间内(默认的设置为 20 分钟)没有再次访问网站的任何页面或者由用户主动退出网站并执行相应的 JavaScript 代码后，Session 才会被结束。开发者可以修改设置 Session 的 TimeOut 值以确定多长时间后服务器会认为 Session 超时并结束。

总之，Application 是 HttpApplicationState 类的一个实例对象，是一种全局存储机制，可以让所有用户从 Web 应用程序的所有页面访问。一个网站应用只有一个 Application 实例对象，只有停止 Web 服务器的运行时，Application 才会结束。

使用 Application 时需要注意它的局限性。首先，Application 对于应用程序正在其中运行的某个进程而言是全局的，但对于不同的进程可能具有不同的值。当 Web 应用程序比较复杂时，可能会被分为多个不同的进程，甚至被配置到多个服务器上，因此不能依赖 Application 来存储那些可能会应用于 Web 场(由多个 Web 服务器进行负载均衡)和 Web 园(在一个服务器中启动多个 Web 进程)服务器配置中的全局计数器。其次，Application 存储信息的持续性有限，当服务器重启、崩溃、升级或关闭时，这些数据都将丢失。因此，如果需要长久保存这些数据，还需要以文件或数据库的方式进行存储。第三，Application 在存储数据时需要在服务器中开辟内存空间，如果存放大量数据在 Application 中，有可能影响服务器的性能以及应用程序的可伸缩性。

12.8　配置文件属性

为提升用户体验，方便用户使用，很多网站系统都会记录用户的多种配置信息，如允许用户选择信息分类、设置操作方式；甚至有些网站允许用户自己设置网站的颜色、布局和风格等，当用户再次登录这个网站时，网站将会呈现出上次设置的样式。要想完成上述功能，需要在服务器上记录用户所设置的 Web 应用程序的个性化数据。显然，这些数据不能像 Session 一样只保存在内存中，而 Profile(配置文件)则可以支持用户将各种配置长久地保存在服务器的文件或数据库中。

Profile 功能将信息与单个用户关联，并采用持久性的方式存储这些信息。Profile 功能提供了一个通用存储系统，使开发者能够定义和维护几乎任何类型的数据，同时仍可用类型安全的方式使用数据。开发者可以使用 SqlProfileProvider 类将 Profile 数据存储到数据库中，还可以以自定义格式将 Profile 数据存储到 XML 文件或 Web 服务等自定义存储方式中。

因为 Profile 数据没有存储到应用程序内存中，所以这些数据在 Web 服务器重启后仍能得到保留。此外，Profile 还可以实现跨进程的数据共享。

使用 Profile 时需要注意以下问题：由于 Profile 需要不断地将数据存储在文件或数据库中，所以通常比使用 Session 要慢一些；使用 Profile 之前要进行许多配置工作，包括配置 Profile 的提供程序、设置 Profile 的结构属性等；长期使用 Profile 时还需要注意定期清理过时的状态信息。

思 考 题

(1) ASP.NET 提供的基于客户端的状态管理方式包括哪些方法?

(2) ASP.NET 提供的基于服务器的状态管理方式包括哪些方法?

(3) 简述视图状态(ViewState)的工作机理。

(4) 简述 Cookie 的工作机理。

(5) 简述会话状态(Session)和应用程序状态(Application)的异同。

第 13 章　微型项目实例——单位换算器

学习提示

对编程语言语法的掌握虽然是学习程序设计的必经之路，但要想真正掌握开发技术，还要通过大量编程实践来达到。本章将通过一个小规模的实例——单位换算器——将前面所学的部分知识进行综合运用，使读者进一步理解基于 ASP.NET 应用开发的过程。

13.1　需　求　描　述

虽然国际上有重量的标准公制单位，包括克、千克、吨等，但很多国家的市场上还保留着传统的度量单位，比如中国有市斤、市两等，欧美使用磅、盎司等。下面列出几个重量单位之间的换算规则：

1 千克(kg) = 2.205 磅(lb)

1 磅(lb) = 0.454 千克(kg)

1 磅(1b) = 16 盎司(oz)

1 盎司(oz) = 28.350 克(g)

1 吨(t) = 1000 千克(kg)

1 长吨(long ton) = 1.016 吨(t)

1 短吨(sh.ton) = 2000 磅(lb)

人们在工作和生活中经常需要进行单位的换算，下面我们就设计一个页面来完成这些计算。

作为一个微型的模拟项目，本系统设计的目标是：

(1) 功能方面，可以实现多种重量单位(包括公制、英制等)的直接相互换算。

(2) 界面方面，用户可以任意选择换算前后的单位，程序会根据用户输入的换算前的数量计算出换算后的数量并显示在页面中。

(3) 性能方面，虽然用 JavaScript 实现会有更好的运行效率，但为了学习基于 ASP.NET 的页面开发技术，系统将尽可能优化前后台的数据传输以保障运行效率。

(4) 系统应有良好的可扩充性，可以容易地加入更多的重量单位。

(5) 通过这个小项目练习 Web 页面的开发，提高综合应用开发能力。

13.2　详　细　设　计

作为一个具有特定功能的程序，下面分别列出界面设计和逻辑设计的思路。

1. 界面设计

在界面中，用户通过在输入框中输入原单位的数值，然后通过两个下拉列表分别选择原单位和目标单位，最后点击“换算”按钮后，目标单位就会显示出相应的数值。图 13-1 给出了程序界面的设计结果。

202.11
千克
换算
202110
克

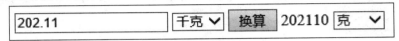

图 13-1　界面效果图

只要有用户输入，就需要考虑容错的问题。首先，原单位的数值必须填写，否则将无法计算目标数值；其次，如果用户选择的原单位和目标单位一致，比如都是“千克”，则没有必要进行计算；第三，用户输入的数值必须符合格式要求，可以输入整数或小数，但如果输入的信息不是数字，比如其中包含字母，则应当认为输入错误；最后，涉及数字计算时通常要考虑到数据的范围，否则可能会产生“溢出”的错误。

在界面中，要针对不同的输入错误给出针对性的提示。比如当用户输入了汉字“一千”，点击“换算”按钮后，将会产生多个错误提示信息，界面如图 13-2 所示。

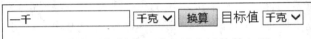

一千
千克
换算
目标值
千克
• 原单位和目标单位一致，没有转换的必要。
• 输入的数量超出限制，要求在0到1000之间。
• 必须输入数字，小数点后可以保留两位。

图 13-2　界面效果图

错误信息将在页面的下方统一显示。一个输入产生多个错误时要同时显示多种提示信息。

2. 逻辑设计

程序的核心逻辑是根据原单位和目标单位的比例进行数值计算，而多个重量单位之间的任意换算需要一个换算矩阵来描述，如表 13-1 所示。

表 13-1　常用重量单位换算表

	吨	千克	克	市斤	磅	盎司
1 吨	1	1000	1 000 000	2000	2204.6	35 273.961 949 6
1 千克	0.001	1	1000	2	2.2046	35.273 961 9
1 克	0.000 001	0.001	1	0.002	0.002 204 62	0.035 273 96
1 市斤	0.0005	0.5	500	1	1.1023	17.636 981
1 磅	0.000 454	0.4536	453.592 37	0.9072	1	16
1 盎司	0.000 028 35	0.028 349 52	28.349 523 1	28.349 523 13	0.0625	1

从表 13-1 中可以看出，单位之间两两换算好像需要在程序中记录众多参数，同时相应的换算逻辑也需要比较多的程序代码。实际上，我们只需要利用表 13-1 中“克”的那一列数据作为中转就可以完成任意单位的换算。比如，我们希望将“千克”换算为“磅”，在表

中可以查到"1 千克 = 1000 克"、"1 磅 = 453.592 37 克",则"千克"与"磅"的比例关系为"1 千克 = 1000/453.592 37 磅 = 2.2046 磅"。当然,这个方法并非完美,在实践中会产生较大的误差,因为表中各单位与"克"的转换本身已经可能具有误差,通过浮点数相除后误差会进一步扩大,特别是大小悬殊的两个单位之间的换算更是如此。

　　虽然知道误差的产生原因,但本系统对精度的要求并不苛刻,因此将采用"克"作为中转来设计程序的逻辑。

13.3　代　码　编　写

　　对应上述设计思路,可以将代码分为两个部分:一部分负责与用户交互的界面,代码在.aspx 文件中;另一部分负责程序的逻辑,代码在.aspx.cs 文件中。

　　在编写代码的过程中,通常先通过可视化的开发方式"画"出界面,然后再编写相应的逻辑代码。但在开发实践中,不应该写出大量代码后才进行调试,而应随着代码的编写不断地进行测试运行,以便及时发现错误并进行修改。在基于 ASP.NET 的开发过程中,界面和逻辑两部分需要配合才能运行,因此下面对代码的描述将根据编程的顺序来进行。

　　1. 创建网站项目及文件

　　打开 Visual Studio,在"文件"菜单上单击"新建项目",在"Web"栏目中选择"ASP.NET 空 Web 应用程序",然后输入项目名称 "UnitConverter",并指定项目文件保存的路径。

　　在"解决方案资源管理器"中,在解决方案"UnitConverter"上点击鼠标右键添加"新建项";在"Web"栏目中选择"Web 窗体",输入文件名为"Converter.aspx"。

　　至此,在 Visual Studio 中就创建了一个 Web 项目和其中的一个页面,如图 13-3 所示。

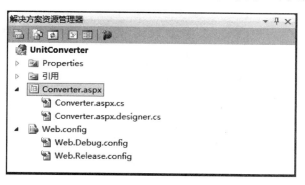

图 13-3　解决方案资源管理器

　　2. 基本页面元素设计

　　在"解决方案资源管理器"中双击"Converter.aspx"文件,切换到"设计"视图;然后在页面的空白处点击,并在属性窗口中设置"Title"属性为"单位换算器"。此时对应的 aspx 文件代码如下:

```
<head runat="server">
    <title>单位换算器</title>
</head>
```

从"工具箱"的"标准"组中，将如表 13-2 所示的控件拖到该页上并按指示设置其属性。

表 13-2　页面控制对象的属性设置

控　件	属　性	用　途
TextBox	ID："tbOriginalValue"	输入原单位的数值
DropDownList	ID："ddlOriginalUnit"	原单位的选项
Button	ID："btConvert" Text："换算"	"换算"按钮
Label	ID："lbResult" Text："目标值"	输出目标单位的数值
DropDownList	ID："ddlTargetUnit"	目标单位的选项

此时对应的"源"视图代码如下：

```
<asp:TextBox ID="tbOriginalValue" runat="server"></asp:TextBox>
<asp:DropDownList ID="ddlOriginalUnit" runat="server"></asp:DropDownList>
<asp:Button ID="btConvert" runat="server" Text="换算"/>
<asp:Label ID="lbResult" runat="server" Text="目标值"></asp:Label>
<asp:DropDownList ID="ddlTargetUnit" runat="server"></asp:DropDownList>
```

在"设计"视图中，页面设计的结果如图 13-4 所示。

图 13-4　页面设计结果

此时运行该程序将会显示出基本的界面，但没有任何功能。

3. 填充"原单位"下拉列表 Items

根据前面对单位换算的方法讨论，我们需要在程序中维护一个表，表中将每个单位换算成"克"的数值，如表 13-3 所示。

表 13-3　重量单位换算表

其他单位	换算为克
1 吨	1 000 000
1 千克	1000
1 克	1
1 市斤	500
1 磅	453.592 37
1 盎司	28.349 523 1

我们可以在程序中使用一个集合类型对象(或者数组)来记录上述参数，当然也可以利用程序中现成的集合来完成相同的任务。

"原单位"和"目标单位"使用下拉列表作为界面元素，因此在下拉列表中需要填充可选择的项目。DropDownList 类中 Items 属性是集合类型，可以使用 Add(ListItem)函数将指定的 ListItem 对象追加到集合中。针对本项目可以用下列代码：

```
ddlOriginalUnit .Items.Add(New ListItem("千克","1000"))
ddlOriginalUnit .Items.Add(New ListItem("克","1"))
ddlOriginalUnit .Items.Add(New ListItem("盎司","28.3495231"))
```

我们也可以在"设计"视图中采用可视化的方法设置 Items 属性。点击原单位的下拉列表 ddlOriginalUnit，在其 Items 属性中输入所有的单位名称 Text 和对应的值 Value，如图 13-5 所示。

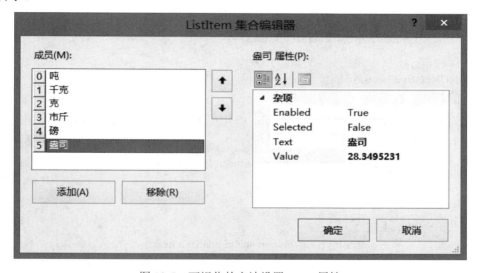

图 13-5　可视化的方法设置 Items 属性

对应"源"视图中代码如下：

```
<asp:DropDownList ID="ddlOriginalUnit" runat="server">
        <asp:ListItem Value="1000000">吨</asp:ListItem>
        <asp:ListItem Value="1000">千克</asp:ListItem>
        <asp:ListItem Value="1">克</asp:ListItem>
        <asp:ListItem Value="500">市斤</asp:ListItem>
        <asp:ListItem Value="453.59237">磅</asp:ListItem>
        <asp:ListItem Value="28.3495231">盎司</asp:ListItem>
</asp:DropDownList>
```

4. 填充"目标单位"下拉列表 Items

我们当然可以用和"原单位"同样的做法来实现"目标单位"下拉列表的 Items 填充，但这样做的缺点是会在源代码中留下两块完全相同的代码，这些没有必要的重复代码不符合软件工程的原则。如果是在.aspx.cs 代码中，则可以将重复的代码封装到一个函数中，函数的参数为对应的下拉列表对象，这样通过两次调用函数就可以将"原单位"和"目标单位"两个下拉列表的 Items 都进行填充。

除了用函数的方式来避免代码重复外，我们还可以编写代码将"原单位"下拉列表中的 Items 复制到"目标单位"下拉列表 Items 中，代码如下：

```
ListItem[] listItemArray = new ListItem[ddlOriginalUnit.Items.Count];
ddlOriginalUnit.Items.CopyTo(listItemArray, 0);
ddlTargetUnit.Items.AddRange(listItemArray);
```

上述代码首先建立了一个 ListItem 类型数组，接着将"原单位"ddlOriginalUnit.Items 中的数据拷贝(CopyTo)到这个数组中，最后将数组通过 AddRange 函数添加到"目标单位"ddlTargetUnit.Items 中。

上述代码中使用了一个数组作为中转。我们还可以使用 foreach 循环语句来实现 DropDownList 控件 Items 属性的拷贝，代码如下：

```
foreach (ListItem li in ddlOriginalUnit.Items)
{
ddlTargetUnit.Items.Add(li);
}
```

从代码中可以看到，foreach 语句比 for 语句更加容易实现集合的遍历。上述的代码将在 Page_Load 函数中运行，代码如下：

```
protected void Page_Load(object sender, EventArgs e)
{
    if (!Page.IsPostBack)
    {
        foreach (ListItem li in ddlOriginalUnit.Items)
        {
            ddlTargetUnit.Items.Add(li);
        }
    }
}
```

从上面的代码可以看到，拷贝 Items 的操作是在 if (!Page.IsPostBack)为真的情况下进行的，即如果是第一次加载则执行拷贝，因为只有第一次加载页面时需要把"原单位"下拉列表中的 Items 复制到"目标单位"下拉列表 Items 中。后面的回发中不再需要拷贝的原因是：由于有视图状态的存在，所有的控件都将在回发时保持之前的状态，当然也包括"目标单位"下拉列表在第一次运行时被填充的 Items 属性。关于这个问题可以参考本书前文对视图状态的介绍。

5. 响应"换算"按钮点击事件

在"设计"视图中双击"换算"按钮就可以为其添加一个 Click 事件的响应函数 btConvert_Click。在此函数中，我们需要根据"原单位"和"目标单位"分别对应"克"的比例计算出它们之间的换算关系，然后再乘以用户所填写的原单位数值，得到目标单位数值，最后使用 Label 显示在页面中。代码如下：

```
protected void btConvert_Click(object sender, EventArgs e)
{
    double OriginalUnit = double.Parse(ddlOriginalUnit.SelectedValue);
    double TargetUnit = double.Parse(ddlTargetUnit.SelectedValue);
    double Ratio = OriginalUnit / TargetUnit;

    double OriginalValue = double.Parse(tbOriginalValue.Text);
    double TargetValue = OriginalValue * Ratio;
    lbResult.Text = TargetValue.ToString();
}
```

上述代码中，变量 OriginalUnit 获取原单位与"克"的比例，其中 ddlOriginalUnit.
SelectedValue 得到当前用户选择的单位所对应的值，double.Parse 函数将字符串转化为双
精度浮点数；TargetUnit 获取目标单位与"克"的比例，Ratio 为原单位与目标单位的比
例；然后使用 OriginalValue 获取用户输入的原单位数值，TargetValue 保存计算出来的目
标单位数值。

在此页面中，用户在操作文本框和下拉列表时都不会产生回发事件，"换算"按钮的点
击事件是唯一产生回发的事件。

6. 用户输入验证

根据需求分析，页面需要做 4 个方面的验证。首先，原单位的数值必须填写，否则报
错。切换到"设计"视图，从"工具箱"的"验证"组中将 RequiredFieldValidator 控件拖
动到页面下方。设置 RequiredFieldValidator 控件的属性，如表 13-4 所示。

表 13-4 RequiredFieldValidator 控件的属性设置

属 性	设 置
ControlToValidate	tbOriginalValue 将该验证程序控件绑定到要验证其内容的文本框
Display	None 不在当前位置显示提示信息，所有错误提示将在集中的地方显示
ErrorMessage	必须填写数量 显示摘要错误中的文本
ValidationGroup	1 将验证程序分组以便集中显示提示信息

相应的代码如下：

```
<asp:RequiredFieldValidator ID="RequiredFieldValidator1" runat="server" ControlToValidate=
"tbOriginalValue" Display="None" ErrorMessage="必须填写数量。" ValidationGroup= "1">
</asp:RequiredFieldValidator>
```

其次，如果用户选择的原单位和目标单位一致，比如都是"千克"则报错。从"工具
箱"的"验证"组中将 CompareValidator 控件拖动到页面下方。设置 CompareValidator 控

件的属性，如表 13-5 所示。

表 13-5　CompareValidator 控件的属性设置

属　性	设　置
ControlToValidate	ddlTargetUnit 将该验证程序控件绑定到要验证其内容的下拉列表
ControlToCompare	ddlOriginalUnit 将该验证程序控件绑定到要对比其内容的下拉列表
Operator	NotEqual 要求对比的双方不相等，否则提示错误
Display	None 不在当前位置显示提示信息，所有错误提示将在集中的地方显示
ErrorMessage	原单位和目标单位一致，没有转换的必要 显示摘要错误中的文本
ValidationGroup	1 将验证程序分组以便集中显示提示信息

相应的代码如下：

```
<asp:CompareValidator ID="CompareValidator1" runat="server"
        ControlToCompare="ddlOriginalUnit" ControlToValidate="ddlTargetUnit"
        ErrorMessage="原单位和目标单位一致，没有转换的必要。" Operator="NotEqual"
Display="None" ValidationGroup="1"></asp:CompareValidator>
```

　　第三，用户输入的数值必须符合格式要求，可以输入整数或小数(最多可保留 2 位小数)，否则报错。从"工具箱"的"验证"组中将 RegularExpressionValidator 控件拖动到页面下方。设置 RegularExpressionValidator 控件的属性，如表 13-6 所示。

表 13-6　RegularExpressionValidator 控件的属性设置

属　性	设　置
ControlToValidate	tbOriginalValue 将该验证程序控件绑定到要验证其内容的文本框
ValidationExpression	\d+(\.\d{0,2})? 正则表达式中规定可输入整数或最多两位小数
Display	None 不在当前位置显示提示信息，所有错误提示将在集中的地方显示
ErrorMessage	必须输入数字，小数点后可以保留两位 显示摘要错误中的文本
ValidationGroup	1 将验证程序分组以便集中显示提示信息

相应的代码如下：

```
<asp:RegularExpressionValidator ID="RegularExpressionValidator1" runat="server" ControlToValidate="
tbOriginalValue" Display="None" ErrorMessage="必须输入数字，小数点后可以保留两位。"
ValidationExpression="\d+(\.\d{0,2})?" ValidationGroup="1"> </asp:Regular ExpressionValidator>
```

最后，要求输入的数据范围为 0 到 1000，否则报错。从"工具箱"的"验证"组中将 RangeValidator 控件拖动到页面下方。设置 RangeValidator 控件的属性，如表 13-7 所示。

表 13-7 RangeValidator 控件的属性设置

属　　性	设　　置
ControlToValidate	tbOriginalValue 将该验证程序控件绑定到要验证其内容的文本框
MinimumValue	0 范围中的最小值
MaximumValue	1000 范围中的最大值
Display	None 不在当前位置显示提示信息，所有错误提示将在集中的地方显示
ErrorMessage	输入的数量超出限制，要求在 0 到 1000 之间 显示摘要错误中的文本
ValidationGroup	1 将验证程序分组以便集中显示提示信息

相应的代码如下：

```
<asp:RangeValidator ID="RangeValidator1" runat="server" ControlToValidate="tbOriginalValue"
Display="None" ErrorMessage="输入的数量超出限制，要求在 0 到 1000 之间。" Maximum
Value="1000" MinimumValue="0" Type="Double" ValidationGroup="1"> </asp:RangeValidator>
```

应该注意到，上述 4 个验证控件的 Display 属性都设置为 None，即都不会在控件所在的当前位置显示提示信息，所有的提示信息都将在 ValidationSummary 控件的位置上统一显示。从"工具箱"的"验证"组中将 ValidationSummary 控件拖动到页面的某个位置，所有的验证提示信息都将在这里显示。相应的代码如下：

```
<asp:ValidationSummary ID="ValidationSummary1" runat="server" ValidationGroup="1" />
```

可以看到，如果要将用户操作的文本框、下拉列表、按钮等控件所关联的验证信息都显示在一起，就需要将这些控件、相关的验证控件以及 ValidationSummary 控件的 ValidationGroup 值都设置为同一个字符串，比如本例中都设置为"1"。

13.4 完整的源代码

项目中 converter.aspx 文件源代码如下：

```
<%@ Page Language="C#" AutoEventWireup="true" CodeBehind="Converter.aspx.cs" Inherits=
"UnitConverter.Converter" %>

<!DOCTYPE html PUBLIC "-//W3C//DTD XHTML 1.0 Transitional//EN" "http://www.w3.org/TR/
xhtml1/DTD/xhtml1-transitional.dtd">
```

```
<html xmlns="http://www.w3.org/1999/xhtml">
<head runat="server">
    <title>单位换算器</title>
</head>
<body>
    <form id="form1" runat="server">
    <div>
        <asp:TextBox ID="tbOriginalValue" runat="server" ValidationGroup="1"></asp:TextBox>
        <asp:DropDownList ID="ddlOriginalUnit" runat="server" ValidationGroup="1">
            <asp:ListItem Value="1000000">吨</asp:ListItem>
            <asp:ListItem Value="1000">千克</asp:ListItem>
            <asp:ListItem Value="1">克</asp:ListItem>
            <asp:ListItem Value="500">市斤</asp:ListItem>
            <asp:ListItem Value="453.59237">磅</asp:ListItem>
            <asp:ListItem Value="28.3495231">盎司</asp:ListItem>
        </asp:DropDownList>
        <asp:Button ID="btConvert" runat="server" onclick="btConvert_Click"
            Text="换算" ValidationGroup="1" />
        <asp:Label ID="lbResult" runat="server" Text="目标值"></asp:Label>


        <asp:DropDownList ID="ddlTargetUnit" runat="server" ValidationGroup="1">
        </asp:DropDownList>
        <br />
        <asp:ValidationSummary ID="ValidationSummary1" runat="server"
            ValidationGroup="1" />
        <br />
        <asp:CompareValidator ID="CompareValidator1" runat="server"
            ControlToCompare="ddlOriginalUnit" ControlToValidate="ddlTargetUnit"
            ErrorMessage="原单位和目标单位一致，没有转换的必要。" Operator="NotEqual" Display="None"
            ValidationGroup="1"></asp:CompareValidator>
        <br />
        <asp:RangeValidator ID="RangeValidator1" runat="server"
            ControlToValidate="tbOriginalValue" Display="None"
            ErrorMessage="输入的数量超出限制，要求在 0 到 1000 之间。" MaximumValue="1000" MinimumValue="0"
            Type="Double" ValidationGroup="1"></asp:RangeValidator>
        <br />
```

```
            <asp:RequiredFieldValidator ID="RequiredFieldValidator1" runat="server"
                ControlToValidate="tbOriginalValue" Display="None" ErrorMessage="必须填写数量。"
                    ValidationGroup="1"></asp:RequiredFieldValidator>
            <br />
            <asp:RegularExpressionValidator ID="RegularExpressionValidator1" runat="server"
                ControlToValidate="tbOriginalValue" Display="None"
                ErrorMessage="必须输入数字，小数点后可以保留两位。"
                ValidationExpression="\d+(\.\d{0,2})?"
                ValidationGroup="1"></asp:RegularExpressionValidator>
            <br />
        </div>
        </form>
    </body>
    </html>
```

项目中 converter.aspx.cs 文件源代码如下：

```
using System;
using System.Collections.Generic;
using System.Linq;
using System.Web;
using System.Web.UI;
using System.Web.UI.WebControls;

namespace UnitConverter
{
    public partial class Converter : System.Web.UI.Page
    {
        protected void Page_Load(object sender, EventArgs e)
        {
            if (!Page.IsPostBack)
            {
                foreach (ListItem li in ddlOriginalUnit.Items)
                {
                    ddlTargetUnit.Items.Add(li);
                }
            }
        }

        protected void btConvert_Click(object sender, EventArgs e)
        {
```

```
            double OriginalUnit = double.Parse(ddlOriginalUnit.SelectedValue);
            double TargetUnit = double.Parse(ddlTargetUnit.SelectedValue);
            double Ratio = OriginalUnit / TargetUnit;
            double OriginalValue = double.Parse(tbOriginalValue.Text);
            double TargetValue = OriginalValue * Ratio;
            lbResult.Text = TargetValue.ToString();
        }
    }
}
```

13.5　测　　试

在代码编写的过程中可以不断进行测试运行。在"解决方案资源管理器"中使用鼠标右键点击页面文件 Converter.aspx，在弹出的菜单中选择"在浏览器中查看"就可以运行该页面；或者选中页面文件 Converter.aspx 并按 Ctrl + F5 也可以运行该页面。

制定测试计划时需要考虑的测试工作主要包括功能测试、性能测试、兼容性测试和安全测试等。

针对 Web 系统的性能测试是指当一定数量的用户同时访问时，系统应满足响应时间的要求，通常可以使用专门的测试软件模拟出大量用户访问系统的情形。本系统中影响性能的环节主要是数据的回发，因为单位换算的逻辑被写在了后台的程序中。如果不考虑学习的因素，将单位换算的逻辑以 JavaScript 写在前台的 HTML 文件中会大幅提高运行效率。另外一个可能引起性能问题的因素是输入验证，因为所有的验证控件都被设置为 runat="server"。实际上验证控件的运行机制已经考虑到了性能和安全两方面的需要：性能方面，验证控件会在前台产生 JavaScript 代码以完成浏览器端的及时验证，不会产生回发的操作，除非开发者特别设置为不允许在浏览器端验证，或者包含了需要在后台执行的自定义验证逻辑；安全方面，使用验证控件不仅可以在前台进行验证，还可以在后台再次验证，以防止在浏览器端对 HTML 文件的恶意修改。后台的验证是在回发时"顺便"完成的，不会产生回发事件。

对于 Web 网站的兼容性测试主要是为了使各种版本的浏览器都得到统一的显示效果，目前多数浏览器都可以很好地支持 HTML5 的标准，同时目前版本的 ASP.NET 产生的 HTML 代码也是符合绝大多数 HTML5 标准的，因此基于 HTML5 的兼容性的测试要比以往情况容易得多。

安全测试方面主要是检查用户的身份验证和权限管理等，这方面 ASP.NET 已经提供了相应的机制，这里不详细描述。

本项目主要的测试环节是功能测试，需要测试用户界面是否正常以及单位换算是否正确。功能测试需要选择一定数量的测试用例(Test Case)。测试用例是将软件测试的行为活动做一个科学化的组织归纳，目的是能够将软件测试的行为转化成可管理的模式。

可以根据不同的方法，采用白盒技术和黑盒技术进行测试。所谓白盒技术是指测试人员以程序的内部逻辑为基础设计测试用例；黑盒技术则不必关心程序的源代码，而以用户的角度设计用例进行测试。显然，开发者自己进行的测试通常采用白盒技术。

开发者根据程序逻辑设计的用例要覆盖到每一条语句(即源代码中的每一条语句都要有机会执行)、每一次判定(即每个判定表达式至少获得一次"真"值和"假"值，判定表达式中每个条件的各种可能的结果至少出现一次，甚至判定表达式中多个条件的各种值的组合至少出现一次)、每一条路径(即程序流程中的所有可能的路径至少出现一次)。

总之，用例要尽可能全面，特别是对于核心功能要给出足够多的用例。表 13-8 给出了多个测试用例，目的是为了检查各种输入的情况是否会引起期望的输出。

表 13-8　测试用例及测试结果表

用例序号	输入情况	输出情况	是否通过测试
1	原单位数值：200 原单位：克 目标单位：千克	目标单位数值：0.2	通过
2	原单位数值：2 原单位：克 目标单位：克	提示：原单位和目标单位一致，没有转换的必要	通过
3	原单位数值：未填写 原单位：克 目标单位：千克	提示：必须填写数量	通过
4	原单位数值：汉字"一千" 原单位：克 目标单位：千克	提示：输入的数量超出限制，要求在 0 到 1000 之间 提示：必须输入数字，小数点后可以保留两位	通过
5	原单位数值：2.123 原单位：克 目标单位：千克	提示：必须输入数字，小数点后可以保留两位	通过
6	原单位数值：100000 原单位：克 目标单位：千克	提示：输入的数量超出限制，要求在 0 到 1000 之间	通过
7	原单位数值：1000 原单位：市斤 目标单位：吨	目标单位数值：0.5	通过

思　考　题

(1) 在本章的开发中，如何进行用户输入验证？

(2) 温度单位(摄氏度、华氏度)可否用本章单位转换器例子中提供的方法进行换算呢？为什么？

第 14 章　数据库应用开发基础

学习提示

几乎所有的应用程序都需要访问从简单的文本文件到大型的关系型数据库等各种不同类型的数据。数据库可以实现对大量数据的存储、管理和检索，而企业级的 Web 应用系统以及电子商务系统均离不开数据库的支持。本章将详细阐述采用 ADO.NET 中的 Connection 对象、Command 对象以及 DataReader 对象实现对数据库的查询、更新、插入和删除等基本操作。

14.1　数据库接口 ADO.NET

Web 应用程序对数据库服务器的访问需要在网络协议的支持下构建会话(Session)，在此基础上，应用程序可以向数据库服务器发出数据的操作请求，比如增加数据、查询数据等，数据库服务器则会根据请求对数据进行操作或返回查询结果。

对于使用最为长期而广泛的关系型数据库管理系统(RDBMS)，比如 SQL Server、Oracle 或 MySQL 等，应用程序对数据的操作都是通过发送 SQL 语句来完成的。虽然各种不同的 RDBMS 都尽可能遵循新版本的 SQL 的标准，但应用程序依然不能用相同的代码来访问不同的 RDBMS。这一方面是因为不同的 RDBMS 中 SQL 语法并不完全相同，更重要的是每个 RDBMS 都有不同的建立会话、传输 SQL、返回数据结果的网络协议。虽然通常 RDBMS 都会提供一组数据库访问的应用程序接口(API)，但对于应用程序的开发者而言，不同的接口函数、不同的协议规则不仅提高了学习的难度，而且当数据库进行升级或移植时难度巨大。

如果有一套统一的 API 作为访问不同 RDBMS 的接口，则会有效降低开发难度，显著降低开发和维护成本。微软公司在 20 世纪 90 年代提出了开放数据库互联(Open Database Connectivity，简称 ODBC)标准，并给出了 Windows、Unix 等操作系统上的 ODBC 接口产品。ODBC 提供了跨操作系统、跨数据库系统的数据库访问中间件(middleware)，方便了数据库应用系统的开发和移植。应用程序访问不同种类的 RDBMS 只需要装载不同的 ODBC 驱动程序(ODBC driver)即可。ODBC 的结构如图 14-1 所示。

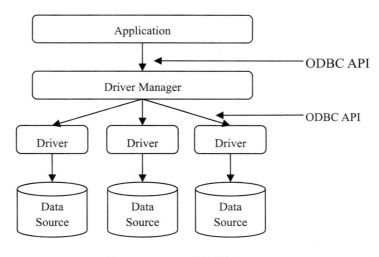

图 14-1 ODBC 的结构图

在 ODBC 受到广泛认可的情况下，微软又推出了面向对象的数据库访问接口 ActiveX 数据对象(ActiveX Data Objects，简称为 ADO)。ADO 不仅可以操作关系型数据，还可以操作非关系型数据。作为 ActiveX 的一部分，ADO 也是微软的组件对象模式(COM)的一部分，其面向组件的框架用以将程序组装在一起。ADO 提供了非常简单的数据库应用程序接口，其底层实际上是通过 OLE DB 来建立与数据库的连接的。OLE(Object Link and embed，即对象连接与嵌入)是一种面向对象的技术，而 OLE DB 是基于 OLE 的一种读写数据的方法，它提供了通向不同数据源的低级应用程序接口。基于 ADO 及 OLE DB 的应用程序数据库访问模式如图 14-2 所示。

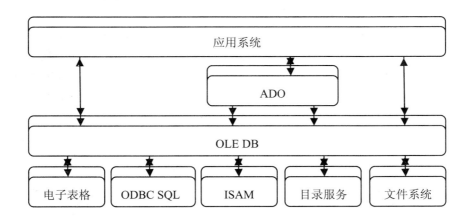

图 14-2 ADO 的结构图

为了适应.NET 架构，微软给出了新的数据库访问技术——ADO.NET。相对于 ADO，ADO.NET 强化了数据访问的通用性，是构建基于 ASP.NET 的数据库应用程序的基础。

ADO.NET 提供了对 XML 的强大支持，通过 XML Reader、XML Writer、XML Navigator、XML Document 等对象可以方便地创建和使用 XML 数据，并且支持 W3C 的 XSLT、DTD、

XDR 等标准。ADO.NET 对 XML 的支持也为 XML 成为.NET 中数据交换的统一格式提供了基础。

ADO.NET 通过一系列新的对象和编程模型，结合基于 XML 的数据访问机制，形成了方便高效的数据操作方式。基于 ADO.NET 的数据库访问模式如图 14-3 所示。

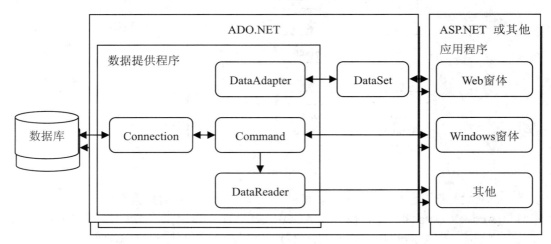

图 14-3　ADO.NET 的结构图

ADO.NET 中包含一系列核心对象，用以构建高效、广泛适用的数据库访问方式。其中，Connection 对象负责创建与数据源(不一定是 RDBMS)的连接；Command 对象可以向数据库服务器发出 SQL 命令，完成数据的增、删、改、查，执行存储过程，收发参数信息等；DataReader 对象可以产生一个只读的记录集，从而提供高效率的数据读取方式；DataAdapter 对象负责建立从数据源到 DataSet 对象的桥梁，其中利用 Command 对象来执行多种 SQL 命令以完成 DataSet 的数据加载和数据回写。

ADO.NET 引入了 DataSet 的概念，这是一个驻于内存的数据缓冲区，它可以包含多个类似关系型数据库中的表的对象——DataTable。DataSet 替代了 ADO 原有的 Recordset 对象，提高了程序的交互性和可扩展性，尤其适合于分布式的应用场合。不管数据来源于一个关系型的数据库，还是来源于一个 XML 文档，都可以用统一的编程模型加载到 DataSet 中，并对其中的数据进行操作。

14.2　连接数据源——Connection 对象

在 ADO.NET 中，我们可以使用 Connection 对象来连接数据源，再根据数据源的类型(比如 SQL Server、Oracle 等)确定要使用的 DbConnection 类的某个子类。例如，访问 OLE DB 的数据源需要使用 OleDbConnection，访问 SQL Server 数据库需要使用 SqlConnection，访问 Oracle 数据库需要使用 OracleConnection，访问 ODBC 数据源需要使用 OdbcConnection。如果需要访问的数据源(比如 MySQL 数据库)在开发环境中没有提供相应的 Connection 对象，通常可以在互联网中下载到相应的"驱动程序"。

DbConnection 类的常用属性如表 14-1 所示。

表 14-1　　DbConnection 类常用属性表

名　称	说　　明
ConnectionString	获取或设置数据库的连接字符串
ConnectionTimeout	获取建立连接的最长等待时间，超过等待时间将产生错误
Database	获取数据库的名称
DataSource	获取数据源(比如数据库服务器)的名称
DbProviderFactory	获取数据库提供者的名称
ServerVersion	获取服务器版本
State	获取连接状态

从表 14-1 中可以看出，只有 ConnectionString 为可以设置的属性。针对特定的数据源，需要给出特定的"连接字符串"，其中包含数据库地址、名称、用户名和密码等信息。下面代码给出了两个典型的 ConnectionString 值：

> Data Source=192.168.1.100;Initial Catalog=crm_db;Persist Security Info=True;User
>
> ID=crm_user;Password=123456;Connect Timeout=30

或者：

> Data Source=.;Initial Catalog=DbExamples;Integrated Security=True;Connect Timeout=30

在第一个 ConnectionString 中可以看出，应用程序试图连接一个地址为 192.168.1.100 的服务器，数据库的名称为"crm_db"，用户名为"crm_user"，密码为"123456"，连接等待时间为 30 秒。

在第二个 ConnectionString 中可以看出，应用程序试图连接本地数据库服务器(因为 Data Source 的值为"点")，数据库的名称为"DbExamples"，用户名和密码没有提供，使用系统集成的安全模式"Integrated Security"，连接等待时间为 30 秒。

DbConnection 类的常用方法如表 14-2 所示。

表 14-2　DbConnection 类常用方法表

名　称	说　　明
Open	根据连接字符串连接数据库
Close	关闭数据库连接
BeginDbTransaction	开始一个数据库事务
CreateDbCommand	创建一个与当前连接相关联的 DbCommand 对象
GetSchema()	从数据源中获取架构信息

下例使用了 SqlConnection 对象建立了与 SQL Server 数据库的连接，基本代码如下：

```
using System.Data.SqlClient;
……
//构建连接字符串
```

```
string connectionString =
                    "Data Source=.;Initial Catalog=DbExamples;Integrated
                    Security=True;Connect Timeout=30";

//实例化 SqlConnection 对象
SqlConnection connection = new SqlConnection(connectionString);

connection.Open();
/*
这里添加代码完成数据的操作
*/
connection.Close();
```

从上述代码中可以看到，首先使用 using 语句声明 SqlConnection 等数据库相关的类所在的命名空间；构建一个字符串变量 connectionString 以存储数据库连接字符串；使用 new 操作符创建一个 SqlConnection 对象 connection；使用 Open 和 Close 函数分别打开连接和关闭连接，并且在二者之间完成所有的数据操作(关于数据操作的具体代码将在下文中使用 SqlDataReader 等对象来实现)。

虽然上面的代码在逻辑上没有问题，但由于数据库服务器的访问需要网络的稳定连接、服务器自身的正常运行以及 SQL 语句的有效等众多条件。一旦某个条件出现错误，整个进程将被强制结束。即使在进行数据库操作前用 if 语句先判断条件是否具备，也不能保证"判断"的时候条件具备，但"操作"的时候出现错误。因此，需要使用异常处理机制来完成这种容错设计。下面代码通过 try/catch 块来实现异常处理，在其中打开数据连接并完成数据的操作：

```
//在异常处理 try/catch 块中打开数据连接并完成数据的操作
try
{
    connection.Open();
    /*
    这里添加代码完成数据的操作
    */
}
catch (Exception ex) //当出现异常时要执行的语句
{
    Response.Write(ex.Message);
}
finally    //无论如何都要执行的语句
{
    connection.Close();
}
```

　　Connection 对象的使用要点是在实际操作数据之前创建 Connection 对象，在所有的操作结束之后释放 Connection 对象。使用 using 语句就可以定义一个对象的使用范围，在范围结束时自动调用这个对象实例的 Dispose 以回收对象。(C#语言中 using 语句有三种使用方式：一是使用命名空间，二是指定别名，三是定义范围。)下面的代码使用了 using 语句来规定 Connection 对象的使用范围，并在最后自动释放 Connection 对象：

```
//实例化 SqlConnection 对象，并规定了 SqlConnection 对象的范围
using (SqlConnection connection = new SqlConnection(connectionString))
{
    //在异常处理 try/catch 块中打开数据连接并完成数据的操作
    try
    {
        connection.Open();
        /*
        这里添加代码完成数据的操作
        */
    }
    catch (Exception ex) //当出现异常时要执行的语句
    {
        Response.Write(ex.Message);
    }
    finally    //无论如何都要执行的语句
    {
        connection.Close();
    }
}//结束 SqlConnection 对象的范围，并释放对象
```

14.3　执行 SQL 命令——Command 对象

　　通过 Connection 对象建立了与数据库的连接后，就可以使用 SQL 语言来完成数据的增、删、改、查了。这四项数据操作的基本功能可以被简称为 CRUD，即 Create、Read(或 Retrieve)、Update 和 Delete(或 Destroy)。

　　对于数据库中已有的数据表，我们可以通过 SQL 中的 Insert、Delete、Update 和 Select 语句分别来完成增、删、改、查的操作。在 ADO.NET 中，这些 SQL 语句通过 Command 对象传输到数据库服务器中，并获取数据库的反馈。

　　DbCommand 类是构建 Command 对象的基类，它的派生类包括 SqlCommand(用于 SQL Server 数据库)、SqlCommand(用于 Oracle 数据库)、OleDbCommand(用于 OLE DB 接口)、OdbcCommand(用于 ODBC 接口)等。

　　DbCommand 类的常用属性如表 14-3 所示。

表 14-3　DbCommand 类常用属性表

名　称	说　明
Connection	获取或设置数据库的连接对象
CommandType	指定 CommandText 属性中的命令类型，包括：Text、StoredProcedure 和 TableDirect
CommandText	获取或设置在数据库中执行的命令
CommandTimeout	获取或设置命令执行的等待时间，超出时间将报错
Parameters	获取命令中的参数所对应的参数对象集合
Transaction	获取或设置命令所属的事务对象

DbCommand 类的常用方法如表 14-4 所示。

表 14-4　DbCommand 类常用方法表

Name	Description
ExecuteNonQuery	执行非查询语句
ExecuteReader()	执行查询语句并返回一个 DbDataReader 对象
ExecuteReader(CommandBehavior)	按照指定的方式执行查询语句并返回一个 DbDataReader 对象
ExecuteScalar	执行查询语句并返回结果集的第一行第一列的值(通常用于具有集合函数的查询)
Cancel	尝试取消命令的执行
CreateParameter	创建一个 DbParameter 实例对象

为了演示如何使用 DbCommand 类在数据库中进行数据的增、删、改、查操作，我们首先在 SQL Server 数据库中建立一个名为"tb_客户"的表，其中包含多个描述客户信息的字段，如表 14-5 所示。

表 14-5　tb_客户

字 段 名	类 型	是否可为空
客户 ID	int	不可
简称	nvarchar(10)	不可
全称	nvarchar(50)	不可
行业	nvarchar(10)	不可
地址	nvarchar(50)	不可
邮编	nvarchar(10)	可以
座机	nvarchar(50)	可以
手机	nvarchar(50)	可以
联系人	nvarchar(50)	可以
代理商名称	nvarchar(50)	不可
创建时间	smalldatetime	可以
修改时间	smalldatetime	可以
备注	nvarchar(50)	可以

在前文给出的 Connection 对象使用方法和代码的基础上，下面代码实现了"增加"数据的操作：

```
//构建连接字符串
string connectionString =
     "Data Source=.;Initial Catalog=DbExamples;Integrated Security=True;Connect Timeout=30";


//构建 SQL 字符串
string queryString = "INSERT INTO [tb_客户] "
               + "([简称],[全称],[行业],[地址],[邮编],[座机] "
               + ",[手机],[联系人],[创建时间],[修改时间],[备注]) "
               + "VALUES "
               + "('浩瀚', '深圳浩瀚电子公司', '集成电路', '深圳南山区明德路 2 号', '002200',
'0755-12345678' "
               + ", '1391111111', '李浩瀚', 2016-1-1, 2016-1-1, '新客户')";


//实例化 SqlConnection 对象，并规定了 SqlConnection 对象的范围
using (SqlConnection connection = new SqlConnection(connectionString))
{
     //实例化 SqlCommand 对象
     SqlCommand command = new SqlCommand(queryString, connection);

     //在异常处理 try/catch 块中打开数据连接并完成数据的操作
     try
     {
          connection.Open();
          int i = command.ExecuteNonQuery();
          Response.Write("执行完毕，" + i + "条数据受到影响");
     }
     catch (Exception ex) //当出现异常时要执行的语句
     {
          Response.Write(ex.Message);
     }
     finally    //无论如何都要执行的语句
     {
          connection.Close();
     }
}//结束 SqlConnection 对象的范围，并释放对象
```

　　由于是对 SQL Server 服务器中的数据进行操作，因此代码中使用 DbCommand 的派生类 SqlCommand 来完成 SQL 命令的执行。上述代码中的核心语句包括：构建了存放 INSERT 语句的字符串变量 queryString；在实例化 SqlConnection 对象后，创建了 SqlCommand 对象，在其构造函数中给出了命令文本和对应的数据库连接对象；当 SqlConnection 对象打开后，执

行了 SqlCommand 的 ExecuteNonQuery 函数，并返回了命令执行所影响的行数；最后在页面中给出执行的情况。数据库操作中有可能引发错误的代码被放置在异常处理的 try 代码块中。

　　上述代码执行了一条 INSERT 语句。同样地，DELETE 和 UPDATE 语句都可以用以上的代码结构，只是字符串变量 queryString 的赋值不同而已，例如"删除"数据的操作代码为：

```
string queryString = "DELETE FROM tb_客户 WHERE 简称='浩瀚'";
```

　　"修改"数据的操作代码为：

```
string queryString = "UPDATE [tb_客户] SET [全称] = '深圳浩瀚医疗器械公司' WHERE 简称='浩瀚'";
```

　　既然增、删、改这些非查询操作的大部分代码都相同，按照软件工程的一般原则，这些相同的代码应该被设计为一个可复用的函数，而进行增、删、改的 SQL 语句则是函数的参数。函数形式如下：

```
private void doNonQuery(string queryString)
{……}
```

调用该函数的方法如下：

```
//构建 SQL 字符串
string queryString = "DELETE FROM tb_客户 WHERE 简称='浩瀚'";
//执行 SQL 命令
doNonQuery(queryString);
```

　　查询操作与非查询操作最大的不同是查询操作会返回一个查询结果集。对于关系型数据库系统而言，查询结果集是一个二维表，ADO.NET 中提供了 DataReader 对象来读取结果集中的数据。Command 对象使用 ExecuteReader 函数(而不是 ExecuteNonQuery 函数)来实例化一个 DataReader 对象，随后使用 DataReader 对象的 Read 函数来逐条读取结果集中的每一个数据项。DataReader 对象的使用方法将在后面章节给出更为详细的解释，下面代码片段主要给出了 Command 对象使用方式：

```
//构建 SQL 字符串
string queryString = "SELECT TOP 10 * FROM tb_客户 WHERE 简称='浩瀚'";
//实例化 SqlCommand 对象
SqlCommand command = new SqlCommand(queryString, connection);
//实例化 SqlDataReader 对象
SqlDataReader reader = command.ExecuteReader();

while (reader.Read())
{
    Response.Write("简称:" + reader["简称"] + ";");
    Response.Write("全称:" + reader["全称"] + ";");
    Response.Write("<br/>");
}
……
```

实际上，Command 对象不仅可以向数据库传输 Insert、Delete、Update 和 Select 语句，还可以传输数据库服务器可以理解的任何 SQL 命令，比如表的创建、权限的分配等。Command 对象还可以直接调用数据库服务器中已经设计好的存储过程来完成更加复杂的数据操作任务。

需要注意的是，C#语言和其他宿主语言一样并不对 SQL 命令的语法进行检查或编译，SQL 命令对于 ASP.NET 程序来说只是一个字符串。如果这个 SQL 命令字符串语法有错误，Web 程序运行时就会产生错误。如果开发者没有设计相应的异常处理代码，该类异常最终会被 ASP.NET 的运行环境捕获，并通过网页显示错误信息。

另外，我们知道 ADO.NET 的数据源并不一定都是数据库，因此，Command 对象所传输的命令也有可能是其他数据源所接受的命令字符串。

完成对数据的各种增、删、改、查操作是建立数据库管理系统的基石，不论操作有多么复杂，本质上都是形成各种 SQL 语句传输到数据库服务器中来执行。ASP.NET 程序的主要任务就是提供用户界面以获取用户对数据的操作需求。下面我们通过简单的 ASP.NET 代码把上述的数据增、删、改、查操作继承在一个页面中。

在 ASP.NET 的页面中放置 4 个按钮，分别接受用户对增、删、改、查的数据操作需求。点击"查看数据"按钮，结果显示如图 14-4 所示。

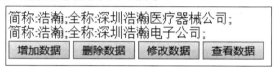

图 14-4　程序运行效果图

点击"增加数据"、"修改数据"和"删除数据"按钮，结果显示如图 14-5 所示。

图 14-5　程序运行效果图

CommandExample.aspx 代码如下：

```
<%@ Page Language="C#" AutoEventWireup="true" CodeBehind="CommandExample.aspx.cs"
    Inherits="DbExamples.CommandExample" %>
<!DOCTYPE html PUBLIC "-//W3C//DTD XHTML 1.0 Transitional//EN" "http://www.w3.org/TR/
xhtml1/DTD/xhtml1-transitional.dtd">
<html xmlns="http://www.w3.org/1999/xhtml">
<head runat="server">
    <title></title>
</head>
<body>
    <form id="form1" runat="server">
        <div>
            <asp:Button ID="btInsert" runat="server" onclick="btInsert_Click" Text="增加数据" />
```

```
            <asp:Button ID="btDelete" runat="server" onclick="btDelete_Click" Text="删除数据" />
            <asp:Button ID="btUpdate" runat="server" onclick="btUpdate_Click" Text="修改数据" />
            <asp:Button ID="Button1" runat="server" OnClick="btSelect_Click" Text="查看数据" />
        </div>
    </form>
</body>
</html>
```

CommandExample.aspx.cs 代码如下：

```
using System;
using System.Collections.Generic;
using System.Linq;
using System.Web;
using System.Web.UI;
using System.Web.UI.WebControls;
using System.Data.SqlClient;

namespace DbExamples
{
    public partial class CommandExample : System.Web.UI.Page
    {
        protected void Page_Load(object sender, EventArgs e) { }

        protected void btSelect_Click(object sender, EventArgs e)
        {
            //构建连接字符串
            string connectionString =
                "Data Source=.;Initial Catalog=DbExamples;Integrated
                    Security=True;Connect Timeout=30";

            //构建 SQL 字符串
            string queryString = "SELECT TOP 10 * FROM tb_客户  WHERE  简称='浩瀚'";

            //实例化 SqlConnection 对象，并规定了 SqlConnection 对象的范围
            using (SqlConnection connection = new SqlConnection(connectionString))
            {
                //实例化 SqlCommand 对象
                SqlCommand command = new SqlCommand(queryString, connection);

                //在异常处理 try/catch 块中打开数据连接并完成数据的操作
```

```
        try
        {
            connection.Open();

            //实例化 SqlDataReader 对象
            SqlDataReader reader = command.ExecuteReader();

            while (reader.Read())
            {
                Response.Write("简称:" + reader["简称"] + ";");
                Response.Write("全称:" + reader["全称"] + ";");
                Response.Write("<br/>");
            }
            reader.Close();
        }
        catch (Exception ex) //当出现异常时要执行的语句
        {
            Response.Write(ex.Message);
        }
        finally    //无论如何都要执行的语句
        {
            connection.Close();
        }
    }//结束 SqlConnection 对象的范围，并释放对象
}

private void doNonQuery(string queryString)
{
    //构建连接字符串
    string connectionString =
        "Data Source=.;Initial Catalog=DbExamples;Integrated Security=True;Connect
Timeout=30";

    //实例化 SqlConnection 对象，并规定了 SqlConnection 对象的范围
    using (SqlConnection connection = new SqlConnection(connectionString))
    {
        //实例化 SqlCommand 对象
        SqlCommand command = new SqlCommand(queryString, connection);

        //在异常处理 try/catch 块中打开数据连接并完成数据的操作
```

```
        try
        {
            connection.Open();
            int i = command.ExecuteNonQuery();
            Response.Write("执行完毕，" + i + "条数据受到影响");
        }
        catch (Exception ex) //当出现异常时要执行的语句
        {
            Response.Write(ex.Message);
        }
        finally   //无论如何都要执行的语句
        {
            connection.Close();
        }
    }//结束 SqlConnection 对象的范围，并释放对象
}


protected void btDelete_Click(object sender, EventArgs e)
{
    //构建 SQL 字符串
    string queryString = "DELETE FROM tb_客户  WHERE  简称='浩瀚'";
    //执行 SQL 命令
    doNonQuery(queryString);
}


protected void btUpdate_Click(object sender, EventArgs e)
{
    //构建 SQL 字符串
    string queryString = "UPDATE [tb_客户] SET [全称] = '深圳浩瀚医疗器械公司'
WHERE 简称='浩瀚'";
    //执行 SQL 命令
    doNonQuery(queryString);
}


protected void btInsert_Click(object sender, EventArgs e)
{
    //构建 SQL 字符串
    string queryString = "INSERT INTO [tb_客户] "
            + "([简称], [全称], [行业], [地址], [邮编], [座机] "
```

```
                    + ",[手机], [联系人], [创建时间], [修改时间], [备注]) "
                    + "VALUES "
                    + "('浩瀚', '深圳浩瀚电子公司', '集成电路', '深圳南山区明德路 2 号',
'002200', '0755-12345678' "
                    + ", '1391111111', '李浩瀚', 2016-1-1, 2016-1-1, '新客户')";
                //执行 SQL 命令
                doNonQuery(queryString);
            }
        }
    }
```

14.4　读取数据——DataReader

14.4.1　DataReader 对象基本概念

在前文中我们已经知道可以使用 Command 对象向数据库传输增、删、改、查的 SQL 指令。对于非查询的操作，SQL Server 服务器会返回操作所影响的行数；而对于查询操作，则返回一个二维表结构的结果集，这时就需要 DataReader 对象来读取这些数据。

DataReader 对象读取数据时只能从头到尾单向读取(forward-only)，这主要是出于效率的考虑。实际上这种单向读取数据的方式完全满足 Web 程序设计的需求。

DbDataReader 类是构建 DataReader 对象的基类，它的派生类包括 SqlDataReader(用于 SQL Server 数据库)、OracleDataReader(用于 Oracle 数据库)、OleDbDataReader(用于 OLE DB 接口)、OdbcDataReader(用于 ODBC 接口)等。

DbDataReader 类的常用属性如表 14-6 所示。

表 14-6　DbDataReader 类常用属性表

名　　称	说　　明
Depth	获取当前行的嵌套深度值
FieldCount	获取当前行的字段数量
HasRows	获取是否包含一行或多行数据
IsClosed	获取是否 DataReader 已经关闭
Item[Int32]	通过字段序号获取指定字段的值
Item[String]	通过字段名称获取指定字段的值
VisibleFieldCount	获取可见字段的数量

Item 属性使 DataReader 对象可以作为集合(也可简单地理解为数组)来使用。假如有一个 DataReader 对象 a，我们便可以通过 a[0]或者 a["学号"]来访问当前行第一个字段或字段

名为"学号"的值，这种机制使代码编写非常简单、易读。

DbDataReader 类的常用方法如表 14-7 所示。

表 14-7 DbDataReader 类常用方法表

名称	说　明
Read	将读取器前进到结果集中的下一个记录
Close	关闭 DataReader 对象
Dispose	释放 DataReader 对象实例所使用的所有资源
GetBoolean	获取指定列的布尔值形式的值
GetByte	获取指定列的字节形式的值
GetBytes	从指定列读取一个字节流读到缓冲区中
GetChar	获取指定列的单个字符串形式的值
GetChars	从指定列读取一个字符流
GetDecimal	获取指定列的 Decimal 对象形式的值
GetDouble	获取指定列的双精度浮点数形式的值
GetFloat	获取指定列的单精度浮点数形式的值
GetGuid	获取指定列的全局唯一标识符 (GUID) 形式的值
GetInt16	获取指定列的 16 位有符号整数形式的值
GetInt32	获取指定列的 32 位有符号整数形式的值
GetInt64	获取指定列的 64 位有符号整数形式的值
GetDateTime	获取指定列的 DateTime 对象形式的值
GetString	获取指定列的作为 String 的实例的值
GetValue	获取指定列的作为 Object 的实例的值
GetValues	使用当前行的列值来填充对象数组
IsDBNull	获取一个值，该值指示列是否为空(NULL)
GetName	给定了从零开始的列序号时，获取列的名称
GetOrdinal	给定列名称时，获取列序号
GetDataTypeName	获取指定列的数据类型的名称
GetFieldType	获取指定列的数据类型
NextResult	读取批处理语句的结果时，使读取器前进到下一个结果

在 DbDataReader 类的方法中有多个以某种类型获取数据的方法，比如 GetString、GetInt32 等，这些方法虽然可以获取指定列的值，但参数中只能用使用列序号，而不能使用列的名称。比如下列三行代码都可以获得第 2 列(字段名为"简称")的值，并输出到 HTML 中：

```
Response.Write("简称:" + reader[1] + ";");
Response.Write("简称:" + reader["简称"] + ";");
Response.Write("简称:" + reader.GetString(1) + ";");
```

当然，使用列序号时需要注意：与 C/C++ 语言一样，C# 的数组下标是从 0 开始的；另外，使用列名称的可读性和可维护性都要更优。特别是，如果使用列序号，一旦数据库表中的列顺序发生变化，可能会带来程序的运行异常。

14.4.2 使用 Response 输出数据

上节使用 Command 对象执行 SQL 查询命令时已经给出了使用 DataReader 对象的方法，其中与 DataReader 对象有关的核心代码如下：

```
//构建 SQL 字符串
string queryString = "SELECT TOP 10 * FROM tb_客户  WHERE  简称='浩瀚'";
…
//实例化 SqlCommand 对象
SqlCommand command = new SqlCommand(queryString, connection);

//实例化 SqlDataReader 对象
SqlDataReader reader = command.ExecuteReader();

while (reader.Read())
{
    Response.Write("简称:" + reader["简称"] + ";");
    Response.Write("全称:" + reader["全称"] + ";");
    Response.Write("<br/>");
}
reader.Close();
```

从代码中可以看出，Command 对象的 ExecuteReader 方法不仅配合数据库服务器执行了 SELECT 查询语句，而且将执行的结果集交给了 SqlDataReader 类的对象 reader。

我们可以这样理解：Reader 中包含多行数据，同时有一个指针正在指向其中的一行(可称为当前行)。最初，Reader 的指针指向第 0 行(即第一行数据之前)；接下来，每次调用 reader 的 Read()函数，指针都会向后移动一行，直到 Read()函数返回 false，即所有数据都被读取完毕。

再次强调，DataReader 对象读取数据的顺序是单向的，可以使用 Read()函数从头到尾逐条读取，但没有方法可以重新读取之前的数据，除非完全重新执行 DataReader 对象的实例化。

14.4.3 使用客户端 Table 输出数据

虽然上节代码使用 Response 对象可以将 Reader 中的数据写在 HTML 文档中，但数据库应用系统通常是以某种易读的格式(通常是表格)来体现数据的。实际上，Response 对象可以将任意字符串写入 HTML 文档中，包括复杂如"HTML 文档片段"都可以作为字符串添加到 HTML 文档中。按照这一思路，我们只需要在 Response 对象输出字符串时，输出一个完整的<table>内容。当然表头和表尾直接输出"<table>"和"</table>"即可，而表中的多行数据则需要放在一个循环中产生并输出。

我们首先在 DataReaderExample.aspx 中添加按钮"btTableClient"，用户点击按钮将在页面上呈现一个填充了数据的表格。我们设置此按钮的点击事件响应函数如下：

```
protected void btTableClient_Click(object sender, EventArgs e)
{
    //构建连接字符串
    string connectionString =
        "Data Source=.;Initial Catalog=DbExamples;Integrated Security=True;
Connect Timeout=30";

    //构建 SQL 字符串
    string queryString = "SELECT TOP 10 * FROM tb_客户";

    //实例化 SqlConnection 对象，并规定了 SqlConnection 对象的范围
    using (SqlConnection connection = new SqlConnection(connectionString))
    {
        //实例化 SqlCommand 对象
        SqlCommand command = new SqlCommand(queryString, connection);

        //在异常处理 try/catch 块中打开数据连接并完成数据的操作
        try
        {
            connection.Open();

            //实例化 SqlDataReader 对象
            SqlDataReader reader = command.ExecuteReader();

            Response.Write("<table border='1'>"); //输出 Table 的起始标签
            Response.Write("<tr><td>简称</td><td>全称</td></tr>"); //输出标题行

            while (reader.Read())
            {
                Response.Write("<tr><td>" + reader["简称"] + "</td><td>" + reader["全
称"] + "</td></tr>"); //输出数据行
            }
```

Response.Write("\</table\>"); //输出 Table 的终结标签

```
        reader.Close();
    }
    catch (Exception ex) //当出现异常时要执行的语句
    {
        Response.Write(ex.Message);
    }
    finally   //无论如何都要执行的语句
    {
        connection.Close();
    }
}//结束 SqlConnection 对象的范围，并释放对象
}
```

从代码中可以看出，只有加黑的部分与之前的代码有所区别，而本质上都是使用 Response 对象 Write 函数进行字符串的输出。这种在后台程序逐行输出 HTML 代码的方式实际上就是早期 CGI 程序的工作方式。

14.4.4　使用 Web 服务器控件(Table)输出数据

正如上文中提到的，单纯使用 Response 对象进行 HTML 字符串的输出是一种比较原始的方式。如果页面结构复杂，还需要有众多属性和 CSS 设置，就会体现出这种方式低下的开发效率和维护效率。

我们知道，为了提高开发效率，ASP.NET 提供了大量的 Web 服务器控件，其中在服务器端运行的 Table 控件可以很好地帮助构建 HTML 中的\<table\>。

我们继续在 DataReaderExample.aspx 中添加按钮“btTableServer”，并添加一个名为“Table1”的 Table 控件，代码如下：

```
<asp:Button ID="btTableServer" runat="server" OnClick="btTableServer_Click" Text="服务器端表
格" />
<br />
<asp:Table ID="Table1" runat="server" GridLines="Both">
    <asp:TableRow runat="server">
        <asp:TableCell runat="server">简称</asp:TableCell>
        <asp:TableCell runat="server">全称</asp:TableCell>
    </asp:TableRow>
</asp:Table>
```

用户点击按钮后将在页面上呈现出一个填充了数据的表格。我们在 DataReaderExample. aspx.cs 文件中设置此按钮的点击事件响应函数如下：

```
protected void btTableServer_Click(object sender, EventArgs e)
```

```
{
    //构建连接字符串
    string connectionString =
        "Data Source=.;Initial Catalog=DbExamples;Integrated Security=True;
Connect Timeout=30";

    //构建 SQL 字符串
    string queryString = "SELECT TOP 10 * FROM tb_客户";

    //实例化 SqlConnection 对象，并规定了 SqlConnection 对象的范围
    using (SqlConnection connection = new SqlConnection(connectionString))
    {
        //实例化 SqlCommand 对象
        SqlCommand command = new SqlCommand(queryString, connection);

        //在异常处理 try/catch 块中打开数据连接并完成数据的操作
        try
        {
            connection.Open();

            //实例化 SqlDataReader 对象
            SqlDataReader reader = command.ExecuteReader();

            while (reader.Read())
            {
                TableRow tempRow = new TableRow();
                TableCell tempCell = new TableCell();
                tempCell.Text = reader["简称"].ToString();
                tempRow.Cells.Add(tempCell);
                tempCell = new TableCell();
                tempCell.Text = reader["全称"].ToString();
                tempRow.Cells.Add(tempCell);
                Table1.Rows.Add(tempRow);
            }
            reader.Close();
        }
        catch (Exception ex) //当出现异常时要执行的语句
        {
            Response.Write(ex.Message);
```

```
        }
        finally    //无论如何都要执行的语句
        {
                connection.Close();
        }
    }//结束 SqlConnection 对象的范围，并释放对象
}
```

从代码中加黑的部分可以看出，此代码与之前代码的主要区别就是：在每一次循环中生成一个新的行(TableRow 类的对象)，然后在这一行中加入两个填充了数据的列(TableCell 类的对象)，最后把这行加入到已有的 Table 中。虽然目前看起来，使用 Web 服务器控件并没有有效地减少程序代码、降低开发的复杂度，但这种方式将 HTML 代码和逻辑代码有效地进行了分类。当然页面内容更加复杂，特别是页面风格不断变化时，前台 HTML 代码的修改不会影响到后台逻辑代码，这是符合软件工程原则的。

14.4.5　使用 Web 服务器控件(Repeater)输出数据

上节使用 Table 这一 Web 服务器控件可以提高开发效率和维护效率，但代码中依然使用了循环语句以便逐条添加数据。对于如此广泛的数据库应用开发需求，ASP.NET 专门提供了许多针对结构化数据的 Web 服务器控件，其中 Repeater 控件就可以简化多条数据迭代输出的开发工作。

Repeater 控件是一个数据绑定容器控件，用于生成多条数据的列表。我们可以使用 Repeater 中的<ItemTemplate>子元素来设定数据的布局，当前行的某个字段值可以用<%#Eval("字段名") %>来获取。当页面运行时，Repeater 控件为数据源中的每条数据重复该布局。比如，我们希望每条数据都放置在表格的一行中，即一个<tr>中，那么我们就可以编写如下代码：

```
<ItemTemplate>
<tr>
<td><%#Eval("简称")%></td>
<td><%#Eval("全称")%></td>
</tr>
</ItemTemplate>
```

同其他 Web 服务器控件一样，我们可以直接从工具箱的"数据"选项卡中将 Repeater 控件拖动到页面上。在所形成的<asp:Repeater>标签中，除了可以插入上述用来迭代显示数据行的<ItemTemplate>子元素外，还可以在放置不参与迭代(只显示一次)的<HeaderTemplate>子元素作为开始、<FooterTemplate>子元素作为结束。形成代码如下：

```
<asp:Repeater ID="Repeater1" runat="server">
    <HeaderTemplate>
        <table border="1" width="100%">
            <tr>
```

```
                    <th>简称</th>
                    <th>全称</th>
                </tr>
        </HeaderTemplate>
        <ItemTemplate>
            <tr>
<td><%#Eval("简称")%></td>
<td><%#Eval("全称")%></td>
            </tr>
        </ItemTemplate>
        <FooterTemplate>
            </table>
        </FooterTemplate>
</asp:Repeater>
```

我们继续在 DataReaderExample.aspx 中添加按钮 "btRepeater"，并设置此按钮的点击事件响应函数如下：

```
    protected void btRepeater_Click(object sender, EventArgs e)
    {
        //构建连接字符串
        string connectionString =
            "Data    Source=.;Initial    Catalog=DbExamples;Integrated    Security=True;Connect
Timeout=30";

        //构建 SQL 字符串
        string queryString = "SELECT TOP 10 * FROM tb_客户";

        //实例化 SqlConnection 对象，并规定了 SqlConnection 对象的范围
        using (SqlConnection connection = new SqlConnection(connectionString))
        {
            //实例化 SqlCommand 对象
            SqlCommand command = new SqlCommand(queryString, connection);

            //在异常处理 try/catch 块中打开数据连接并完成数据的操作
            try
            {
                connection.Open();

                //实例化 SqlDataReader 对象
```

```
        SqlDataReader reader = command.ExecuteReader();

        //设置并绑定数据源
        Repeater1.DataSource = reader;
        Repeater1.DataBind();

        reader.Close();
    }
    catch (Exception ex) //当出现异常时要执行的语句
    {
        Response.Write(ex.Message);
    }
    finally    //无论如何都要执行的语句
    {
        connection.Close();
    }
}//结束 SqlConnection 对象的范围，并释放对象
}
```

从代码中加黑的部分可以看出，完成同样的数据显示功能，使用 Repeater 控件只需要在后台逻辑代码中给定数据源的绑定方式即可。

思 考 题

(1) 比较说明 ADO.NET 与 ADO、ODBC 在结构上的异同。

(2) Connection 对象的主要作用是什么？如何建立一个数据库连接？

(3) Command 对象的主要作用是什么？DataReader 对象的主要作用是什么？两者在功能上有何异同？

第 15 章　数据库应用的可视化开发

学习提示

ASP.NET 之所以能够成为 Web 开发的主要工具之一，"可视化开发"的特性是其不可忽略的重要原因。从第 14 章的代码可以看到，我们使用 ADO.NET 中的 Connection 对象、Command 对象以及 DataReader 对象实现了对数据库的操作,但对数据的每一次操作都需要编写很多类似或重复的代码。按照软件工程中代码复用的原则，这些代码应当被封装为函数或类以便重用。实际上这个必要的工作 ADO.NET 的类库已经完成，而且它所提供的数据相关控件可以很好地支持可视化开发。

15.1　数据源控件——DataSourceControl

15.1.1　DataSourceControl 类

Connection 对象、Command 对象以及 DataReader 对象配合使用可以完成数据的增、删、改、查操作，这些功能被封装到了可视化数据源控件——DataSourceControl 类中。

除了关系型数据库，数据源控件还可以连接多种数据源，包括文件、流、业务对象等。为了在 Web 页面上显示数据，很多 Web 服务器控件(例如第 14 章提到的 Repeater 控件)都可以绑定数据源，代码如下：

```
//设置并绑定数据源
Repeater1.DataSource = reader;
Repeater1.DataBind();
```

这类可以绑定数据源的 Web 服务器控件称为数据绑定控件，绑定的过程既可以在代码中完成，也可以在设计时通过可视化的操作完成。

DataSourceControl 类是数据源控件的基类，它是一个抽象类。ASP.NET 自带了多种 DataSourceControl 类的子类,可完成对特定数据源的连接。这些类(控件)包括 SqlDataSource、AccessDataSource 和 XmlDataSource，它们分别可以连接关系型数据库、Access 数据文件和 XML 文件。

DataSourceControl 类的常用方法如表 15-1 所示。虽然 ASP.NET 的数据源控件可以帮助完成数据操作页面的可视化开发，但数据源控件本身并没有可视化呈现，而且不支持 EnableTheming 或 SkinID 等可视化特性。作为控件实现，数据源控件可以以声明方式创建，也可以参与状态管理。

表 15-1　DataSourceControl 类常用方法表

名　　称	说　　明
GetView	获取与数据源控件关联的数据源视图
GetViewNames	获取数据源视图名称的集合
RaiseDataSourceChangedEvent	引发 DataSourceChanged 事件

15.1.2　配置数据源——生成 SELECT 语句

以下的步骤将说明如何插入一个 ASP.NET 数据源控件，如何将该数据源控件连接到数据库，如何配置一个 SELECT 语句来在网页中显示数据源中的数据。这些工作都可以通过可视化的方式来完成。

第 1 步，在网页的"设计"视图中，将一个 ASP.NET 数据源控件(例如"SQLDataSource")从"工具箱"面板拖到网页上。

第 2 步，右键单击该控件，然后单击"配置数据源"，如图 15-1 所示。

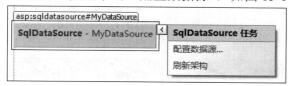

图 15-1　配置数据源(1)

在弹出的"配置数据源"对话框中单击"新建连接"，如图 15-2 所示。

图 15-2　配置数据源(2)

第 3 步，在弹出的"添加连接"对话框中，单击以下选项之一：

• Microsoft SQL Server：通过 .NET Framework 数据提供程序连接到 Microsoft SQL Server。

• Microsoft SQL 数据库文件：可将一个数据库文件附加到 SQL Server 的本地实例(包括 Microsoft SQL Express 实例)。

• Microsoft Access 数据库文件：可使用本机 Jet 提供程序连接到 Access 数据库。

• Microsoft ODBC 数据源：可连接到 ODBC 驱动程序。

• Oracle 数据库：可连接到 Oracle 数据库服务器中。

这里我们选择 Microsoft SQL Server(SqlClient)。

第 4 步，选择 Microsoft SQL Server 连接后，需要提供数据库所在的服务器的名称、登录到服务器的认证方式、设置需要连接的数据库。其中，在"登录到服务器"框下，可以选择"使用 Windows 身份验证"或选择"使用 SQL Server 身份验证"，然后在"用户名"和"密码"框中分别键入用户名和密码。

第 5 步，点击"测试连接"按钮，检测是否可以正常连接。

第 6 步，点击"确定"按钮，退出"添加连接"对话框，进入"配置数据源"对话框的下一步骤——询问"是否将连接保存到应用配置文件中"，如图 15-3 所示。

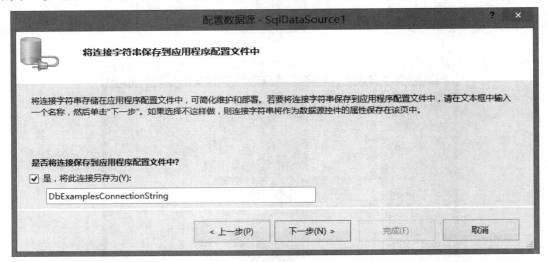

图 15-3　配置数据源(3)

点击"下一步"将得到一个数据库连接字符串，该字符串将作为一个参数存放在 Web.config 文件中。

```
<connectionStrings>
<add   name="DbExamplesConnectionString"   connectionString="Data   Source=.;Initial   Catalog=
DbExamples; Integrated Security=True" providerName="System.Data.SqlClient" />
</connectionStrings>
```

第 7 步，在"配置 Select 语句"对话框中，在"希望如何从数据库中检索数据"下，执行下列操作之一：

· 选择"指定自定义 SQL 语句或存储过程",将允许开发者写出任何符合语法要求的 SQL 语句或通过存储过程来访问数据。

· 选择"指定来自表或视图的列",开发者可以通过可视化的方式选择表、视图以及其中的列。

这里我们选择"指定来自表或视图的列",并指定表的名称为"tb_客户",选择"*"可以得到 SELECT 语句,如图 15-4 所示。

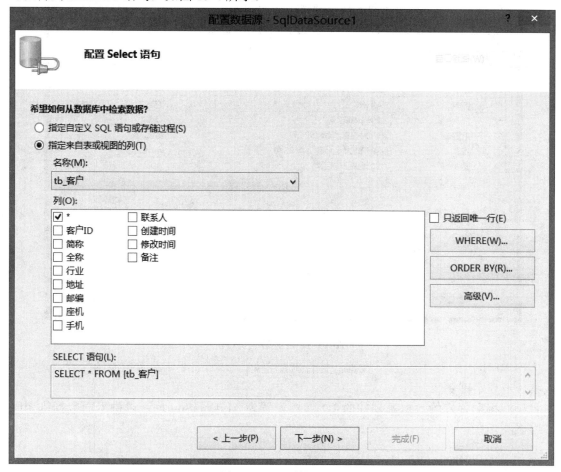

图 15-4　配置数据源(4)

第 8 步,创建了 SELECT 语句的基础之后,还可以单击以下任一选项进一步自定义查询:

· "Where":设置筛选条件,即 SELECT 语句中的 WHERE 子句;
· "ORDER BY":设置排序顺序,即 SELECT 语句中的 ORDER BY 子句;
· "高级":生成 INSERT、UPDATE 和 DELETE 语句。

在这个例子中,我们只需要最简单的 SELECT 语句来展示数据源控件的用法,因此暂时不设置这些参数。

第 9 步,在"测试查询"对话框中,单击"测试查询"来测试数据的连接方式和 SELECT 语句是否符合需求。此时,"测试查询"框中将会显示预览的数据,而"测试查询"框下将会显示预览的 SQL 语句，如图 15-5 所示。

图 15-5 配置数据源(5)

第 10 步，单击"完成"，数据源控件就配置好了。如果要修改数据源的配置，还可以从第 2 步开始重复。

我们将配置好的数据源控件的 ID 属性设置为 MyDataSource，以供后面数据绑定时使用。

15.1.3 数据绑定控件

ASP.NET 页面中的数据源控件可以和数据绑定控件进行连接(即绑定)，这一绑定的过程既可以通过可视化的设置来实现，也可以通过代码来实现。

首先，我们来实现可视化的设置过程。

我们继续使用前文在介绍 DataReader 时使用过的 Repeater 控件。首先，将 Repeater 控件拖动到页面上；打开 ASPX 源代码中进行编辑，在所形成的<asp:Repeater>标签中，放置不参与迭代(只显示一次)的<HeaderTemplate>子元素作为开始、<FooterTemplate>子元素作为结束；插入用来迭代显示数据行的<ItemTemplate>子元素，其中包含"简称"和"全称"的输出语句；回到可视化的视图，点击 Repeater 控件，选择数据源为"MyDataSource"，即之前配置好的数据源控件 ID，如图 15-6 所示。

图 15-6　为数据源控件选择数据源

代码如下：

```
<asp:Repeater ID="Repeater1" runat="server"   DataSourceID="MyDataSource">
    <HeaderTemplate>
        <table border="1" width="100%">
            <tr>
                <th>简称</th>
                <th>全称</th>
            </tr>
    </HeaderTemplate>
    <ItemTemplate>
        <tr>
<td><%#Eval("简称")%></td>
<td><%#Eval("全称")%></td>
        </tr>
    </ItemTemplate>
    <FooterTemplate>
        </table>
    </FooterTemplate>
</asp:Repeater>
```

可以看出，此代码与前文中将 DataReader 中的数据输出到 Repeater 控件中的代码几乎没有区别，只是在 Repeater 控件的标签中已经设置了 DataSourceID = "MyDataSource"。这一属性设置，也直接省去了绑定数据源的代码。

可视化配置到这里就可以进行测试了。当网页被打开时，数据库会被连接，SQL 语句会被执行，返回的数据集会被绑定到 Repeater 控件，网页中将呈现出所有满足条件的数据。

虽然通过可视化的配置可以完成全部的数据连接和绑定输出的任务，但我们还是可以通过编写代码在程序运行时重新连接和绑定。为此，我们在网页中放置一个"重新绑定 Repeater 控件"的按钮，当用户在网页中点击此按钮时，将执行如下所示的事件响应函数：

```
protected void btRepeater_Click(object sender, EventArgs e)
{
    Repeater1.DataSource = MyDataSource;
    Repeater1.DataBind();
}
```

程序的执行效果如图 15-7 所示。

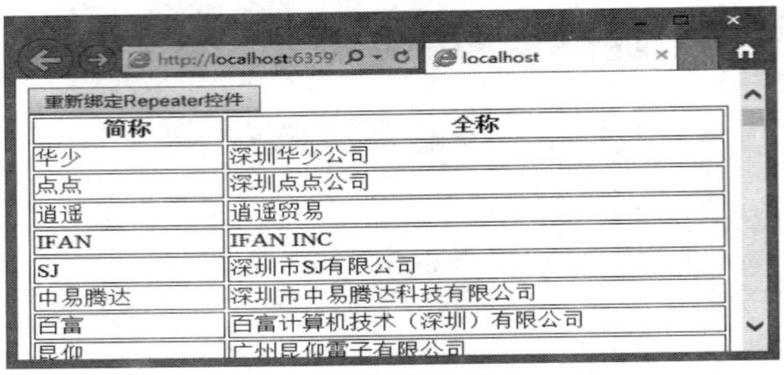

图 15-7　程序运行效果图

数据的绑定和显示出了需要数据源控件和数据绑定控件的配合。在 ASP.NET 中，从 DataBoundControl 类派生的所有 Web 服务器控件都可以绑定到数据源控件。 当 DataBoundControl 绑定到数据源控件时，会在运行时自动执行数据绑定。

数据源控件还可以与非 DataBoundControl 派生类的控件一起使用，但要求这些类必须有公开的 DataSource 或 DataSourceID 属性，并支持基本数据的绑定。在使用这些数据绑定控件时，必须显式调用 DataBind 方法。

15.1.4　带参数的 SELECT 语句

SQL 语句和存储过程在运行时可以包括参数，参数往往来自用户的输入或选择。比如，在查询数据时，用户可以通过文本框指定查询条件。

使用 SqlDataSource 控件时，可以编写带参数的 SQL 语句。参数可以提供用于数据检索的搜索条件，或者提供要进行数据插入、更新或删除的值，还可以提供用于排序、分页和筛选的规则。

在配置数据源时，可以通过"WHERE"按钮来设置 SELECT 语句的参数，如图 15-8 所示。

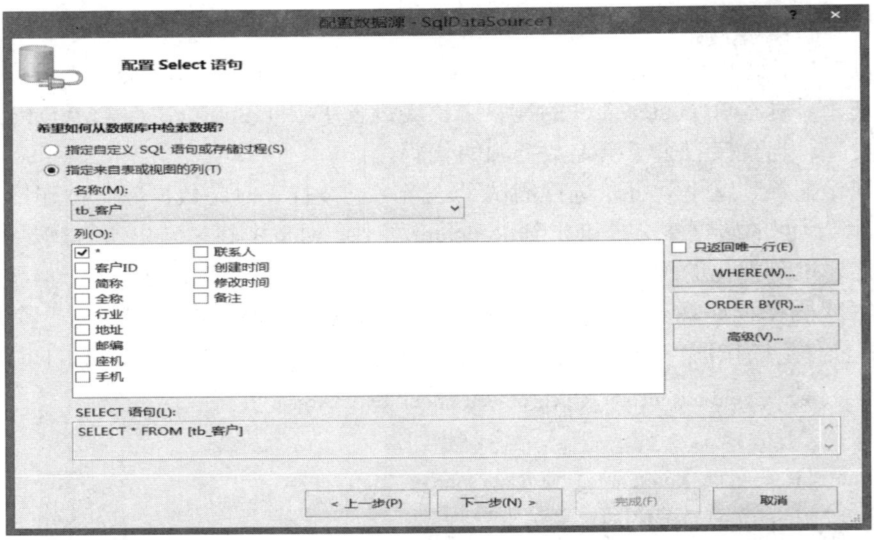

图 15-8　设置 SELECT 语句的参数(1)

在"添加 WHERE 子句"对话框中，可以选择"列""运算符"以及"源"，然后点击"添加"按钮继续输入其他参数，如图 15-9 所示。

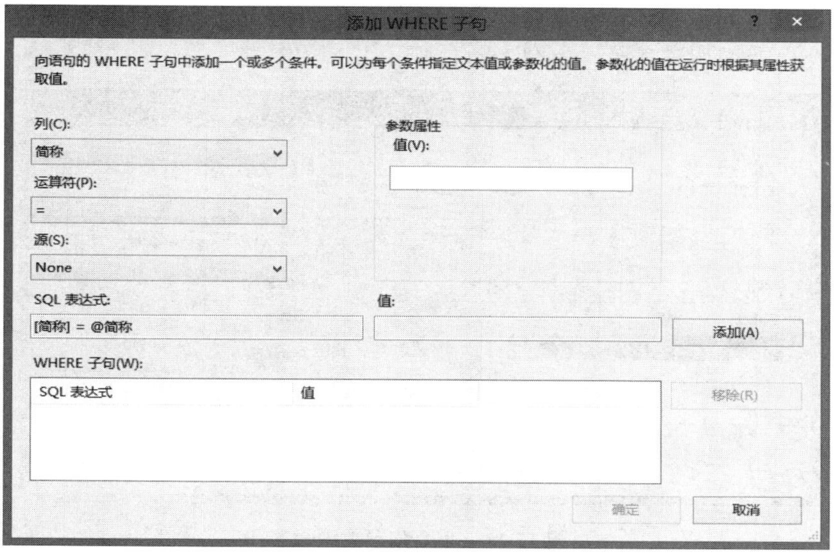

图 15-9　设置 SELECT 语句的参数(2)

如图 15-9 输入参数后，数据源控件中的 SelectQuery 属性中将保存如下的 SQL 语句：

SELECT * FROM [tb_客户] WHERE ([简称] = @简称)

上述设置方式只是在最初配置数据源时可以使用。在开发时，通常需要不断修改 SQL 语句以及其中的参数设置，因此需要通过 SelectQuery、InsertQuery、DeleteQuery 和 UpdateQuery 等属性来分别配置增、删、改、查的参数。这些属性可以在开发界面中的属性表中点击设置，如图 15-10 所示。

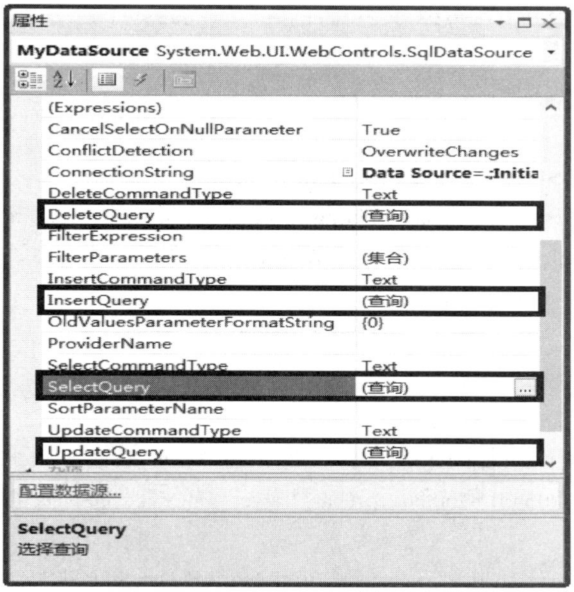

图 15-10　配置增、删、改、查的参数

这里，我们只设置 SELECT 语句的参数，因此点击属性进入"命令和参数编辑器"。在对话框中，我们可以编辑所需的 SELECT 语句，并在其中预留相应的参数；SqlDataSource 控件默认的参数前缀为@，@也可被称为参数的占位符；然后点击"刷新参数"按钮，参数列表中就会自动增加该参数，如图 15-11 所示。

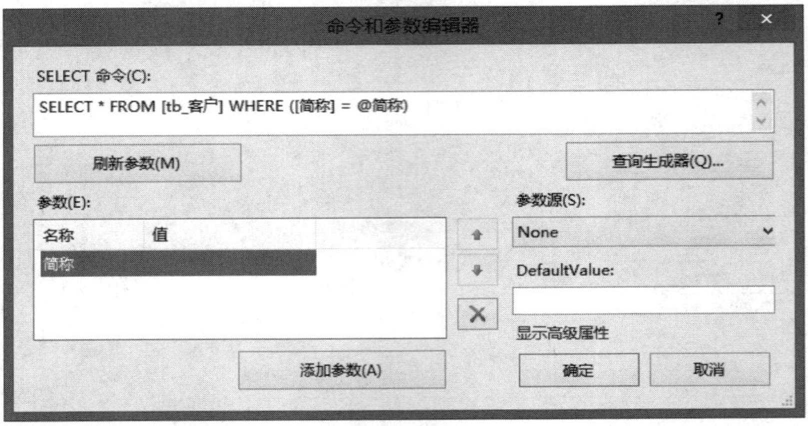

图 15-11　命令和参数编辑器

到此，数据源控件已经可以接受"简称"作为查询条件了。如果此时测试程序，会发现页面虽然正常运行，但并没有数据输出，因为此时"@简称"的值为空，任何客户的信息都不满足这一条件。

我们的要求是：用户在文本框中输入要查询的客户简称，然后点击查询按钮，符合条件的客户信息就会显示出来。因此，我们应在页面设计中增加"筛选简称"的文本框控件"tbShortForSelect"以及"查询"按钮"btSelect"。当用户点击查询按钮时，就会调用后台的事件处理函数"btSelect_Click"。

DataSourceWithParameters.aspx 文件中主要的源代码如下：

```
<body>
    <form id="form1" runat="server">
    <div>
        <asp:SqlDataSource ID="MyDataSource" runat="server"
ConnectionString="<%$ ConnectionStrings: DbExamplesConnectionString %>"
        SelectCommand="SELECT * FROM [tb_客户] WHERE ([简称] = @简称)">
        <SelectParameters>
            <asp:Parameter Name="简称" />
        </SelectParameters>
    </asp:SqlDataSource>
    筛选简称：<asp:TextBox ID="tbShortForSelect" runat="server"></asp:TextBox>
    <asp:Button ID="btSelect" runat="server" OnClick="btSelect_Click" Text="查询" />
    <br />
    <asp:Repeater ID="Repeater1" runat="server" DataSourceID="MyDataSource">
        ……(这里省略了 Repeater 控件的内容，此内容与前文中给出的完全相同)
```

```
                    </asp:Repeater>
                </div>
            </form>
        </body>
```

相应地，下面给出事件处理函数"btSelect_Click"的代码：

```
protected void btSelect_Click(object sender, EventArgs e)
{
    MyDataSource.SelectParameters["简称"].DefaultValue = tbShortForSelect.Text;
}
```

从代码中可以看出，只需要将文本框的内容赋值给数据源控件的 SelectParameters 属性中的"简称"参数的缺省值即可。我们发现，修改 SQL 的参数后，并不需要再次绑定数据源，这实际上与前面章节中给出的 ASP.NET 的状态管理机制相关。

此时运行程序可以得到如图 15-12 所示的结果。当用户在文本框中输入"华少"时，简称为"华少"的客户信息就会出现在页面中。

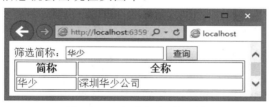

图 15-12　程序运行效果图

进一步的目标：如果用户希望能够进行一定程度的"模糊查询"，如只输入"华"，希望能够查询到"简称"中带有该字符串的客户。要达到选择的目的需要设置 SelectQuery 属性。进入"命令和参数编辑器"对话框，修改 SELECT 语句如下：

```
SELECT * FROM [tb_客户] WHERE ([简称] like '%'+@简称+'%')
```

在上述 SELECT 语句中，我们以"like"取代了之前的等号，因为等号只能判断两个字符串是否完全相等，而"like"则可以通过"%"或"_"等通配符来判断字符串直接的包含关系。(关于 SQL 语言中字符串的通配符用法，可参考数据库相关教材。)"'%'+@简称+'%'"的写法说明，只要用户输入的参数包含在"简称"字符串中，即被认为符合查询条件。

测试运行该页面。用户输入"华"后，点击"查询"按钮，所有包含"华"字的客户信息都显示在页面中了，如图 15-13 所示。

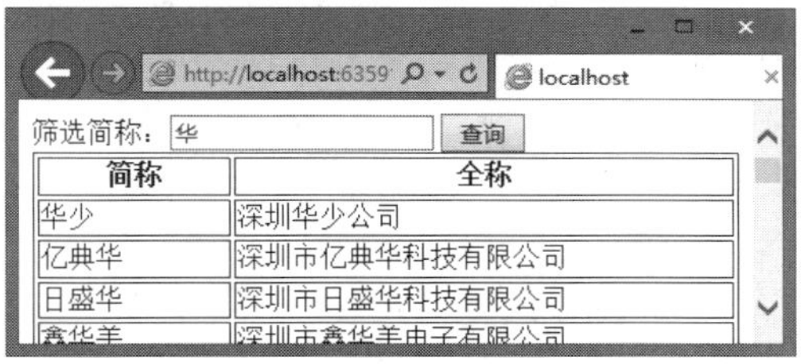

图 15-13　程序运行效果图

我们再次回到事件处理函数"btSelect_Click"的代码。虽然函数的代码只有将文本框的内容赋值给数据源控件中 SelectParameters 的"简称"参数这样一行，但实际上在 ASP.NET 的可视化开发中，连这一行代码都不用编写。

点击属性进入"命令和参数编辑器"，选择"简称"这一参数，并在对话框右边设置"参数源"为 Control，即这一参数的值将来自于某个控件；设置"ControlID"为 tbShortForSelect，即指定参数源为网页中用来接收用户筛选条件的文本框。更准确地讲，参数值是该文本框的 Text 属性值，如图 15-14 所示。

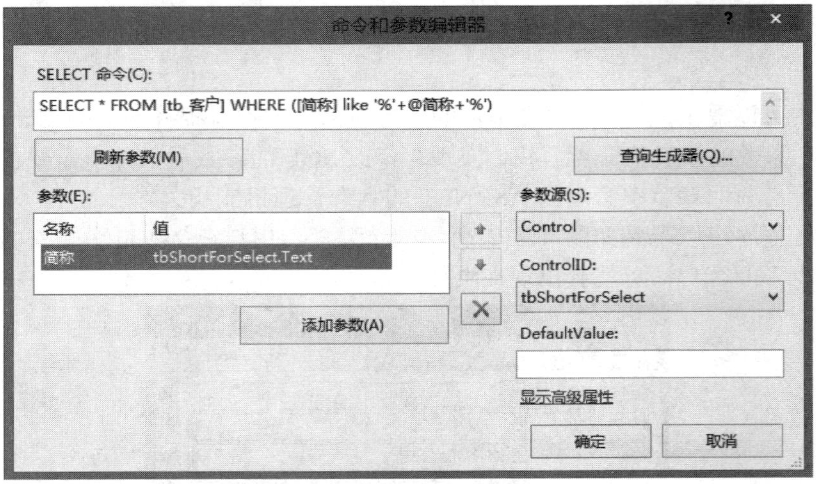

图 15-14   命令和参数编辑器

相应地，源代码 DataSourceWithParameters.aspx 文件中数据源控件的代码被修改如下：

```
<asp:SqlDataSource ID="MyDataSource" runat="server" ConnectionString="<%$ ConnectionStrings:
DbExamplesConnectionString %>"
    SelectCommand="SELECT * FROM [tb_客户] WHERE ([简称] like '%'+@简称+'%')">
    <SelectParameters>
        <asp:ControlParameter ControlID="tbShortForSelect" Name="简称"
            PropertyName="Text" />
    </SelectParameters>
</asp:SqlDataSource>
```

进一步测试，如果用户在文本框中输入"%"，所有的客户信息就都显示出来了，如图 15-15 所示。

图 15-15   程序运行效果图

这一方面符合 SQL 语句的运行规则，此时构成的查询条件为 "WHERE [简称] like '%%%'"，即所有字符串都符合该条件；另一方面也说明此网页具有 "SQL 注入" 的潜在黑客风险。因为页面接受了用户的输入，并把该字符串直接放置于 SQL 语句中。这种未经验证便将值插入参数中的做法，可能会导致安全威胁。具体的 SQL 注入方法这里不深入分析，但开发者可以使用 Selecting 事件在执行查询前验证参数值，以增强系统的安全性。

15.1.5　配置数据源——生成 INSERT、DELETE 和 UPDATE 语句

当开发者将数据源控件拖放到网页中进行配置时，可以在 "配置数据源" 对话框中进行 SELECT 语句设置时点击 "高级" 按钮，进入 "高级 SQL 生成选项" 对话框，如图 15-16 所示。

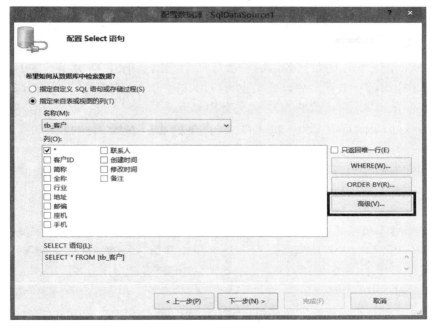

图 15-16　配置数据源

在 "高级 SQL 生成选项" 对话框中，选择 "生成 INSERT、UPDATE 和 DELETE 语句" 选项，以自动生成针对数据源的增、删、改 SQL 语句，如图 15-17 所示。

图 15-17　高级 SQL 生成选项

完成后，我们可以点击数据源控件的 InsertQuery 属性来查看或编辑对应的 INSERT 语句。这一编辑环境与点击 SelectQuery 属性得到的界面非常相似，如图 15-18 所示。

图 15-18　命令与参数编辑器

可视化的配置自动为数据源添加了带有所有字段的 INSERT 语句，并且通过@占位符预先设置了全部的参数。另外，我们也可以用相同的方式查看和编辑 DELETE 语句以及 UPDATE 语句。增、删、改的 SQL 代码分别如下：

INSERT INTO [tb_客户] ([简称], [全称], [行业], [地址], [邮编], [座机], [手机], [联系人], [创建时间], [修改时间], [备注]) VALUES (@简称, @全称, @行业, @地址, @邮编, @座机, @手机, @联系人, @创建时间, @修改时间, @备注)

DELETE FROM [tb_客户] WHERE [客户 ID] = @客户 ID

UPDATE [tb_客户] SET [简称] = @简称, [全称] = @全称, [行业] = @行业, [地址] = @地址, [邮编] = @邮编, [座机] = @座机, [手机] = @手机, [联系人] = @联系人, [创建时间] = @创建时间, [修改时间] = @修改时间, [备注] = @备注 WHERE [客户 ID] = @客户 ID

可以看到，表中字段"客户 ID"虽然是主键(或称主码)，但由于该字段的值采用了系统自增的整数型，不需要也不允许用户输入，因此在 INSERT 语句中没有这个字段对应的参数；而 DELETE 语句和 UPDATE 语句中则要依靠这一字段作为删除一行数据或修改一行数据的 WHERE 条件，因为主键的特性就是可以保证数据记录的唯一性。

本章到目前为止都在体现可视化开发的便利，这里的操作也是通过一个 CheckBox 的选项就生成了增、删、改的所有 SQL 语句。但可视化的便利也会带来两个误解：一是初学者会认为可视化的代码生成过程就是代码编写的全部过程，所生成的代码就恰好是程序所需的，无需开发者进行编辑；二是不了解可视化开发过程的程序员(或者习惯于全部手写代码的程序员)认为可视化开发的结果缺乏灵活性，不能应对复杂的用户需求。

实际上，可视化开发只是代码生成的辅助过程，当然开发工具作为软件产品也是在尽可能方便用户(即程序员)的使用，尽可能生成接近最终目标的代码；但同时，可视化的开发工具也非常重视通过界面交互达到代码个性化生成的目标。而通常，这种界面交互也是可视化的。

举例来说，在上面自动生成的 INSERT 语句中包含有"@创建时间"和"@修改时间"两个参数。但如果我们希望当用户输入新的客户数据时，不需要输入这两个字段，而是由数据库服务器来自动添加当前的时间作为这两个字段的值，那么我们就需要在对话框中直接编辑 INSERT 语句，用 SQL 函数 GETDATE()来替换之前的参数，同时在参数表中删除原有参数。

修改后的 INSERT 语句如下：

INSERT INTO [tb_客户] ([简称], [全称], [行业], [地址], [邮编], [座机], [手机], [联系人], [创建时间], [修改时间], [备注]) VALUES (@简称, @全称, @行业, @地址, @邮编, @座机, @手机, @联系人, GETDATE(), GETDATE(), @备注)

随后，我们在页面中添加多个文本框控件以获取用户的输入，相应的 DataSourceWithParameters.aspx 文件代码片段如下：

添加信息：

简称<asp:TextBox ID="tbShort" runat="server"></asp:TextBox>

全称<asp:TextBox ID="tbFullName" runat="server" Width="532px"></asp:TextBox>

行业<asp:TextBox ID="tbIndustry" runat="server"></asp:TextBox>

地址<asp:TextBox ID="tbAddress" runat="server" Width="531px"></asp:TextBox>

邮编<asp:TextBox ID="tbPostCode" runat="server"></asp:TextBox>

座机<asp:TextBox ID="tbPhone" runat="server"></asp:TextBox>

手机<asp:TextBox ID="tbCellPhone" runat="server"></asp:TextBox>

联系人<asp:TextBox ID="tbContact" runat="server"></asp:TextBox>

备注<asp:TextBox ID="tbMemo" runat="server" Width="720px"></asp:TextBox>

<asp:Button ID="btInsert" runat="server" onclick="btInsert_Click" Text="添加" />

如同在前文中将 SELECT 中的参数与界面中的控件可视化地关联在一起的操作，这里我们也继续用可视化的操作来让参数对应刚刚添加的一系列文本框控件，如图 15-19 所示。

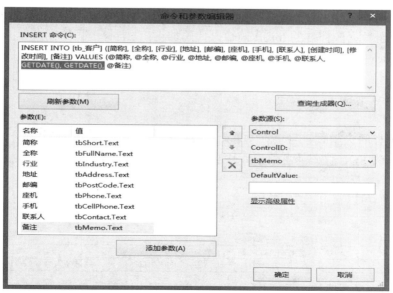

图 15-19　命令与参数编辑器

可视化的配置实际上改变了 DataSourceWithParameters.aspx 文件中的代码，也就是说，我们也可以直接修改文件中的代码，以达到完全等价的目的。生成的代码片段如下：

```
<asp:SqlDataSource ID="MyDataSource" runat="server" ConnectionString="<%$
ConnectionStrings:DbExamplesConnectionString %>"
SelectCommand="SELECT * FROM [tb_客户] WHERE ([简称] like '%'+@简称+'%')"
InsertCommand="INSERT INTO [tb_客户] ([简称], [全称], [行业], [地址], [邮编], [座机], [手机],
[联系人], [创建时间], [修改时间], [备注]) VALUES (@简称, @全称, @行业, @地址, @邮编, @
座机, @手机, @联系人, GETDATE(), GETDATE(), @备注)"
DeleteCommand="……(省略)"        UpdateCommand="……(省略)">
    <InsertParameters>
        <asp:ControlParameter ControlID="tbShort" Name="简称" PropertyName="Text" />
        <asp:ControlParameter ControlID="tbFullName" Name="全称" PropertyName="Text" />
        <asp:ControlParameter ControlID="tbIndustry" Name="行业" PropertyName="Text" />
        <asp:ControlParameter ControlID="tbAddress" Name="地址" PropertyName="Text" />
        <asp:ControlParameter ControlID="tbPostCode" Name="邮编" PropertyName="Text" />
        <asp:ControlParameter ControlID="tbPhone" Name="座机" PropertyName="Text" />
        <asp:ControlParameter ControlID="tbCellPhone" Name="手机" PropertyName="Text" />
        <asp:ControlParameter ControlID="tbContact" Name="联系人" PropertyName="Text" />
        <asp:ControlParameter ControlID="tbMemo" Name="备注" PropertyName="Text" />
    </InsertParameters>
    <DeleteParameters>   ……(省略) </DeleteParameters>
    <SelectParameters>   ……(省略) </SelectParameters>
    <UpdateParameters>   ……(省略) </UpdateParameters>
</asp:SqlDataSource>
```

另外，我们还在网页中添加了一个"添加"按钮。相应地，我们在按钮的点击事件处理函数中调用了数据源控件的 Insert 函数，代码如下：

```
protected void btInsert_Click(object sender, EventArgs e)
{
    MyDataSource.Insert();
}
```

该函数执行时会根据已经配置好的、带有参数的、参数已经关联到控件的 INSERT 语句生成完整的 SQL 代码。当数据库服务器获得这样的代码后，将在表中添加相应的一行记录。

到此，我们可以在页面中进行测试，输入相应的数据，如图 15-20 所示。

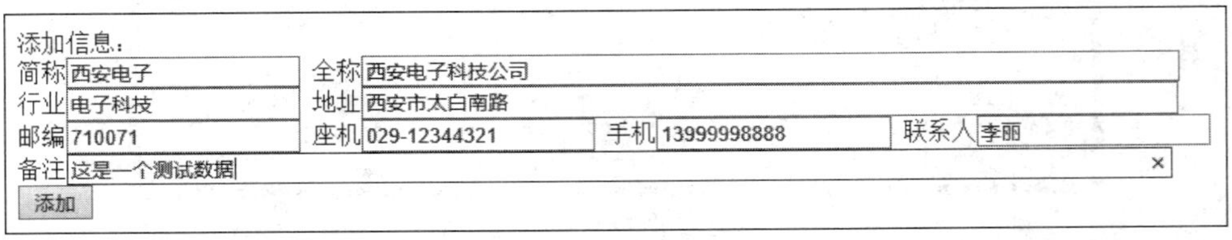

图 15-20　程序运行效果图

通过之前所做的查询功能，可以检查数据是否正常插入到数据库中，如图 15-21 所示。

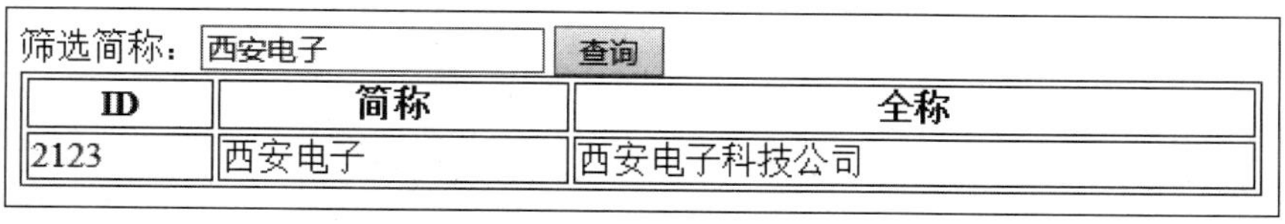

筛选简称：西安电子　　查询		
ID	简称	全称
2123	西安电子	西安电子科技公司

图 15-21　程序运行效果图

与插入数据一样，删除和修改数据也可以通过可视化的配置结合代码的编辑来完成。删除的操作相对简单，只要根据用户所指定的"客户 ID"值，就可以调用数据源控件的 Delete 函数来完成。

修改操作相对复杂，因为要考虑到用户体验的问题。如果用户只是想修改数据中的一个字段，页面却要求用户把其他字段信息也全部重新输入(如同插入数据的情况)，这将是不好的用户体验。常规的做法是，用户选择要修改的一行记录，界面中负责接收修改信息的一系列文本框控件中应当自动填写好原有的字段值，之后再接收用户的修改和提交。这一过程需要一些后台代码的编写，读者可以自己尝试。而作为重视可视化开发的 ASP.NET，则提供了其他数据绑定控件来让开发者方便地实现这一需求。

15.2　GridView 控件

GridView 控件是 ASP.NET 数据绑定控件的"集大成者"，它可以方便地显示和编辑数据源中的值。在 GridView 控件中，每列表示一个字段，每行表示一条记录。GridView 控件支持下列功能：

- 绑定至数据源控件，比如可以通过选择数据源而绑定到一个 SqlDataSource 数据源控件上，并充分利用数据源控件中的 SQL 语句来实现数据的查询、删除和修改功能。
- 提供排序功能，用户可以通过点击表头来根据这一列进行排序。
- 提供删除功能，用户点击某一行中的删除链接即可实现对该行的删除。
- 提供更新功能，用户点击更新链接后，该行中的字段将变为可编辑状态。
- 提供分页功能，开发者可以设置每页显示的数据行数。
- 提供行选择功能，通过选择功能可以方便地实现主从表的结构。
- 可用编程方式访问 GridView 对象模型以动态设置属性、处理事件等。
- 可以在一个列中包含多个字段的值。
- 可以设计出带有超链接的列。
- 可以通过主题和样式进行外观的设计。

以下的步骤将说明如何从配置 ASP.NET 数据源控件开始，到如何让 GridView 控件生成对数据的查询和编辑功能。这些工作都可以通过可视化方式来完成。

第 1 步，在网页的"设计"视图中，将一个 SQLDataSource 数据源控件从"工具箱"面板拖到网页上；右键单击该控件，然后单击"配置数据源"；在弹出的"配置数据源"对话框中配置数据的增、删、改、查等 SQL 代码，如图 15-22 所示。

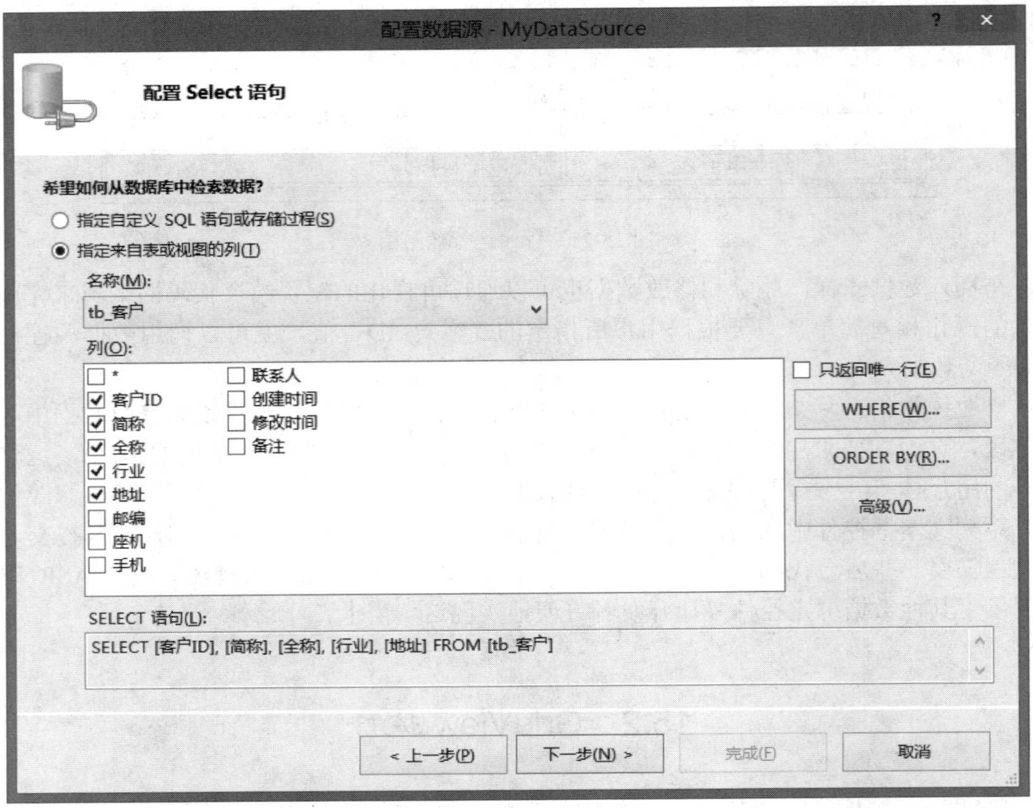

图 15-22　配置数据源

　　为方便描述和显示，我们在"配置 Select 语句"的对话框中，只选择"tb_客户"表中的客户 ID、简称、全称、行业和地址这几个字段；点击"高级"按钮，自动生成 INSERT、DELETE 和 UPDATE 语句。

　　增、删、改、查对应的 SQL 语句如下：

　　　　INSERT INTO [tb_客户] ([简称], [全称], [行业], [地址]) VALUES (@简称, @全称, @行业, @地址)

　　　　DELETE FROM [tb_客户] WHERE [客户 ID] = @客户 ID

　　　　UPDATE [tb_客户] SET [简称] = @简称, [全称] = @全称, [行业] = @行业, [地址] = @地址 WHERE [客户 ID] = @客户 ID

　　　　SELECT [客户 ID], [简称], [全称], [行业], [地址] FROM [tb_客户]

　　第 2 步，将一个 GridView 控件从"工具箱"面板拖到网页上，命名为"MyDataSource"，点击该控件弹出"GridView 任务"选项；选择上一步已经配置好的数据源控件"MyDataSource"，并选择"启用分页""启用排序""启用编辑""启用删除"和"启用选定内容"选项，如图 15-23 所示。

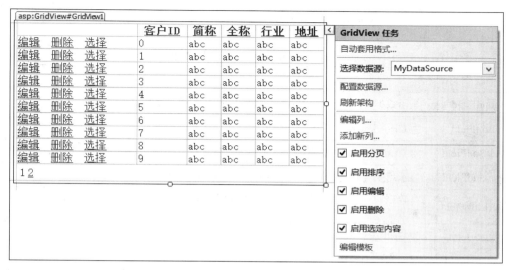

图 15-23　程序运行效果图

第 3 步，点击"编辑列"功能，进入"字段"对话框进一步设置每一列的各种属性，如图 15-24 所示。在本例中，我们只对列的宽度进行修改。

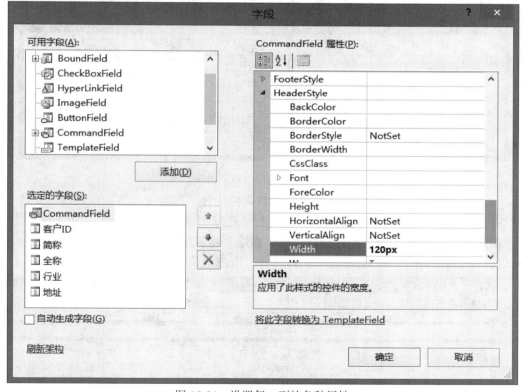

图 15-24　设置每一列的各种属性

GridView 控件中的每一列都是 DataControlField 类的实例对象。通常，我们会将 AutoGenerateColumns属性(自动生成列字段)设置为 false，然后手动控制将哪些列字段显示在 GridView 控件中。不同的列字段类型决定列的功能和行为，可以使用的列字段类型如表 15-2 所示。

表 15-2　可使用的列字段类型

列字段类型	说　　明
BoundField	显示数据源中某个字段的值。这是 GridView 控件的默认列类型
ButtonField	为 GridView 控件中的每个项显示一个命令按钮，如"添加"按钮或"删除"按钮
CheckBoxField	为 GridView 控件中的每一项显示一个复选框，用于显示具有布尔值的字段
CommandField	显示用来执行选择、编辑或删除操作的预定义命令按钮
HyperLinkField	将数据源中某个字段的值显示为超链接，同时还可以将其他字段的值作为 URL 的一部分
ImageField	为 GridView 控件中的每一项显示一个图像
TemplateField	根据指定的模板为 GridView 控件创建自定义的列字段

到此，虽然我们"没有"进行程序代码的编写，但已经实现了多项功能，可以进行页面测试了。运行页面如图 15-25 所示。

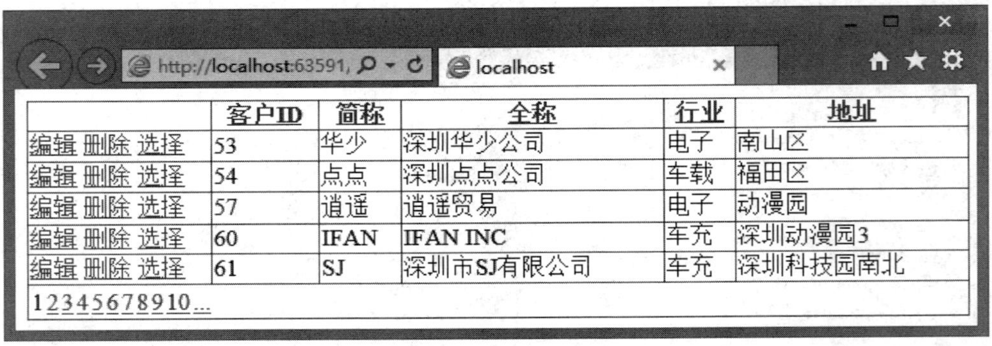

图 15-25　程序运行效果图

在运行效果图中可以看到，表头中列的名称都包含了超链接，点击这些超链接将按照该列进行排序，点击一次为"正序"，再次点击将变为"倒序"。另外，第一列中包含了"编辑""删除"和"选择"三个超链接。点击"删除"将直接删除该行数据；点击"编辑"，该行将进入编辑状态，同时会出现"更新"和"取消"两个超链接，如图 15-26 所示。

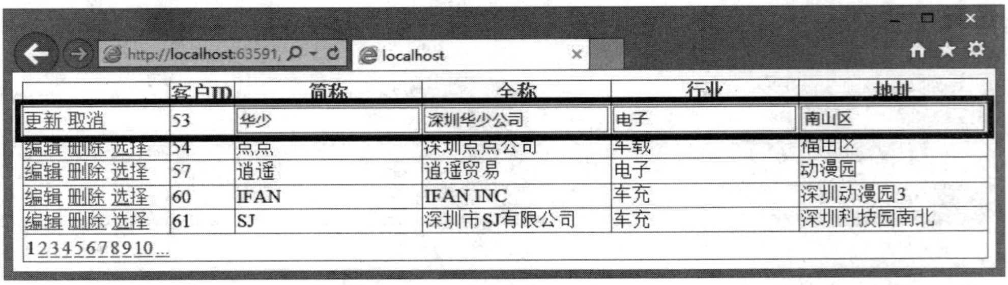

图 15-26　程序运行效果图

关于 GridView 控件的功能本节只介绍了最基本的一小部分。但从简单的配置就可以实现大量的功能可以看出，GridView 控件在 ASP.NET 应用程序开发，特别是基于数据库的企业应用开发中可以起到非常重要的作用。

15.3　DetailsView 控件

GridView 控件不直接支持将记录插入数据源。但是，通过将 GridView 控件与 DetailsView 或 FormView 控件结合使用，则可以方便地实现记录的插入。

DetailsView 控件的主要功能是以表格形式实现和处理来自数据源的单条记录，其中每个数据行表示该记录的一个字段。显示数据源中的单条记录，DetailsView 控件支持下列功能：

- 可以绑定至数据源控件，如 SqlDataSource。
- 提供数据插入功能。
- 提供数据更新和删除功能。
- 提供分页功能。
- 以编程方式访问 DetailsView 对象模型，以动态设置属性、处理事件等。
- 可通过主题和样式进行自定义外观。

以下的步骤将说明如何从配置 ASP.NET 数据源控件开始，让 DetailsView 控件配合 GridView 控件生成对数据的查询和编辑功能。这些工作都可以通过可视化的方式来完成。

第 1 步，构建一个 GridView 控件用来显示所有数据，并提供"选择"单条数据的超链接；在网页的"设计"视图中，将一个 SQLDataSource 数据源控件从"工具箱"面板拖到网页上，设置名为"MyDataSource1"；通过"配置数据源"对话框配置 SELECT 语句如下：

SELECT [客户 ID], [简称] FROM [tb_客户]

不必生成 INSERT、DELETE 和 UPDATE 语句。

第 2 步，将一个 GridView 控件从"工具箱"面板拖到网页上，设置名为"GridView1"；点击该控件弹出"GridView 任务"选项。选择上一步已经配置好的数据源控件"MyDataSource1"，并选择"启用分页"和"启用选定内容"选项，如图 15-27 所示。

图 15-27　设置 GridView 的参数

因为之前我们没有在数据源控件中提供 INSERT、DELETE 和 UPDATE 语句，所以在"GridView 任务"没有"启动编辑""启动删除"选项。

第 3 步，将一个 SQLDataSource 数据源控件从"工具箱"面板拖到网页上，设置名为"MyDataSource2"；通过"配置数据源"对话框配置 SELECT、INSERT、DELETE 和 UPDATE 语句如下：

SELECT [客户 ID], [简称], [全称], [行业], [地址], [邮编], [座机], [手机], [联系人], [创建时间], [修改时间], [备注] FROM [tb_客户] WHERE ([客户 ID] = @客户 ID)

INSERT INTO [tb_客户] ([简称], [全称], [行业], [地址], [邮编], [座机], [手机], [联系人], [创建时间], [修改时间], [备注]) VALUES (@简称, @全称, @行业, @地址, @邮编, @座机, @手机, @联系人, @创建时间, @修改时间, @备注)

DELETE FROM [tb_客户] WHERE [客户 ID] = @客户 ID

UPDATE [tb_客户] SET [简称] = @简称, [全称] = @全称, [行业] = @行业, [地址] = @地址, [邮编] = @邮编, [座机] = @座机, [手机] = @手机, [联系人] = @联系人, [创建时间] = @创建时间, [修改时间] = @修改时间, [备注] = @备注 WHERE [客户 ID] = @客户 ID

第 4 步，将 SELECT 语句中的"@客户"参数的值设置为"GridView1"控件的 SelectedValue。当用户在"GridView1"中点击某一行的"选择"时，SelectedValue 就被设置为该行的主键值，即"tb_客户"表中的"客户 ID"字段，如图 15-28 所示。

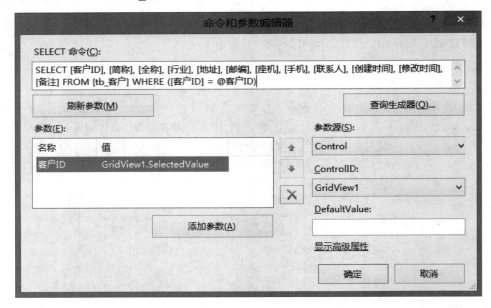

图 15-28　命令和参数编辑器

至此，我们就将数据源控件"MyDataSource2"中的数据获取与 GridView 的"选择"关联在一起了。

第 5 步，将一个 DetailsView 控件从"工具箱"面板拖到网页上，设置名为
"DetailsView1"；点击该控件弹出"DetailView 任务"选项，选择上一步已经配置好的数
据源控件"MyDataSource2"，并选择"启动插入""启动编辑"和"启动删除"选项。不选
择"启动分页"的原因是：根据用户在 GridView 上的选择，DetailsView 中只会有一条记录，
不会产生分页的情况。设置方法如图 15-29 所示。

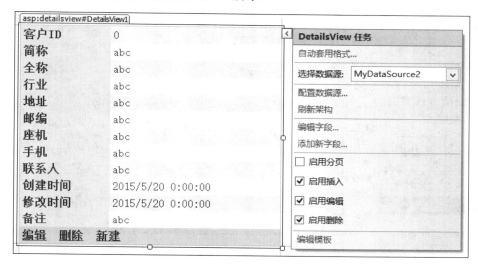

图 15-29　设置 DetailsView 的参数

第 6 步，要执行 DetailsView 控件的自动更新、删除和插入功能，必须设置 DataKeyNames
属性。使用 DataKeyNames 属性指定一个以逗号分隔的字段名称列表，这些名称表示数据
源的主键。当 AutoGenerateColumns 属性也设置为 true 时，DetailsView 控件自动确保
DataKeyNames 属性中指定的字段为只读。点击 DataKeyNames 属性时，会弹出"数据字段
集合编辑器"对话框，我们将"客户 ID"字段作为该属性的值，如图 15-30 所示。

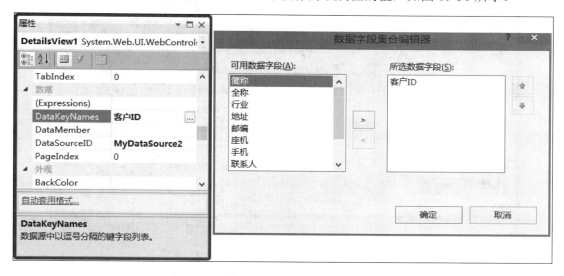

图 15-30　设置 DataKeyNames 属性的参数

通过可视化的配置，我们完成了程序的基本功能。该网页在运行时，当用户点击 GridView 中的某一个记录时，DetailsView 中将出现该记录的详细情况，如图 15-31 所示。

图 15-31 程序运行效果图

当用户点击 DetailsView 中的"新建"按钮时，会出现如图 15-32 所示的界面，供用户输入新数据。

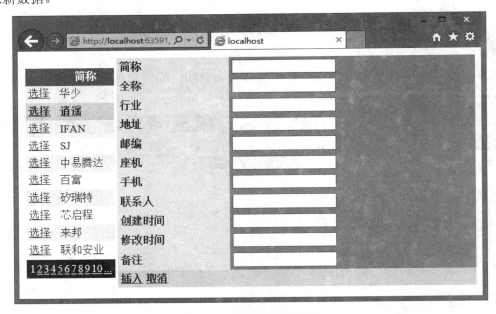

图 15-32 程序运行效果图

当用户点击 DetailsView 中的"编辑"按钮时，会出现如图 15-33 所示的界面，供用户更改已有的数据。

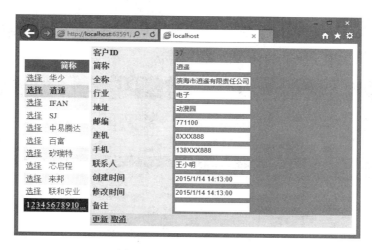

图 15-33　程序运行效果图

15.4　主从结构数据

在第 15.3 节的例子中使用了两个 SQLDataSource 数据源控件，第一个数据源控件直接从数据库的表中获取了全部的客户数据，而第二个数据源控件则根据第一个控件所关联的 GridView 控件的当前选择，动态地修改 SELECT 语句中的参数值，最终到达联动的效果。这种数据之间的关系在数据库应用系统中称为"主从关系"(Master-Slave)。本节主要探讨如何利用各种控件在网页中体现这种数据关系。

本教材提供的数据库中有两个表："tb_产品一级分类"表和"tb_产品二级分类"表，它们之间是"主从关系"。"tb_产品一级分类"表中包含 3 个字段，其中"产品一级分类 ID"为主码(主键或 PK)；"tb_产品二级分类"表中包含 4 个字段，其中"产品二级分类 ID"为主码(主键或 PK)，"产品一级分类 ID"为外码(外键或 FK)。两个表通过"产品一级分类 ID"字段构成主从关系，如图 15-34 所示。

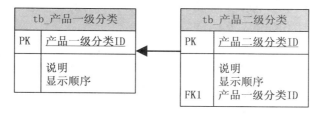

图 15-34　表结构及关系图

每一个一级分类都有多个二级分类，而所有的二级分类都必须属于某个一级分类，这是典型的"一对多"关系。相应地，在界面上也要体现出这样的关系，同时还要保持逻辑上的约束，避免用户误操作导致数据关系错误，比如所输入的某个二级分类不属于任何一个一级分类。

由于本例相对复杂，我们先通过界面来了解需求。从图 15-35 中可以看出，一级分类与二级分类的信息分别由一个 GridView 来显示，并提供修改和删除功能；用户要增加的数据通过多个文本框来获取；用户在某个一级分类中点击"选择"按钮时，将显示属于此一级分类的所有二级分类，如图 15-35 所示。

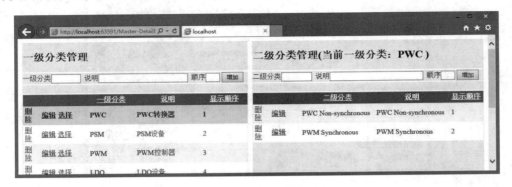

图 15-35　程序运行效果图

根据需求，下面将逐步进行设计开发。

第 1 步，在网页的"设计"视图中，拖放一个 HTML 的表格，规格为 3 行 2 列，作为布局网页结构和放置多个控件的方式。其中，第 1 列准备放置一级分类管理方面的控件，第 2 列准备放置二级分类管理方面的控件。生成的 HTML 代码如下：

```
<table style="width:100%;">
    <tr>
        <td>一级分类管理</td>
        <td>二级分类管理</td>
    </tr>
    <tr> <td>  </td>    <td> </td>
    <tr> <td>  </td>    <td> </td>
</table>
```

第 2 步，在网页的"设计"视图中，将一个 SQLDataSource 数据源控件从"工具箱"面板拖到网页上，设置名为"DSC1"。通过"配置数据源"对话框配置 SELECT、INSERT、DELETE 和 UPDATE 语句如下：

SELECT [产品一级分类 ID], [说明], [显示顺序] FROM [tb_产品一级分类] ORDER BY [显示顺序]

INSERT INTO [tb_产品一级分类] ([产品一级分类 ID], [说明], [显示顺序]) VALUES (@产品一级分类 ID, @说明, @显示顺序)

DELETE FROM [tb_产品一级分类] WHERE [产品一级分类 ID] = @产品一级分类 ID

UPDATE [tb_产品一级分类] SET [说明] = @说明, [显示顺序] = @显示顺序 WHERE [产品一级分类 ID] = @产品一级分类 ID

第 3 步，在第 1 列第 3 行中放置一个名为"GridView1"的 GridView 控件，设置其数据源为"DSC1"；选择"启动编辑""启动删除"和"启动选定内容"。配置过程如图 15-36 所示。

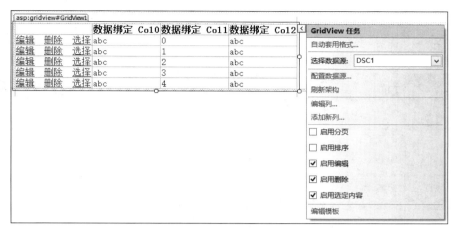

图 15-36　GridViewl 的属性设置图

此时，可以运行网页对其进行测试，确保对一级分类中的显示、删除和修改功能都可以正常完成。

第 4 步，将一个 SQLDataSource 数据源控件从"工具箱"面板拖到网页上，设置名为"DSC2"。通过"配置数据源"对话框配置 SELECT、INSERT、DELETE 和 UPDATE 语句如下：

SELECT [产品二级分类 ID], [说明], [显示顺序], [产品一级分类 ID] FROM [tb_产品二级分类] WHERE ([产品一级分类 ID] = @产品一级分类 ID) ORDER BY [显示顺序]

INSERT INTO [tb_产品二级分类] ([产品二级分类 ID], [说明], [显示顺序], [产品一级分类 ID]) VALUES (@产品二级分类 ID, @说明, @显示顺序, @产品一级分类 ID)

DELETE FROM [tb_产品二级分类] WHERE [产品二级分类 ID] = @产品二级分类 ID

UPDATE [tb_产品二级分类] SET [说明] = @说明, [显示顺序] = @显示顺序, [产品一级分类 ID] = @产品一级分类 ID WHERE [产品二级分类 ID] = @产品二级分类 ID

第 5 步，在"DSC2"的配置中，指定 SELECT 语句中的参数"@产品一级分类 ID"为 GridView1 的 SelectedValue 值，如图 15-37 所示。

图 15-37　命令和参数编辑器

第 6 步，在第 2 列第 3 行中放置一个名为"GridView2"的 GridView 控件，设置其数据源为"DSC2"，并选择"启动编辑"和"启动删除"。此时运行将会出现如图 15-38 所示的错误提示。

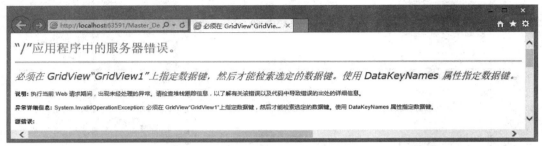

图 15-38　程序运行效果图

在 GridView 控件使用"选择"和"删除"功能时，需要指定 DataKeyNames 属性与 SQL 语句中的参数对应。按照该提示，我们在 GridView1 的 DataKeyNames 属性中设置其值为"产品一级分类 ID"，同时设置 GridView2 的 DataKeyNames 属性的值为"产品二级分类 ID"。再次测试，将会看到主从数据已显示正常。

第 7 步，为数据源"DSC1"配置"增加"数据功能。在第 1 列第 2 行中放置一系列文本框控件、一个提交按钮和相关的文字说明，代码如下：

一级分类<asp:TextBox ID="tbC1ID" runat="server" Width="62px"></asp:TextBox>

说明<asp:TextBox ID="tbC1Disc" runat="server" Width="197px"></asp:TextBox>

顺序<asp:TextBox ID="tbC1Order" runat="server" Width="28px"></asp:TextBox>

<asp:Button ID="Button1" runat="server" OnClick="Button1_Click" Text=" 增 加 " ValidationGroup="1" />

在数据源"DSC1"中指定 INSERT 语句的参数，如图 15-39 所示。

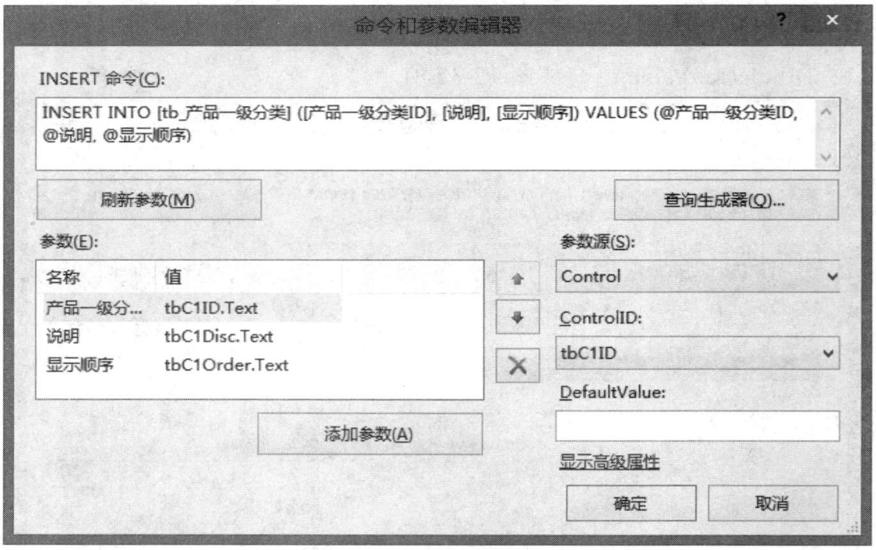

图 15-39　命令和参数编辑器

设置按钮"Button1"的事件处理函数如下，在添加数据后将清空文本框的数据以便再次添加数据。

```
protected void Button1_Click(object sender, EventArgs e)
{
    DSC1.Insert();
    tbC1ID.Text = "";        tbC1Disc.Text = "";        tbC1Order.Text = "";
}
```

此时，可以运行网页对其进行测试，确保可以正常增加一级分类信息。

第 8 步，为数据源"DSC2"配置"增加"数据功能。与一级分类不同，二级分类数据中包含"产品一级分类 ID"这样一个外键。虽然也可以让用户通过文本框输入"产品一级分类 ID"，但这不仅可能会增加用户的工作量，而且容易导致输出错误造成的数据库异常。

为了减少用户不必要的输入并避免误操作，我们使用一个 Label 控件来存放和显示当前选择的"产品一级分类 ID"。使用 Label 控件的好处是，它可以像文本框控件那样为 SQL 语句提供参数的值。如果在程序中不希望显示 Label 控件，也可以将它的 Visible 设置为 false，这并不会影响其作为 SQL 语句参数值来源的功能。代码如下：

```
<td>
二级分类管理(当前一级分类：<asp:Label ID="lbC1ID" runat="server" Text="未知"></asp:Label>
)</td>
```

在数据源"DSC2"中指定 INSERT 语句的参数，如图 15-40 所示。

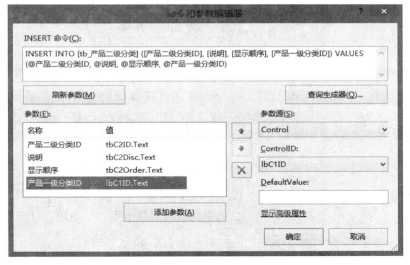

图 15-40　命令和参数编辑器

为保证当用户在 GridView1 中选择某一行时，Label 控件"lbC1ID"能够及时显示出当前的"产品一级分类 ID"，我们需要在 GridView1 上添加 SelectedIndexChanged 事件的处理函数，代码如下：

```
protected void GridView1_SelectedIndexChanged(object sender, EventArgs e)
```

```
        {
            lbC1ID.Text = GridView1.SelectedValue.ToString();
        }
```

同时设置按钮"Button2"的事件处理函数，方法同"Button1"，这里不再赘述。

至此，主从结构数据的基本增、删、改、查功能就已实现，用户体验的进一步增强将会在后文中继续讨论。

15.5　树形结构数据

树形结构可以方便地表示数据的层次关系。电子商务网站中，每一件商品都会被归为某个类别，而类别通常是多个层次的，比如：服装—男装—牛仔裤。为简单起见，在我们要设计的系统中对产品的分类只有两个类别，即一级分类和二级分类。本节我们将用TreeView 控件来给出树形结构的展示方式。

TreeView 控件用于在树形结构中显示分层数据，例如目录或文件目录，并且支持下列功能：

- 数据绑定，它允许控件的节点绑定到 XML、表格或关系数据。
- 站点导航，通过与 SiteMapDataSource 控件集成实现。
- 节点文本既可以显示为纯文本，也可以显示为超链接。
- 借助编程方式访问 TreeView 对象模型以动态地创建树、填充节点、设置属性等。
- 客户端节点填充(并非全部浏览器都支持此功能)。
- 能够在每个节点旁边显示复选框。
- 可通过主题、用户定义的图像和样式自定义外观。

由于本例相对复杂，我们先通过界面来了解需求。从图 15-41 中可以看出，一级分类与二级分类的信息由一个 TreeView 来显示。用户在一级分类中点击时会展开或关闭其二级分类；而当用户在二级分类中点击时，其下的产品信息会在 GridView 中显示。

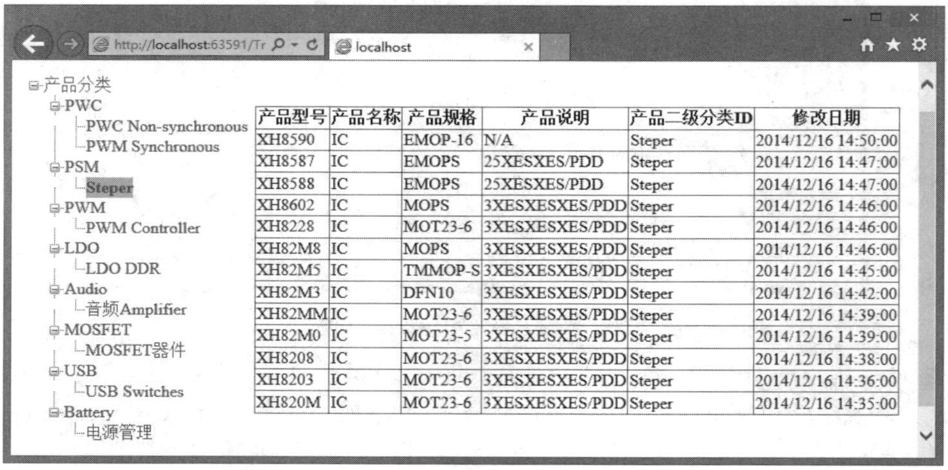

图 15-41　程序运行效果图

TreeView 控件由节点组成。树中的每个项都被称为一个节点，由 TreeNode 对象表示。节点类型的定义如下：

- 包含其他节点的节点称为"父节点"；
- 被其他节点包含的节点称为"子节点"；
- 没有子节点的节点称为"叶节点"；
- 不被其他任何节点包含同时是所有其他节点的上级的节点是"根节点"。

在本例中，根节点为"产品分类"，其下是一级分类的子节点，再其下是二级分类的子节点，也是树形结构的叶结点。

尽管通常的树形结构只具有一个根节点，但是 TreeView 控件允许向树形结构中添加多个根节点。比如，我们也可以选择不要"产品分类"这个根节点，而让所有的一级分类都作为根节点。

每个节点都有一个 Text 属性和一个 Value 属性。Text 属性的值显示在 TreeView 中，而 Value 属性用于存储有关节点的任何其他数据，如用 Text 属性记录姓名，用 Value 属性记录学号。Value 属性通常设置为与该节点相关联的回发事件的数据。

节点可以处于以下两种状态之一：选定状态和导航状态。用户点击哪个节点，哪个节点就会处于选定状态。默认情况下，会有一个节点处于选定状态。

TreeView 中节点的生成可以有三种方式：静态数据生成节点、绑定数据源生成节点、动态填充节点。

1）静态数据生成节点

TreeView 控件最简单的数据模型是静态数据。在设计时，我们可以通过可视化的方式给出树形结构中的节点。在本例中，我们可以用这种方法生成根节点 "产品分类"。将一个 TreeView 控件拖放到网页中后会弹出"TreeView 任务"框，如图 15-42 所示。

图 15-42　设置 TreeView 的参数

点击"编辑节点"，弹出"TreeView 节点编辑器"对话框，在其中添加根节点"产品分类"，并设置相应属性，如图 15-43 所示。

此时，自动生成的 ASP.NET 代码如下：

```
<asp:TreeView ID="tvCatalog" runat="server">
    <Nodes>
        <asp:TreeNode Text="产品分类" Value="产品分类"></asp:TreeNode>
    </Nodes>
</asp:TreeView>
```

从代码中可以看到，可在 TreeView 控件的开始标记和结束标记之间嵌套<Nodes>标记，进而再嵌套<asp:TreeNode>元素来创建树结构。每个<asp:TreeNode>元素表示树中的一个节点，并且映射到一个 TreeNode 对象。若要创建子节点，可在父节点的<asp:TreeNode>标记中嵌套其他<asp:TreeNode>元素。

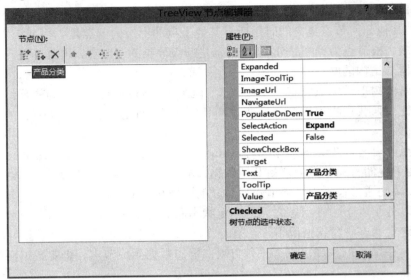

图 15-43　TreeView 节点编辑器

2) 绑定数据源生成节点

可以绑定到 TreeView 控件的数据源包括两种，一是实现 IHierarchicalDataSource 接口的数据源控件，例如 XmlDataSource 控件或 SiteMapDataSource 控件；二是 XmlDocument 对象或包含关系的 DataSet 对象。这两种数据源都具有层次化数据的特性。

由于 TreeView 控件并不能方便地绑定 SQLDataSource 这类数据源控件，因此本节我们将通过编程的方式为树形结构动态填充节点和设置属性。

3) 动态填充节点

在数据库应用中，通常静态地定义树形结构并不可行，因为要显示在树形结构中的数据是通过动态查询获得的，因此 TreeView 控件支持动态节点填充。如果将某节点的 PopulateOnDemand 属性设置为 true，则展开该节点后会运行代码动态填充该节点。若要动态填充某节点，就必须定义一个事件处理方法，它包含 TreeNodePopulate 事件所用的填充节点的逻辑。

据此，我们可进一步通过可视化来设置各属性的值。下面的代码设置了树形结构和根节点的多个属性：

```
<asp:TreeView ID="tvCatalog" runat="server" MaxDataBindDepth="2"
    OnTreeNodePopulate="tvCatalog_TreeNodePopulate" ShowLines="True">
    <Nodes>
        <asp:TreeNode PopulateOnDemand="True" SelectAction="Expand" Text="产品分类"
            Value="产品分类"></asp:TreeNode>
```

```
        </Nodes>
    </asp:TreeView>
```

其中，还指定了 TreeView 控件 OnTreeNodePopulate 事件对应的处理函数，对应的代码如下：

```
protected void tvCatalog_TreeNodePopulate(object sender, TreeNodeEventArgs e)
{
    if (e.Node.ChildNodes.Count == 0)
    {
        switch (e.Node.Depth)
        {
            case 0:
                PopulateC1(e.Node);
                break;
            case 1:
                PopulateC2(e.Node);
                break;
        }
    }
}
```

在上述代码中，首先使用 switch 语句区分了当前节点的树深度。如果是 0(即当前是根节点)，则为其动态填充"产品一级分类"的数据作为子节点；如果是 1(即当前是一级分类)，则为其动态填充"产品二级分类"的数据作为子节点。

PopulateC1 函数负责动态填充一级分类节点。其中，首先通过 DataSet 对象获取 SELECT 语句查询出来的结果集；然后使用 foreach 循环从数据集中获取每一个"产品一级分类 ID"并生成新的 TreeNode 对象作为子节点添加到当前节点中。在生成 TreeNode 对象时，通过构造函数设置 Text 属性和 Value 属性都为"产品一级分类 ID"；接着设置节点的 PopulateOnDemand 属性值为 true，即该节点在展开时动态添加子节点；SelectAction 属性值为 Expand，即该节点在用户点击时将展开或关闭。PopulateC1 函数代码如下：

```
private void PopulateC1(TreeNode node)
{
    SqlCommand sqlQuery = new SqlCommand(
        "SELECT [产品一级分类 ID] FROM [tb_产品一级分类] ORDER BY [显示顺序]");
    DataSet resultSet;
    resultSet = RunQuery(sqlQuery);
    if (resultSet.Tables.Count > 0)
    {
        foreach (DataRow row in resultSet.Tables[0].Rows)
        {
```

```
TreeNode NewNode = new
    TreeNode(row["产品一级分类 ID"].ToString(),
    row["产品一级分类 ID"].ToString());
NewNode.PopulateOnDemand = true;
NewNode.SelectAction = TreeNodeSelectAction.Expand;
node.ChildNodes.Add(NewNode);
            }
        }
    }
```

PopulateC2 函数负责动态填充二级分类节点。其中，首先通过 DataSet 对象获取 SELECT 语句查询出来的结果集，SQL 语句中的参数是当前一级分类节点的信息；然后使用 foreach 循环从数据集中获取每一个"产品二级分类 ID"并生成新的 TreeNode 对象作为子节点添加到当前节点中。在生成 TreeNode 对象时，通过构造函数设置 Text 属性和 Value 属性都为"产品二级分类 ID"；接着设置节点的 PopulateOnDemand 属性值为 false，即该节点将不再动态添加子节点；SelectAction 属性值为 Select，即该节点在用户点击时将被"选择"，被选中的结果与用户在主从结构的 GridView 中选中一行是一样的情况。PopulateC2 函数代码如下：

```
private void PopulateC2(TreeNode node)
{
    SqlCommand sqlQuery = new SqlCommand();
    sqlQuery.CommandText = "SELECT [产品二级分类 ID] FROM [tb_产品二级分类] WHERE
([产品一级分类 ID] = @产品一级分类 ID) ORDER BY [显示顺序]";
    sqlQuery.Parameters.Add("@产品一级分类 ID", SqlDbType.NVarChar).Value = node.Value;
    DataSet ResultSet = RunQuery(sqlQuery);
    if (ResultSet.Tables.Count > 0)
    {
        foreach (DataRow row in ResultSet.Tables[0].Rows)
        {
            TreeNode NewNode = new
                TreeNode(row["产品二级分类 ID"].ToString(),
                row["产品二级分类 ID"].ToString());
            NewNode.PopulateOnDemand = false;
            NewNode.SelectAction = TreeNodeSelectAction.Select;
            node.ChildNodes.Add(NewNode);
        }
    }
}
```

PopulateC1 和 PopulateC2 函数都使用了 RunQuery 函数，该函数定义了从创建

SqlConnection 到返回数据集的过程，代码如下：

```
private DataSet RunQuery(SqlCommand sqlQuery)
{
    string connectionString = ConfigurationManager. ConnectionStrings
    ["DbExamples ConnectionString"].ConnectionString;
    SqlConnection DBConnection = new SqlConnection(connectionString);
    SqlDataAdapter dbAdapter = new SqlDataAdapter();
    dbAdapter.SelectCommand = sqlQuery;
    sqlQuery.Connection = DBConnection;
    DataSet resultsDataSet = new DataSet();
    try
    {
        dbAdapter.Fill(resultsDataSet);
    }
    catch
    {
        //labelStatus.Text = "Unable to connect to SQL Server.";
    }
    return resultsDataSet;
}
```

　　至此，树形结构的功能已经实现。接下来，我们使用 GridView 来显示某个二级分类下的产品信息，即当用户点击树形结构的某个二级分类时，GridView 将显示出相应的产品信息。二级分类和产品信息实际上形成了主从关系，因此只要按照前文给出的主从结构的设计方法进行可视化配置即可。

　　在界面中拖放一个 SQLDataSource 数据源控件，设置其 SELECT 语句如图 15-44 所示。

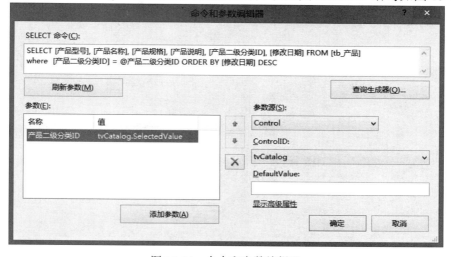

图 15-44　命令和参数编辑器

SELECT 语句中,"@产品二级分类 ID"被绑定到 TreeView 的 SelectedValue 上。

在界面中拖放一个 GridView 控件,设置其数据源为上面设置的数据源控件,数据展示的功能即可实现。

思　考　题

(1) 可视化数据源控件 DataSourceControl 类与 Connection 对象、Command 对象、DataReader 对象有什么关系?

(2) 通过实际开发,完成配置数据源的过程,并生成 SELECT、INSERT、UPDATE 和 DELETE 语句。

(3) 通过实际开发,使用 GridView 控件展示数据库中一个表的数据,并提供数据的修改和删除功能。

(4) 通过实际开发,使用 GridView 控件实现数据库中主从表数据的展示。

第 16 章　数据库应用开发实例

学习提示

一个具有实际意义的项目的开发过程对掌握系统开发技术具有重要的作用。本章将应用前面所学的知识，特别是数据库应用开发技术，开发一个"客户—产品—销售"的应用实例。开发过程包括需求分析、总体设计和详细设计、代码编写等过程，并且将讨论用户体验等方面的问题。

16.1　需　求　分　析

首先，应用系统中需要管理客户的信息，包括客户名称、行业、地址、联系方式以及备注等。考虑到在查找客户时经常使用"简称"，比如"中石油"，因此除了要记录全称外，还需记录简称。客户信息的创建时间和修改时间是系统自动提供的，便于了解用户的行为。

其次，产品的信息包括型号、名称、规格、说明等，其中每一个产品必须有一个独立的型号，同时为了方便管理和查询，所有的产品都应进行归类。考虑到类别可能会很多，可以将类别分为两个层次，即大类和小类，或一级分类、二级分类，以便于未来的扩展。

第三，销售项目的信息是指某个客户对某个产品的一次订货信息。在界面中，需要对销售项目进行增、删、改、查的操作。为方便用户输入，在增加信息时可以让用户直接选择客户和产品，而非通过文本框来输入。

最后，用户虽然可以通过网页对数据进行管理和查询，但为了方便进一步的数据分析，需要将查询出的数据导出为 Excel 文件。

16.2　数据库结构设计

根据软件需求分析，我们在数据库中建立了 5 个表，它们之间的关系如图 16-1 所示。

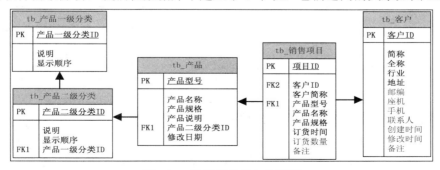

图 16-1　数据表结构与关系图

下面对这 5 个表进行详细说明。

tb_产品一级分类：该表存储一级分类的信息，其中"产品一级分类 ID"为主码。表结构如表 16-1 所示。

表 16-1　tb_产品一级分类

字段名	字段类型	说　明
产品一级分类 ID	nvarchar(50)	主码
说明	nvarchar(100)	
显示顺序	int	

tb_产品二级分类：该表存储二级分类的信息，其中"产品二级分类 ID"为主码，"产品一级分类 ID"为外码，对应"tb_产品一级分类"表中的主码，形成主从关系。表结构如表 16-2 所示。

表 16-2　tb_产品二级分类

字段名	字段类型	说　明
产品二级分类 ID	nvarchar(50)	主码
说明	nvarchar(100)	
显示顺序	int	
产品一级分类 ID	nvarchar(50)	外码

产品的分类层次数如果是确定的，可以将每一个类层次放在一个数据表中，例如本例中使用两个表来分别存放两个类层次；如果分类的层次数不确定，或者不同的产品有不同层次数的分类，则需要使用一个表结构来存放所有的分类信息，其中每一条记录代表一个分类，而分类之间的从属关系则通过指向父类的索引来实现。

tb_产品：该表存储产品的信息，其中"产品型号"为主码，"产品二级分类 ID"为外码，对应"tb_产品二级分类"表中的主码，形成主从关系。表结构如表 16-3 所示。

表 16-3　tb_产品

字段名	字段类型	说　明
产品型号	nvarchar(50)	主码
产品名称	nvarchar(50)	
产品规格	nvarchar(50)	
产品说明	nvarchar(500)	
产品二级分类 ID	nvarchar(50)	外码
修改日期	smalldatetime	

tb_客户：该表存储产品的信息，其中"客户 ID"为主码，是一个"自增型"的整数，即该值是由数据系统自动生成的唯一编号，用户不能修改。表结构如表 16-4 所示。

表 16-4　tb_客户

字段名	字段类型	说　明
客户 ID	int	主码
简称	nvarchar(10)	
全称	nvarchar(50)	
行业	nvarchar(10)	
地址	nvarchar(50)	
邮编	nvarchar(10)	
座机	nvarchar(50)	
手机	nvarchar(50)	
联系人	nvarchar(50)	
创建时间	smalldatetime	
修改时间	smalldatetime	
备注	nvarchar(50)	

　　tb_销售项目：该表存储向客户销售产品的信息，其中"项目 ID"为主码，是一个"自增型"的整数；"客户 ID"为外码，对应"tb_客户"表中的主码，形成主从关系；"产品型号"为外码，对应"tb_产品"表中的主码，形成主从关系。表结构如表 16-5 所示。

表 16-5　tb_销售项目

字段名	字段类型	说　明
项目 ID	int	主码
客户 ID	int	外码
客户简称	nvarchar(10)	
产品型号	nvarchar(50)	外码
产品名称	nvarchar(50)	
产品规格	nvarchar(50)	
订货时间	smalldatetime	
订货数量	tinyint	
备注	nvarchar(50)	

　　在"tb_销售项目"表中，我们还看到有多个字段是"冗余"的。比如，既然有"客户 ID"，为何要再加上"客户简称"？既然有"产品型号"，那我们就可以根据主从关系随时到"tb_产品"表中查到"产品名称"、"产品规格"的信息。这样设计的数据库会有"传递函数依赖"的问题。该问题从理论上来说会导致其不符合关系型数据库理论中的"第三范式"，而在实践中，这样设计是出于方便性和实用性的需要。

　　如果不在表中记录"客户简称""产品名称"和"产品规格"等信息，查询时只显示客户 ID、产品型号而不显示用户可以理解的客户简称、产品名称等信息，这会是很差的用户体验。但如果要显示这些信息，就需要从多个表中来获取数据并进行连接，当查询用户多、查询频繁时，对数据库将造成更多的压力。

另外，表的主码，比如"客户 ID"和"产品型号"通常是不会修改的，但其他字段是有可能会改变的。在"tb_销售项目"表中记录这些冗余的信息，不仅可以方便查询，还可以保留必要的"数据快照"，即销售项目生成时产品的名称是什么，产品的规格是什么(或者当时的价格是多少)等。

16.3 功 能 设 计

16.3.1 构建 Web 应用程序

使用 Visual Studio 构建一个新的项目，选择"ASP.NET Web 应用程序"选项，给出项目的名称、文件存放的位置和解决方案的名称，即可生成一个完整的、带有母版页的 Web 应用程序，如图 16-2 所示。

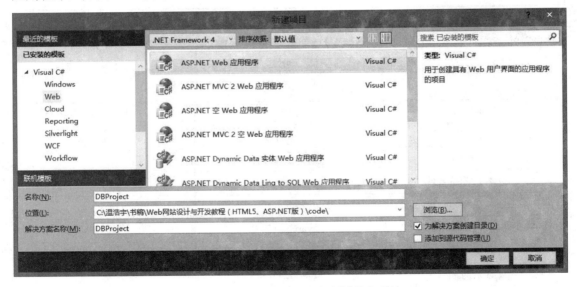

图 16-2　新建 ASP.NET Web 应用程序项目

在这个自动生成的项目中，已经包含了网站的"缺省页面"和"关于页面"，开发者可以在此基础上修改并添加新的页面。

在添加新的页面之前、之后，都可以随时对母版页进行修改。修改后的母版页将会立即影响所有使用该母版页的页面。另外，一个项目中可以包含多个母版页，以满足不同的风格或功能需求。

本例中只使用了一个母版页，其文件名为"Site.Master"。我们可以对其进行编辑，这里我们先将母版页中网站的题目改为"数据库应用开发实例"，如图 16-3 所示。

图 16-3　程序运行效果图

16.3.2　产品分类信息管理功能

根据数据直接的逻辑顺序，我们先开发产品分类信息管理功能。点击"添加—新建项"，选择"使用母版页的 Web 窗体"，给出页面的名称为"ClientsManagement.aspx"，如图 16-4 所示。

图 16-4　新建使用母版页的 Web 窗体

在"选择母版页"的界面中，选择唯一母版页"Site.Master"，如图 16-5 所示。

图 16-5　选择母版页

一个应用了母版页的新建页面，其 ASPX 文件代码如下：

```
<%@ Page Language="C#" MasterPageFile="~/Site.Master" AutoEventWireup="true"
CodeBehind="ClientsManagement.aspx.cs" Inherits="DBProject.ClientsManagement" %>
<asp:Content ID="Content1" ContentPlaceHolderID="HeadContent" runat="server">
</asp:Content>
<asp:Content ID="Content2" ContentPlaceHolderID="MainContent" runat="server">
</asp:Content>
```

在代码中可以看到，页面的声明中指定了 MasterPageFile 的值为母版页的名称，两个 <asp:Content>元素都是母版页中专门"空出来"给页面放置 ASPX 代码的，其中第一个专门放置<head>标签中的代码，第二个专门放置<body>标签中的代码。

产品分类信息管理的功能就是对一级分类和二级分类信息的增、删、改、查，这部分的代码设计和分析在前文"主从结构"一节中已经给出，这里不再赘述。生成的界面如图 16-6 所示。

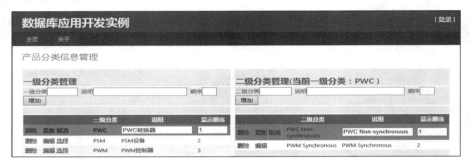

图 16-6　程序运行效果图

16.3.3　产品信息管理功能

对于产品的增、删、改、查功能需要充分利用已有的两级分类信息。在界面中我们使用树形结构让用户选择某个二级分类，然后在此二级分类下对产品进行管理。实现后的界面如图 16-7 所示。

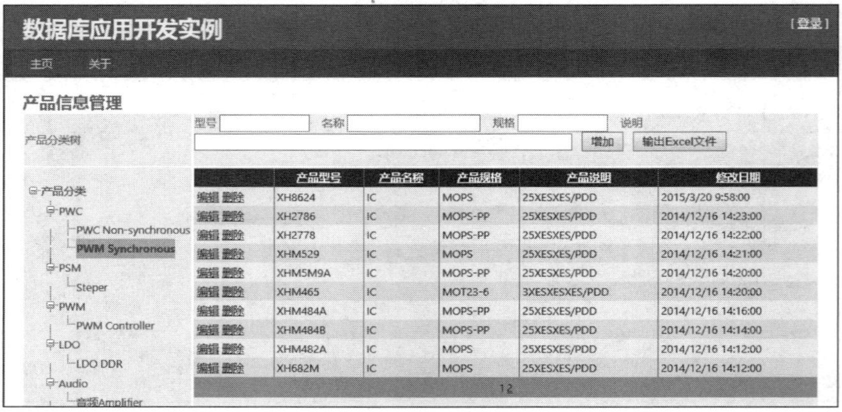

图 16-7　程序运行效果图

在此界面中可以看到，左边的 TreeView 展示了两级分类的情况，右边的 GridView 实现了对产品数据的删除、修改和查询功能，TreeView 和 GridView 构成了主从结构。产品数据的添加功能使用一系列文本框来接收用户的输入，还使用 TreeView 当前的选项值作为二级分类的输入信息。对应的 INSERT 语句设置如图 16-8 所示。

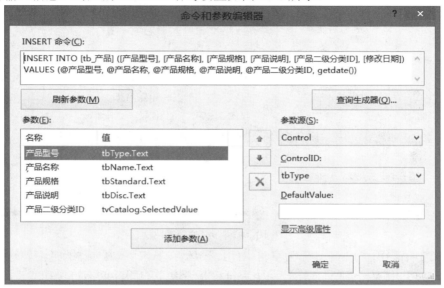

图 16-8 命令和参数编辑器

TreeView 控件实现树形结构、GridView 控件实现修改和查询功能、文本框控件实现 INSERT 语句参数的关联等在前文中都有代码的设计和分析，这里就不再赘述。

16.3.4 销售项目管理功能

销售项目管理是系统的核心功能，对销售项目的增、删、改、查都建立在产品和客户数据的基础上。功能实现后的界面如图 16-9 所示。

管理	客户简称	产品型号	产品名称	产品规格	订货时间	订货数量	备注
编辑 删除	华少	XHM4M0	IC	MOPS	2014年12月17日	100	无备注
编辑 删除	华少	XHM4M0	IC	MOPS	2014年12月17日	100	无备注
编辑 删除	华少	XHM50M	IC	TO263/TO220	2014年12月17日	100	无备注
编辑 删除	亿典华	XHM482A	IC	MOPS	2015年03月17日	100	无备注
编辑 删除	亿典华	XH68M7	IC	MOT23-5	2015年03月17日	100	无备注
编辑 删除	亿典华	XH68MM	IC	MOT23-5	2015年03月17日	100	无备注

图 16-9 程序运行效果图

从图 16-9 中可以看到，对于销售项目的查询、删除和修改都是通过 GridView 来实现的，还使用了一个文本框来接收查询条件的输入。该查询采用模糊查询的方式，即将用户的输入在"客户简称"字段中进行匹配，只要其中包含用户输入的字符串即认为匹配成功。比如图 16-9 中，用户输入"华"作为查询条件，则所有简称中有"华"字的客户都会被显示出来。这一功能对应的 SELECT 语句及参数如图 16-10 所示。

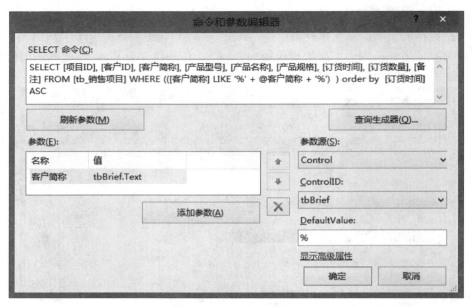

图 16-10　命令和参数编辑器

SELECT 语句用 "LIKE" 作为字符串的比较运算符,用 "%" 作为通配符进行子串匹配。否则,如果用 "=" 则只能比较两个字符串是否完全相同,这不符合功能设计的要求。

在销售项目数据的输入功能中,我们依然可以采用文本框来接收用户的输入,但为了方便用户的使用并避免用户的误操作,对于其中的 "产品型号" 应该使用下拉列表控件来实现。因此需要配置 DropDownList 的数据源为 "dsProduct",即 "tb_产品",对应的 SELECT 语句如下:

SELECT 产品型号, 产品型号+'('+产品名称+')'　说明　FROM tb_产品　WHERE (产品二级分类 ID = @产品二级分类 ID)

其中,将 "产品型号" 和 "产品名称" 合成出一个新的字段 "说明",以方便用户的选择。

配置 DropDownList 的数据源对话框如图 16-11 所示。

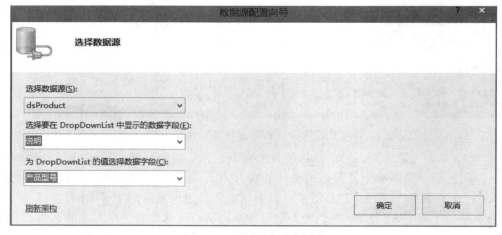

图 16-11　数据源配置向导

　　在图 16-11 中可以看到，虽然"产品型号"是该字段的取值，但为了用户便于选择，我们选择"说明"字段作为下拉列表控件中的显示字段。即用户在界面中根据"说明"的内容进行选择时，实际获取的值来自于"产品型号"。

　　另外，在 SELECT 语句中可以看出，为了收缩用户的选择范围，我们使用参数"@产品二级分类 ID"对查询进行了限制，而该参数则关联了"二级分类"的下拉列表控件。不仅如此，"二级分类"的数据源也关联了"一级分类"的下拉列表控件。"一级分类""二级分类""产品"和"客户"的数据源定义代码如下(为方便阅读，有部分删减)：

```
<asp:SqlDataSource ID="dsC1" runat="server"
        SelectCommand="SELECT * FROM [tb_产品一级分类] ORDER BY [显示顺序]" >
</asp:SqlDataSource>


<asp:SqlDataSource ID="dsC2" runat="server"
        SelectCommand="SELECT * FROM [tb_产品二级分类]
                WHERE ([产品一级分类 ID] = @产品一级分类 ID) ORDER BY [显示顺序]">
    <SelectParameters>
<asp:ControlParameter ControlID="dlC1" Name="产品一级分类 ID"
                        PropertyName="SelectedValue" Type="String" />
    </SelectParameters>
</asp:SqlDataSource>


<asp:SqlDataSource ID = "dsProduct" runat = "server"
        SelectCommand = "SELECT 产品型号, 产品型号 + '(' + 产品名称 + ')'  说明
                        FROM tb_产品  WHERE (产品二级分类 ID = @产品二级分类 ID)">
    <SelectParameters>
<asp:ControlParameter ControlID = "dlC2" Name = "产品二级分类 ID"
                            PropertyName = "SelectedValue" Type = "String" />
    </SelectParameters>
</asp:SqlDataSource>


<asp:SqlDataSource ID = "dsClient" runat = "server"
        SelectCommand = "SELECT [简称] FROM [tb_客户] ">
</asp:SqlDataSource>
```

　　利用这些下拉列表控件，再加上接收"订货数量"和"备注"的文本框控件，就可以方便地接收用户输入的销售项目信息。图 16-12 为 INSERT 语句以及参数的配置情况。

　　在图 16-12 中可以看到，由于用户已经输入"客户简称"，则"客户 ID"可通过 SELECT 子查询来获取；同样，由于用户已经选择了"产品型号"，则对应的"产品名称"和"产品规格"都可通过 SELECT 子查询来获取。

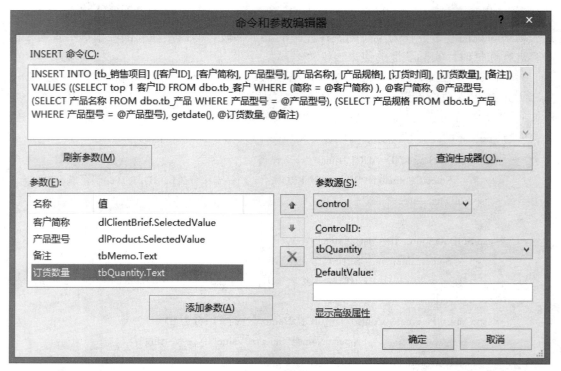

图 16-12 命令和参数编辑器

销售项目的删除和修改可通过 GridView 来实现，这里就不再赘述。

16.3.5 导出 Excel 文件功能

虽然 ASP.NET 的功能可以满足用户对数据的各种管理需求，但随着企业级应用的进一步深入，网上上传和下载电子表格已经成为日常办公中获取统计数据的重要手段，很多 Web 系统的开发都遇到了这个问题。例如：在许多高校教务处系统中，教师通过上传电子表格文件将学生的成绩输入到数据库中；网上银行需要为用户提供显示交易明细账单下载保存的功能。相对于其他类型的电子表格，微软的 Excel 拥有广泛的用户群，用户可以利用 Excel 强大的功能对报表数据进行深度分析来满足业务的需求。

在实践中，导出 Excel 文件有多种方法，主要包括：

• 利用 Office 的对象组件生成 Excel 文件。这种方法最基本，也最繁琐，因为它需要在服务器端调用 Excel 本身提供的 Application 对象，一方面会大量消耗服务器的运算能力(因为每实例化一个 Application 对象，几乎相当于在服务器打开一个 Excel 窗口)，另一方面，Web 服务器中通常并不会安装 Excel 软件，不能提供相应的对象组件。所以，这种方法虽然可以生成格式完美的 Excel 文件，但在实践中并不常用。其他几种方法都利用了 Excel 软件本身对数据格式的"宽容性"特点，比如 Excel 可以打开 HTML 格式的文件、CSV 文本文件等。只要 Web 服务器在向浏览器传输数据时声明其为 Excel 格式，在浏览器端就可以以 Excel 文件的方式接收并打开文件了。

• 导出全部 HTML 数据到 Excel 文件。这种方法是将 HTML 中的所有文档内容，包

括按钮、表格、图片等所有页面内容导出为 Excel。该方法的核心是使用 Page 的
"ContentType"属性,其默认值为"TEXT/HTML",即向浏览器声明这是一个 HTML 文档。
如果将"ContentType"属性值改为"ms-excel",浏览器将认为这是一个 Excel 文件,并提
示用户以 Excel 文件的方式打开或下载。该方法的缺点是网页中的所有内容都会被存储在
Excel 文件中,包括不必要的按钮、图片等。

- 从 DataSet 导出 Excel 数据。该方法在页面响应时将 DataSet 表中的数据组装为
"ms-excel"格式,并通过 HTML 发送出去。该方法可以将数据本身以 Excel 文件的方式
发送给浏览器,但如果程序中本身没有 DataSet,则需要通过大量的代码来完成数据库连接、
执行 SQL 语句、获取数据集、逐行地生成要输出的数据文件。

- 将已有 GridView 中的数据导出为 Excel 文件。这个方法最为简单,因为网页中已
经完成了数据库的连接、查询、数据集获取等操作,直接将 GridView 中的数据以"ms-excel"
格式交给 Response 即可。但如果页面中的 GridView 本身有分页的情况,就无法直接输出
完整的数据集了。

- 利用 GridView 将数据导出为 Excel 文件。和前面方法唯一的区别是,利用代码动
态声明一个新的 GridView,设置其不分页,然后通过数据绑定让其产生包含所有数据的表
格,并将其通过 Response 对象返回到客户端。

本书提供的实例使用了最后一种方法,代码如下:

```
public static void ExportExcelFromDataSource(DataSourceControl ds)
{
    HttpContext curContext = System.Web.HttpContext.Current;
    System.IO.StringWriter strWriter = new StringWriter();
    System.Web.UI.HtmlTextWriter htmlWriter = new HtmlTextWriter(strWriter);
    curContext.Response.ContentType = "application/ms-excel";
    curContext.Response.AddHeader("content-disposition", "attachment;
    filename=MyExcelFile.xls");

    //UTF-8
    curContext.Response.ContentEncoding = System.Text.Encoding.GetEncoding("UTF-8"); ;
    curContext.Response.Charset = "UTF-8";

    GridView GV = new GridView();//一个无分页的 GridView
    GV.DataSource = ds;
    GV.AllowPaging = false;
    GV.DataBind();
    GV.RenderControl(htmlWriter);
    curContext.Response.Write(strWriter.ToString());
    curContext.Response.End();
}
```

在上述代码中，Response 对象负责声明文件的类型为"application/ms-excel"，即当浏览器接收这一文件时，会自动打开客户端的 Excel 软件；Response 对象还设置了缺省的文件名(MyExcelFile.xls)和字符集(UTF-8)。

new GridView()语句声明了一个新的实例，并将网页中已经存在的数据源控件 DataSourceControl 对象绑定到 GridView 上。GridView 的 RenderControl 函数将表格中的内容呈现到指定的编写器中，最后由 Response 调用 Write 函数进行输出。

这一方法的好处是充分利用了网页中已有的数据源控件。不论数据源控件中的 SELECT 语句如何设置，或有多少参数，都可以做到让网页中看到的数据与导出到 Excel 中的数据完全一致。

除了上述方法，开发者还可以用第三方控件来实现 Excel 文件的导出。有些控件使用 XSLT 将从数据源中获得的 XML 数据转化为标准的 Excel 格式，并且不同样式的模板可对应不同版本的 Excel，甚至可以用于导出其他文档，例如 PDF 文档；还可以使用 OOXML 格式的开源工具库，生成 Office 2007 之后的文档格式(扩展名为 XLSX)。开源库中包含多种格式、字体、颜色订制，因此不需要在服务器中安装 Excel 软件，而是在服务器端创建标准格式的 Excel 文件，并供浏览器下载。

16.4　改善用户体验

16.4.1　用户体验简介

用户体验(User Experience，简称 UE/UX)是用户使用产品过程中建立起来的一种纯主观感受。ISO 9241-210 标准将用户体验定义为：人们对于针对使用或期望使用的产品、系统或者服务的认知印象和回应，是用户在使用一个产品或系统之前、使用期间和使用之后的全部感受，包括情感、信仰、喜好、认知印象、生理和心理反应、行为和成就等各个方面。

用户体验是主观的，且其注重实际应用时产生的效果。影响用户体验的因素包括系统，用户和使用环境。

用户体验的概念最早是由用户体验设计师唐纳德·诺曼(Donald Norman)在 20 世纪 90 年代中期提出和推广的。随着网站及移动设备的广泛应用，目前这一概念已经渗透到各种软、硬件产品以及服务中。

传统上，衡量软件的可用性指标包括效率、效益和基本主观满意度。而用户体验则包括用户的主观感受、动机、价值观等因素。可以看出，用户体验的概念覆盖了传统的可用性指标，并且覆盖了所有利益相关者的利益，比如使网站容易使用、有价值，并且能够使浏览者乐在其中。

关注网站设计的用户体现需要考虑到市场营销、品牌形象、视觉设计和可用性等各个方面，这本身就是一项庞大的工程。本例中，我们只是用可视化开发的方式，用最少的代码改善一些用户交互过程，提升界面的美观度。

16.4.2　网站导航

可以利用 Menu 控件开发 ASP.NET 网页的静态和动态显示菜单，以帮助用户选择各种功能。开发者可以在 Menu 控件中直接配置其内容，也可通过将该控件绑定到数据源的方式来指定其内容。通过可视化的方式，开发者无需编写任何代码，便可控制 ASP.NET Menu 控件的外观、方向和内容，设置的方式如图 16-13 所示。

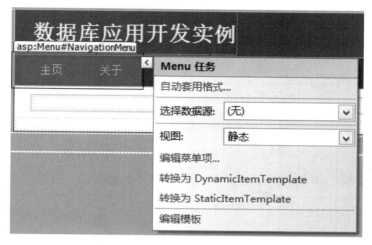

图 16-13　设置 Menu 控件的参数

点击"编辑菜单项"后，进入"菜单项编辑器"对话框，如图 16-14 所示。在对话框中可以逐层、逐项加入各个菜单项，并设置菜单项的属性，包括菜单项对应的网址(NavigateUrl)等。菜单项的属性及其含义如表 16-6 所示。

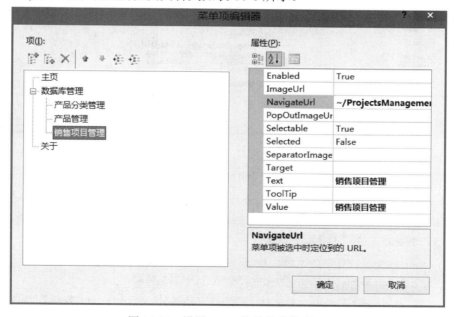

图 16-14　设置 Menu 控件的菜单项(1)

表 16-6 MenuItem 的属性

属性名	含 义
Text	菜单中显示的文字
TooTip	鼠标停留在菜单项时的提示文字
Value	保存不显示的额外数据(比如某些程序需要用到的 ID)
NavigateUrl	如果设置了值，单击节点会前进至此 Url。否则，需要响应 MenuItemClick 事件确定要执行的活动
Target	设置链接的目标窗口或框架
Selectable	如果为 false，菜单项不可选。通常只在菜单项有子菜单项时，才设为 false
ImageUrl	菜单项旁边的图片
PopOutImageUrl	菜单项包含子项时现在在菜单项旁的图片，默认是一个小的实心箭头
SeparatorImageUrl	菜单项下面显示的图片，用于分隔菜单项

设置菜单项对应的网址(NavigateUrl)这一属性时，可以通过对话框直接选择项目中已有的网页，如图 16-15 所示。

图 16-15 设置 Menu 控件的菜单项(2)

通过可视化设置后的菜单所对应的代码如下，效果如图 16-16 所示。

```
<asp:Menu ID="NavigationMenu" runat="server" CssClass="menu" EnableViewState="false"
IncludeStyleBlock="false" Orientation="Horizontal">
    <Items>
        <asp:MenuItem NavigateUrl="~/Default.aspx" Text="主页"/>
        <asp:MenuItem Text="数据库管理" Value="数据库管理">
            <asp:MenuItem NavigateUrl="~/CategoryManagement.aspx" Text="产品分类管理"
            Value="产品分类管理"></asp:MenuItem>
```

```
                <asp:MenuItem   NavigateUrl="~/ProductsManagement.aspx"   Text=" 产 品 管 理 "
Value="产品管理">
                </asp:MenuItem>
                <asp:MenuItem NavigateUrl="~/ProjectsManagement.aspx" Text="销售项目管理"
        Value="销售项目管理"></asp:MenuItem>
            </asp:MenuItem>
            <asp:MenuItem NavigateUrl="~/About.aspx" Text="关于"/>
        </Items>
    </asp:Menu>
```

图 16-16　程序运行效果图

16.4.3　用户输入验证提示

在数据的增、删、改、查操作中，需要能够帮助用户减少误操作。特别是在添加数据时，由于用户要通过键盘进行输入，所以需要对用户的输入进行验证。

在前面的章节中，我们已经学习过多种 ASP.NET 验证控件的使用方法，它们可以非常方便地检查网页中的用户输入，而完成这些常用的验证无需开发者编写大量代码。

以产品信息管理功能为例，要求用户必须输入型号、名称、规格和说明几个字段。如果没有输入，则不能插入数据，并会给出必要的提示。图 16-17 是当几个字段都没有填写时，界面所给出的红色提示。

产品信息管理							
产品分类树	型号	名称	规格	说明		增加	输出Excel文件
	型号不能为空	名称不能为空	规格不能为空	说明不能为空			
		产品型号	产品名称	产品规格	产品说明	修改日期	
□-产品分类	编辑 删除	XM008	IC	MOPS	25XESXES/PDD	2015/3/19 16:55:00	
⊕-PWC	编辑 删除	XH34063	IC	MOPS	1XESXES/TUBE	2015/3/19 16:54:00	
PWC Non-synchronous	编辑 删除	XH7590	IC	TO-263	1XESXES/PDD	2014/12/16 14:07:00	
PWM Synchronous	编辑 删除	XH2676	IC	MOPS	25XESXES/PDD	2014/12/16 14:05:00	
⊕-PSM	编辑 删除	XHM609	IC	MOPS	25XESXES/PDD	2014/12/16 14:03:00	

图 16-17　程序运行效果图

由于要判断用户是否输入，所以可使用 RequiredFieldValidator 验证控件。其中对型号的验证代码如下：

```
<asp:RequiredFieldValidator ID="RequiredFieldValidator1" runat="server"
```

ErrorMessage="型号不能为空" ControlToValidate="tbType" style="color: #FF0000"

ValidationGroup="1">

</asp:RequiredFieldValidator>

　　在产品分类信息管理功能中，我们将验证分为一级分类信息和二级分类信息两组。每一组验证都通过一个相同的 ValidationGroup 属性值来识别，并且每一组都使用一个 ValidationSummary 控件来汇集提示信息。在 ValidationSummary 控件中，设置 ShowMessageBox = "True" 同时 ShowSummary = "False"，即所有的提示信息都将通过消息框弹出，而不在页面中显示。验证效果如图 16-18 所示。

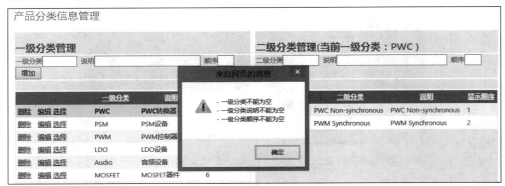

图 16-18　程序运行效果图

对应的部分代码如下：

```
<asp:RequiredFieldValidator ID = "RequiredFieldValidator4" runat = "server" ControlToValidate =
"tbC1ID"        ErrorMessage = "一级分类不能为空" ValidationGroup = "1" Display = "None">
</asp:RequiredFieldValidator>
……
<asp:RegularExpressionValidator ID = "RegularExpressionValidator1" runat = "server"
ControlToValidate = "tbC1Order" ErrorMessage = "一级分类顺序必须输入正整数"
ValidationExpression = "^[0-9]*[1-9][0-9]*$" ValidationGroup = "1" Display="None">
</asp:RegularExpressionValidator>

<asp:ValidationSummary ID = "ValidationSummary1" runat = "server" ValidationGroup = "1"
ShowMessageBox = "True" ShowSummary = "False" />
```

16.4.4　设置界面样式

　　网页风格的设计、色彩的搭配、字体的应用、图片动画的选择都是专业性非常强的工作，通常软件开发者并不需要个性突出又能让大众接受的美工设计。好在 ASP.NET 本身已经提供了多种标准、美观的样式，开发者只要在其中选择即可。

　　在之前设计的页面中，开发者点击 GridView 控件或 DetailsView 控件的"自动套用格式"选项，就会出现设置样式的对话框。本例中，我们选择"专业型"来规范其中的颜色、字体等要素，如图 16-19 所示。

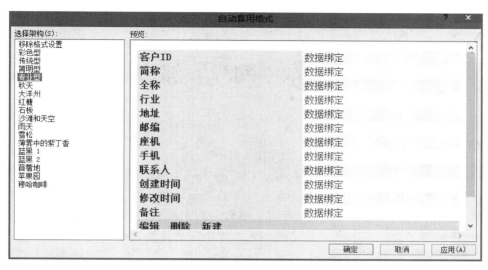

图 16-19 自动套用格式

需要注意的是，虽然 ASP.NET 提供了多种样式，但在一个网站中建议保持统一的风格。

思 考 题

(1) 本章以树形结构和表格结构配合展示产品数据，请解释这一功能的具体实现方式。

(2) 查阅文献，找到 Excel 文件导出的其他实现方式，说明其实现机理。

(3) 结合 Web 系统的开发和应用，说明提升 Web 系统的用户体验通常需要注意哪些环节？

(4) 本章讨论了多个软件功能的设计和开发过程，但没有给出"客户信息管理"功能。根据数据库的结构，参考其他功能的设计，请尝试开发这一功能。

第 17 章 网站部署

学习提示

采用 Web 浏览器端技术譬如 HTML、CSS 和 JavaScript 等编写的静态网页文件可以直接通过本机浏览器(如 IE 等)打开并查看网页的显示效果。而当我们需要将开发好的网站发布出去，让别人通过 Internet 运用浏览器访问我们做好的网页时，就要搭建 Web 服务器并将网站部署到服务器中。网站的部署工作除了要将网页等相关文件放到特定的目录中外，还需要配置 ASP.NET 动态页面的执行环境。目前常用的 Web 服务器软件有 IIS、Apache、Tomcat 等，其对应的服务器端开发技术和操作系统均不同。基于 ASP.NET 技术的网站通常可用 IIS 服务器进行部署，当然也可以使用虚拟主机或云服务器中已有的运行环境。

17.1 部署在 IIS 服务器中

IIS 是 Internet Information Services 的缩写，是微软公司提供的 Web 服务器产品，包含 FTP 服务器、NNTP 服务器和 SMTP 服务器等功能。通过 IIS，开发者可以在服务器中发布网页，这些网页可以是 HTML 静态页面，也可以是 ASP.NET 动态页面。

IIS 最早是随 Windows NT Server 一起提供的文件和应用程序服务器,是在 Windows NT Server 上建立 Internet 服务器的基本组件。随着技术的发展，IIS 的功能逐渐增强。表 17-1 是 IIS 的版本变化说明以及对应的 Windows 操作系统。

表 17-1 IIS 版本及其对应的 Windows 操作系统版本

IIS 版本	Windows 版本	说　　明
IIS 5.0	Windows 2000	可支持 ASP. NET 1.0/1.1/2.0 的运行环境
IIS 6.0	Windows Server 2003 Windows Vista Home Premium Windows XP Professional x64 Editions@bk	
IIS 7.0	Windows Vista Windows Server 2008s@bkIIS Windows 7	在系统中已经集成了 .NET 3.5，并可升级到更高的版本
IIS 8.0	Windows Server 2012 Windows 8 Windows 10	支持.NET 4.0，并可升级到更高的版本

作为 Web 服务器产品,IIS 通常安装在对应的 Windows 服务器操作系统上。但 Windows 7 和 Windows 10 等系统上也可以安装和使用 IIS。

IIS 不需要单独下载,但它并不是系统安装后的缺省配置,需要额外安装和配置。以 Windows 10 为例,在"控制面板"中打开"程序和功能",进一步选择"启用或关闭 Windows 功能",弹出"Windows 功能"对话框,如图 17-1 所示。

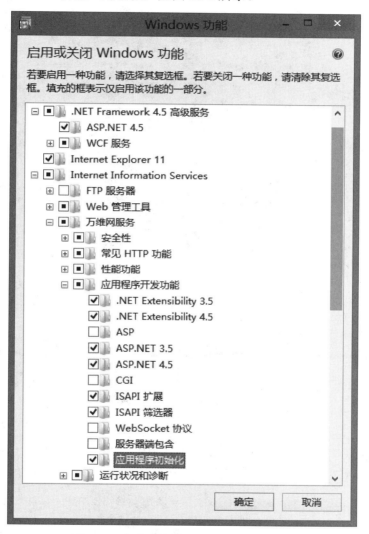

图 17-1　启动或关闭 Windows 功能界面图

参考图 17-1 的配置,在其中选择 "Internet Information Services" 及其内部的相关选项,点击 "确定" 按钮开始安装。

安装结束后,就可以通过 "控制面板" 的 "管理工具" 启动 "Internet Information Services (IIS)管理器",如图 17-2 所示。

可以看到,在管理界面中有大量的功能可用使用。在左侧树形结构中点击 "网站",右侧操作区就会出现 "添加网站" 和 "设置网站默认设置" 链接。IIS 管理器功能描述如表

17-2 所示。

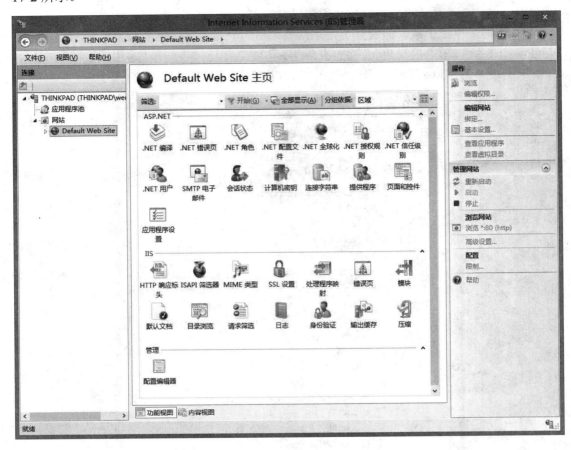

图 17-2　IIS 管理器界面图

表 17-2　IIS 网站管理功能说明表

功能名称	说　　明
添加网站	点击可进入"添加网站"对话框。从该对话框中，可以添加使用 HTTP 或 HTTPS 协议的新网站
设置网站默认设置	点击可进入"网站默认设置"对话框，在此可以设置适用于添加到 IIS 的所有网站的默认值

通过"添加网站"功能，我们可以设置网站的一系列信息，如图 17-3 所示。

使用"添加网站"对话框可以向 Web 服务器添加网站，这里我们添加了"DBProject"网站，其中端口号、IP 地址和一个或多个可选主机名构成了网站的绑定信息。

在图 17-3 中，我们可以看到有对话框提示：80 端口已经指定给另一个网站。实际上，IIS 安装之后就会自动生成一个缺省网站"Default Web Site"，该网站已经被设置了相应的端口、物理路径等信息。开发者可以选择修改这一网站的信息，将其指向要添加的网站，或者可以直接删除或停止它，使其不再工作即可。

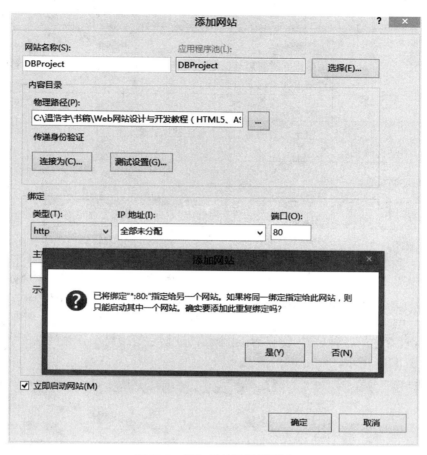

图 17-3　添加网站设置界面图

　　在左侧树形结构中点击选定一个网站后,右侧操作区将出现"浏览""编辑权限"和"绑定"等链接,其功能描述如表 17-3 所示。

表 17-3　网站操作功能说明表

功能名称	说　　　明
浏览(通过资源管理器中)	可以通过资源管理器打开网站的物理目录
编辑权限	打开映射到选定网站应用程序的虚拟目录的物理目录的 Windows "属性"对话框
绑定	打开"网站绑定"对话框,可以添加、编辑和删除网站的协议、IP 地址、端口、主机名等信息
基本设置	打开"编辑网站"对话框,可以编辑在创建选定网站时指定的物理路径等信息
查看应用程序	打开"应用程序"功能页,可以从中查看属于网站的应用程序
查看虚拟目录	打开"虚拟目录"功能页,可以在其中查看属于网站应用程序的虚拟目录

续表

功能名称	说　明
重新启动	停止并重新启动选定网站。重新启动网站将会使选定网站暂时不可用，直至重新启动完成为止
启动	启动选定网站
停止	停止选定网站。停止选定网站将会使选定网站不可用，直至网站启动为止
浏览(通过浏览器)	在浏览器中打开选定网站。如果网站有多个绑定，则会显示多个浏览链接
高级设置	打开"高级设置"对话框，可以从中配置选定网站的多种设置
限制	打开"编辑网站限制"对话框，可以为选定网站配置带宽和连接超时等限制

　　在系统开发过程中，我们已经在代码中设置了数据库的连接字符串。但 Web 系统配置到 IIS 服务器后，往往需要修改其连接字符串以符合 Web 服务器访问数据库服务器的权限要求。选择 "DBProject"网站后，点击进入"连接字符串"功能页，选择程序使用的连接字符串名，设置它的各种属性。保存后，这个新的连接字符串将配置在网站的"Web.config"文件中，如图 17-4 所示。

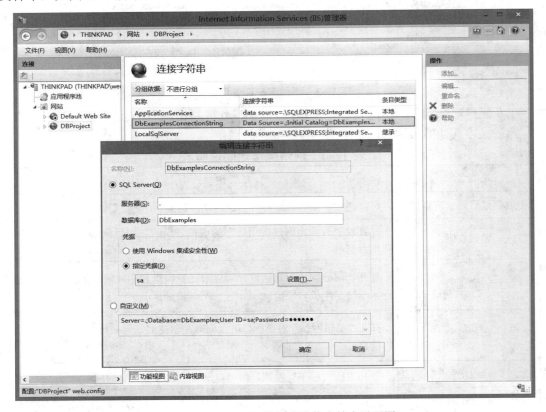

图 17-4　SQL Server 数据库连接字符串设置图

在图 17-4 中，使用"添加连接字符串"和"编辑连接字符串"对话框可以创建或编辑在连接到数据库的应用程序中使用的 SQL Server 或其他连接字符串。其中的元素和说明如表 17-4 所示。

表 17-4　SQL Server 数据库连接字符串元素及说明

元素名称	说　明
名称	为连接字符串键入一个名称，例如 StagingSqlServer。输入的名称应该与应用程序代码中引用的名称相同
服务器	安装数据库的服务器名称或 IP 地址
数据库	SQL Server 数据库的名称
凭据	定义用于连接数据库的安全凭据
使用 Windows 集成安全性	使应用程序能够使用建立在操作系统线程上的当前 Windows 标识来访问 SQL Server 数据库。集成安全性要求所有的应用程序用户都必须在同一个域中，这样他们的凭据便可用于 Web 服务器
指定凭据	使用 SQL Server 用户名和密码。当数据库服务器和 Web 服务器不在同一个计算机中时可以通过密码设置来建立凭据
设置	打开"设置凭据"对话框，可以从该对话框中配置用于连接到 SQL Server 数据库的用户名和密码
自定义	键入自定义数据库连接字符串

通过这一系列设置，网站便可部署到 IIS 服务器中，运行后可以接受浏览器的访问。

17.2　部署在云服务器中

17.2.1　虚拟主机

将网站部署在 IIS 服务器后，可以将服务器以宽带的方式接入互联网，以便网站用户访问该网站。作为对外提供信息服务的网站，应当具备高速的双向通道、固定的互联网 IP 地址以及 7×24 小时的稳定运行等条件，这对于小规模的网站来说成本太高。比较可行的解决方案是，在互联网中获取专业的虚拟主机服务，将网站的程序和数据库托管于该服务器中，通过服务的"共享"，达到降低成本、提高质量的目的。

虚拟主机也叫虚拟空间，通常是把一台运行在互联网上的物理服务器划分成多个"虚拟"的服务器，分别出租给不同的网站，从而充分利用服务器硬件资源。

虚拟主机技术主要应用于 HTTP(Hypertext Transfer Protocol，超文本传输协议)服务，将一台服务器的某项或者全部服务内容逻辑划分为多个服务单位，对外表现为多个服务器。对于网站管理者而言，在网站的配置、程序和数据库的部署方面，虚拟主机与实体服务器没有明显的差别。

虚拟主机技术极大地促进了网络技术的应用和普及，其主机的租用服务也成了"共享经济"的一种实现。

但随着互联网技术的发展，虚拟主机技术也显示出一些明显的缺点。虽然一台服务器上的不同虚拟主机是各自独立的，但一台服务器主机只能够支持一定数量的虚拟主机。超过这个数量时，用户就会感到性能急剧下降。某些虚拟主机网站访问速度过慢，这可能是由于主机提供商将一台主机出租给数量众多的网站，或者服务器配置等方面的原因所造成的。这种状况会对网站的正常访问产生不利影响，但网站自己又无法解决，于是基于云计算技术的云服务器就应运而生，它的出现为这一问题提供了较好的解决方案。

17.2.2　云服务器

云服务器是一种简单高效、安全可靠、处理能力可弹性伸缩的计算服务，与虚拟主机类似，其管理方式比物理服务器更简单方便。用户无需购买服务器硬件即可迅速创建或释放任意多台云服务器。云服务器可以帮助网站开发者快速构建更稳定、安全的应用，降低开发运维的难度和整体 IT 成本，使网站能够更专注于核心业务的创新。

云服务器所采用的虚拟化技术可以将大量(比如 1000 台以上)服务器集群虚拟为多个性能可配的虚拟机(Kernel-based Virtual Machine，KVM)，并对整个集群系统中所有 KVM 进行监控和管理，然后根据实际资源使用情况灵活分配和调度资源池，为租用云服务器的网站提供软硬件运行环境。

云服务器具有高密度(High-density)、低能耗(Energy-saving)、易管理(Reorganization)、系统优化(Optimization)等优点，已经代替虚拟主机而成为提供网站建设的主要服务模式。

目前，国内已有多家公司提供云服务器的业务，包括"阿里云"等。选择租用云服务器时，除了需要考虑带宽、容量和价格外，还需要特别注意该服务器所支持的软件类型，比如操作系统(Windows 或 Linux)、Web 服务器(IIS 或 Apache)。即使是支持 ASP.NET 的 IIS，也要检查该 Web 服务器的版本与网站是否匹配。

17.2.3　网站域名的申请

域名(Domain Name)是由一串用点分隔的名字组成的互联网上某一台计算机或计算机组的名称，用于在数据传输时标识计算机的电子方位。通常，提供云服务器租用的服务提供商同时也提供域名的注册和管理。域名注册是互联网中用于解决地址对应问题的一种方法。域名注册遵循先申请先注册的原则，每个域名都是独一无二的。

国际域名也叫国际顶级域名(international top-level domain-names，简称 iTDs)，是使用最早也最广泛的域名。例如表示工商企业的 .com，表示网络提供商的 .net，表示非营利组织的 .org 等。国际域名及 IP 地址管理权威机构 ICANN(The Internet Corporation for Assigned Names and Numbers，互联网名称与数字地址分配机构)认证的域名注册服务商可以在全球范围提供二级域名注册服务。

国内域名是指.cn 顶级域名下的二级域名，由中国互联网络信息中心(China Internet Network Information Center，CNNIC)管理。国内二级域名包括 .gov.cn、.edu.cn、.com.cn 等。

域名的命名应该考虑到企业已有商标或企业名称、企业的业务范围、国际化等情况，同时域名还需简单易记。也可以为一个网站同时申请多个域名，比如在 .com 和 .net 一级域名下分别注册二级域名。

申请域名前要先寻找域名注册网站，以确保要申请的域名没有被申请过。查询和申请国内或国际域名都可以在国内的注册商网站中进行；查到想要注册的域名并且确认域名为可申请的状态后，可提交注册并缴纳年费；正式申请成功后，即可开始进入 DNS 解析管理、设置解析记录等操作。

域名注册后需要定期续费，否则会失去对域名的拥有权。

思 考 题

(1) 将开发的小型网站部署在本地的 IIS 服务器中，观察并控制 Web 服务器的运行状态。

(2) 在互联网中寻找合适的虚拟主机或云服务器，通过注册获取免费的试用期；将小型网站部署在虚拟主机或云服务器中，观察并控制 Web 服务器的运行状态。

第 18 章　其他网站开发技术及网站推广技术

任何教材都无法与网站开发技术的飞速发展相同步，本教材也不能例外。为了给读者提供进一步学习的思路，本章列举了一些重要的信息以供参考。其中包括在开发大型而复杂的网站时需要的基于 MVC 的设计框架，让开发者可以站在巨人的肩膀上；搜索引擎和 SEO 技术，可以帮助网站的开发者实现其商业目标；JSP 和 PHP 技术，帮助开发者了解一些重要的非 .NET 的网站开发技术，扩展开发思路。

18.1　基于 MVC 框架的 ASP.NET 网站开发

使用 ASP.NET 创建 Web 应用程序有三种编程模式可以选择，包括 Web Pages、Web Forms 和 MVC (模型/视图/控制器)。

Web Pages 是最简洁的 ASP.NET 网页开发编程模型，它提供了一种简单的方法将 HTML、CSS、JavaScript 以及服务器代码结合起来。Web Pages 的开发方式类似于传统 ASP，但更加易于学习、阅读和使用。Web Pages 围绕单一网页进行构建，使用 VB.NET 或 C#作为服务器脚本语言。Web Pages 通过可编程的 Web Helpers 进行扩展，可以开发数据库、视频、图像、社交网络等 Web 应用程序。

Web Forms 是最为常用的 ASP.NET 编程模型，它将 HTML、服务器控件和逻辑代码通过事件驱动的方式组合起来。Web Forms 的代码在服务器端编译和运行，运行所产生的 HTML 文档会显示在浏览器上。Web Forms 的优势是开发过程的可视化程度最高，并且有众多的服务器端控件可供使用，可以开发出复杂的 Web 应用程序。本书主要讨论基于 Web Forms 编程模式的 ASP.NET Web 应用程序的开发。

MVC 是用于构建应用程序的一种框架，MVC 模型通过模型、视图和控制器来定义 Web 应用程序。模型(Model)是应用程序的核心，包含业务对象和相关逻辑，通常模型对象在数据库中存取数据；视图(View)负责数据的显示；控制器(Controller)从视图读取数据、控制用户输入，并向模型发送数据。MVC 的这种拆分有助于开发者管理复杂的应用程序，比如可以在不依赖业务逻辑的情况下对视图进行设计，同时也简化了分组开发的流程，使不同的开发人员可以分别开发视图、控制器逻辑和业务逻辑。

MVC 设计模式的典型流程为：控制器对象(Controller)接收到用户的请求后会分析用户的请求，并调用某个模型对象(Model)来处理该请求；模型对象会根据请求去调用系统当中相关的业务逻辑，在对该请求处理完毕之后系统能够自动返回相对应的数据；最后，控制器对象会选择合适的视图对象并通过视图对象将数据显示给用户,具体流程如图18-1所示。

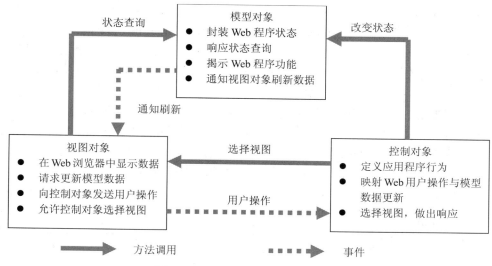

图 18-1　MVC 设计模式的典型流程

MVC 非常符合软件工程化管理的需求，不同的层各司其职，每一层的组件都具有相同的特征，有利于通过工程化和工具化产生管理程序代码。

18.2　JSP 技术介绍

JSP(Java Server Pages)是由 SunMicrosystems 公司倡导、众多公司参与一起建立的一种动态网页技术标准。JSP 技术类似于微软公司的 ASP(Active Server Page)技术，是将小段的 Java 程序代码(Scriptlet)和 JSP 标签插入 HTML 文件中，形成在服务器端运行的 JSP 文件(通常扩展名为.jsp)。

由于 JSP 技术是基于 Java 语言的，因此它拥有 Java 语言的跨平台性、面向对象等特性。JSP 可以使用 Java API，并且可以在不同的操作系统中运行，可以达到"一次编写，到处运行"的目标。JSP 使用 JDBC 技术操作数据库，从而避免了代码移植导致更换数据库时的代码修改问题。JSP 开发人员通常使用 HTML 语言来设计和格式化静态页面的内容，而使用 JSP 标签和 Java 代码片段来实现动态部分，从而有效地将业务代码从视图层分离，提高系统的开发和维护效率。JSP 可以利用面向对象特性，使用 JavaBean 来封装业务处理代码，并且 JSP 页面甚至整个项目都可以复用 JavaBean。在用户第一次通过浏览器访问 JSP 页面时，服务器将对 JSP 页面代码进行编译，编译好的代码将被保存以供其他用户访问，从而大大提升了 Web 系统的响应速度。

在学习 JSP 的时候，通常会先学习基于 Java 的 Servlet 技术。与 CGI 程序类似，Servlet 程序也是一种 Web 服务器端的应用程序，可以根据用户的需求动态生成 Web 页面。Servlet 程序由 Java 语言开发，由 Web 服务器进行加载，并在服务器端的 Java 虚拟机中运行。

在大量用户访问的 Web 服务器上，Servlet 的优点表现在它的执行速度快于 CGI 程序。每个用户请求都会被激活成一个线程而非单独的进程，这意味着服务器端处理请求的系统开销将明显降低。

Servlet 使用 out 对象的 println( )方法输出 HTML 代码，这种方式不仅繁琐、工作量大而且容易出错。为此 Sun 公司在 Java 语言的基础上开发出了 JSP，用于简化 Web 开发人员的工作。JSP 和 Servlet 的本质是一样的，JSP 最终必须编译成 Servlet 才能运行。JSP 比较简单，它的特点是在 HTML 页面中嵌入 Java 代码片段，或使用各种 JSP 标签，包括用户自定义的标签，从而可以动态地提供页面内容。

为了学习方便，我们在表 18-1 中将基于 ASP.NET 和基于 Java 的网站开发技术进行类比，帮助开发者学习多种开发工具和平台时提高效率。需要注意的是：这种类比并不是完全地一一对应，也不能简单地理解为语言之间的区别。

表 18-1　基于 .NET 和基于 Java 的网站开发技术的对比

技　术	Java 平台	ASP.NET 平台
开发集成环境	Eclipse 等	Visual Studio
运行环境	Java 虚拟机	通用语言运行库
类库	Java 类库	.NET 框架类库
Web 表现层开发	JSP	ASP.NET
数据层开发	JDBC	ADO.NET

18.3　PHP 技术介绍

PHP(Hypertext Preprocessor，超文本预处理器)是一种通用开源脚本语言，于 1994 年由 PHP 之父拉斯姆斯·勒多夫创建，刚刚开始是拉斯姆斯·勒多夫为了维护个人网页而制作的一个简单的用 Perl 语言编写的程序，后来又用 C 语言重新编写，并可以访问数据库。1995 年，拉斯姆斯·勒多夫发布了 Personal Home Page Tools (PHP Tools)，该版本提供了访客留言本、访客计数器等简单的功能。在新的开发成员加入开发行列之后，拉斯姆斯·勒多夫将 PHP/FI 公开发布，并把这个发布的版本命名为 PHP 2。这个版本包含类似 Perl 的变量命名方式、表单处理功能以及嵌入到 HTML 中执行的能力，程序语法上也类似 Perl，有较多的限制，不过更简单、更有弹性。PHP/FI 加入了对 MySQL 的支持，从此建立了 PHP 在动态网页开发上的地位。1998 年，拉斯姆斯·勒多夫发布了 PHP 3，其中包括由 PHP 创始人之一齐夫·苏拉斯基和安迪·古特曼斯重写的 PHP 剖析器。齐夫·苏拉斯基和安迪·古特曼斯在 PHP 3 发布后开始改写 PHP 的核心，并在 1999 年发布了名为 Zend Engine 的剖析器。2000 年，以 Zend Engine 1.0 为基础的 PHP 4 正式发布，2004 年发布了 PHP 5，PHP 5 则使用了第二代的 Zend Engine。

PHP 的主要特性包括：
- 开放的源代码：所有的 PHP 源代码事实上都可以得到。
- PHP 是免费的：和其他技术相比，PHP 本身免费。
- PHP 的快捷性：程序开发快，运行快，技术本身学习快。PHP 可以被嵌入于 HTML 语言。相对于其他语言，PHP 编辑简单，实用性强，更适合初学者。

- 跨平台性强：由于 PHP 是运行在服务器端的脚本，可以运行在 UNIX、LINUX、WINDOWS 下。
- 效率高：PHP 消耗的系统资源相当少。
- 图像处理：用 PHP 动态创建图像。
- 面向对象：在 PHP 4 和 PHP 5 中，面向对象方面都有了很大的改进，现在 PHP 完全可以用来开发大型商业程序。

为了学习方便，我们在表 18-2 中将基于 PHP 和基于 ASP.NET 的网站开发技术进行类比，帮助开发者学习多种开发工具和平台时提高效率。需要注意的是：这种类比并不是完全地一一对应，也不能简单地理解为语言之间的区别。

表 18-2　基于 .NET 和基于 Java 的网站开发技术的对比

技　术	PHP 平台	ASP.NET 平台
开发集成环境	Zend Studio、PHPDesinger 等	Visual Studio
运行环境	多种平台	通用语言运行库
类库	Zend、ThinkPHP 等	.NET 框架类库
Web 表现层开发	PHP 语言	ASP.NET
数据层开发	通过类库访问 MySQL、ODBC 等	ADO.NET

18.4　搜索引擎与网站推广技术

18.4.1　搜索引擎的工作原理

搜索引擎(Search Engine)根据站点的内容提取各网站的信息，并分门别类地建立自己的数据库，向用户提供查询服务。每个引擎的工作原理都不同，有的是根据页面内容，有的是按页面标题，有的是按 Meta 制来分，还有的是将这些方法综合起来运用。

搜索引擎的工作包括如下三个过程：一是在互联网中发现、搜集网页信息；二是对所搜集的信息进行提取和组织，并建立索引库；三是由检索程序根据用户输入的查询关键词，在索引库中快速检出相关文档，进行文档与查询内容的相关度比较，对检出的结果进行排序，并将查询结果返回给用户。前两个过程是后台系统的主要工作，第三个过程则面向搜索用户。

在目前数量众多的搜索引擎中，根据其技术原理，可以将其分成三大主要类型：基于 robot 的搜索引擎、目录索引型(directory，也叫做 catalog)搜索引擎和基于元(Meta)的搜索引擎。

1. 基于 robot 的搜索引擎

这种搜索引擎利用一个称为 robot(也叫做 spider、Web Crawler 或 Web Wanderer)的程序自动访问 Web 站点并提取站点上的网页，然后将 robot 搜集的网页加入到搜索引擎的数据库中，供用户查询使用。基于 robot 的搜索引擎一般要定期访问以前搜集的网页，刷新索引数据库，以反映出网页的更新情况。

2. 目录索引型搜索引擎

目录索引型与基于 robot 的搜索引擎所不同的是，目录索引型的索引数据库是依靠编辑人员建立起来的，这些编辑人员在访问了某个 Web 站点后根据一套自定的评判标准及主观印象撰写出对该站点的描述，并根据站点的内容和性质将其归为一个预先分好的类别，分门别类地存放在相应的目录中。用户在查询时，可以通过关键词搜索，也可以按分类目录逐层检索。由于目录索引型的索引数据库是依靠人工来评价一个网站的内容，因此用户从目录搜索得到的结果往往比从基于 robot 的搜索引擎得到的结果更具参考价值。事实上，现在很多搜索站点都同时提供有目录和基于 robot 的搜索服务，以便尽可能地为用户提供全面的查询结果。

3. 基于 Meta 的搜索引擎

元搜索引擎(Meta Search Engine)是将用户提交的检索请求送到多个独立的搜索引擎上去搜索，并将检索结果集中统一处理，以统一的格式提供给用户，因此有搜索引擎之上的搜索引擎之称。它的主要精力放在提高搜索速度、智能化处理搜索结果、个性搜索功能的设置和用户检索界面的友好性上，查全率和查准率都比较高。其特点是本身并没有存放网页信息的数据库，当用户查询一个关键词时，它把用户的查询请求转换成其他搜索引擎能够接受的命令格式，并行地访问数个搜索引擎来查询这个关键词，并把这些搜索引擎返回的结果经过处理后再返回给用户。

18.4.2　搜索引擎的发展趋势

搜索引擎经过多年的发展，功能越来越强大，为用户提供的服务也越来越全面，查询结果更精确，其发展的趋势是更加人性化、个性化和智能化。搜索引擎提供的主要服务和发展趋势包括以下几个方面：

1. 自然语言搜索技术

以自然语言理解技术为基础的新一代搜索引擎称之为智能搜索引擎。由于它将信息检索从目前基于关键词层面提高到基于知识(或概念)层面，对知识有一定的理解与处理能力，因此能够实现分词技术、同义词技术、概念搜索、短语识别以及机器翻译技术等。这种搜索引擎具有信息服务的智能化、人性化特征，允许检索人员采用自然语言进行信息的检索，并提供更方便、更确切的搜索服务。

2. 目录与 robot 搜索相结合

由于目录和基于 robot 的搜索引擎有各自的特点，因此很多搜索站点都同时提供这两种类型的服务。

3. 智能化搜索

传统的搜索引擎是被动搜索，未来的搜索引擎则可利用智能代理技术进行主动信息检索。能够通过对用户的查询计划、意图、兴趣方向进行推理、预测并为用户提供有效的检索结果是这种系统的支柱技术。它使用自动获得的知识进行信息搜集过滤，并自动地将用户感兴趣的信息通过电子邮件或其他方式提交给用户。研究智能检索系统已是形势所迫，并成为很多人关注的焦点。

4. 多媒体搜索

随着互联网宽带技术的发展，未来的互联网是多媒体数据的时代。开发出可查寻图像、声音、图片和电影的搜索引擎是一个新的方向。它包括基于描述的多媒体检索和基于内容的多媒体检索。基于描述的多媒体检索就是用一个关键词来描述所要查找的图片或音乐；基于内容的多媒体检索就是用一些视觉特征来查找多媒体信息，这些视觉特征包括颜色、形状、纹理等。

5. 本地化搜索

本地化是一个比较明显的发展趋势。世界上许多著名的搜索引擎都在美国，它们以英语为基础，按英文的思维方式和观点搜集和检索资料，这对于全球不同国家的用户来说显然是不适合的。各国的文化传统、思维方式和生活习惯不同，在对网站内容的搜索要求上也就存在差异。随着互联网在全球的迅速普及，综合性的搜索引擎已经不能满足很多非美国网民的信息需求。搜索结果要符合当地用户的要求，搜索引擎就必须本地化，百度搜索就是成功的中文搜索引擎。

18.4.3　常用搜索引擎简介

随着互联网的发展，新型搜索引擎技术和搜索引擎公司不断产生，有力地推动了互联网的繁荣发展。以下是在互联网中具有很大影响力的搜索引擎：

1. Google 搜索引擎(www.google.com)

1998 年 9 月，美国斯坦福大学的两名研究生拉里·佩吉和谢尔盖·布林开始测试他们设计的 Google 搜索引擎。不到 3 年时间，这一网站已在全球范围内拥有了一个快速增长的忠实用户群。目前，每天都有 7000 万以上用户登录 Google 网上搜索引擎。Google 每天处理的搜索超过 1.5 亿次。Google 目前可检索的网络页面数量达 13.27 亿个。

2. 百度搜索引擎(www.baidu.com)

百度于 1999 年底成立于美国硅谷，其创建者是在美国硅谷有多年经验的李彦宏和徐勇。2000 年百度公司回国发展，目前是全球最优秀的中文信息检索与传递技术供应商之一。百度搜索引擎由蜘蛛程序、监控程序、索引数据库、检索程序四部分组成。搜索引擎使用了高性能的"网络蜘蛛"程序自动地在互联网中搜索信息，搜索范围涵盖中国大陆、中国香港、中国台湾、中国澳门、新加坡等华语地区以及北美、欧洲的部分站点。百度搜索引擎拥有目前世界上最大的中文信息库，总量达到 6000 万页以上。

3. 雅虎搜索引擎(www.yahoo.com)

雅虎在全球共有 24 个网站，12 种语言版本，其中雅虎中国网站于 1999 年 9 月正式开通，它是雅虎在全球的第 20 个网站。它为用户提供了强大的搜索功能，通过其 14 类简单易用、手工分类的简体中文网站目录及强大的搜索引擎，用户可以轻松搜索到政治、经济、文化、科技、房地产、教育、艺术、娱乐、体育等各方面的信息。

18.4.4 搜索引擎的优化——SEO

随着搜索引擎在网络上的地位日渐重要，搜索引擎营销(Search Engine Marketing)的概念也因此应运而生。搜索引擎营销一般也称为搜索引擎最优化 SEO(Search Engine Optimization)，主要是指使网站在搜索引擎上，尤其在一些重要关键字的搜寻结果上有比较好的排名，以便更容易让网络用户点击进入网站浏览内容。

不同的搜索引擎有不同的搜索引擎排名标准，所以即使一个网站在 Google 排名中为前 10 名，也不一定代表该网站也能在百度搜索引擎、雅虎搜索引擎或者搜狐搜索引擎的排名中也在前十位。尽管如此，各大搜索引擎排名还是有一定规则可循的，这些因素包括：

• 关键词与网页内容的匹配度。如果你的网页关键词匹配度较高的话，那么它在各大搜索引擎排名中就会靠前。

• 外部关联连接的数量，也就是说有多少个网站链接到你的网站上。一般说来，外部链接数量越多，就说明你的网站越重要。

• 内部关联连接，即具有很好的导航结构。

在网页设计中使用 Meta 标记可以为搜索引擎提供准确的关键词信息：

```
<meta name="keyword" contents="关键词一, 关键词二, 关键词三, ...">
```

阐明整个网站的关键词，关键词间用逗点隔开，总长度最好不要超过 1000 个 Character (约 44 个字)。

```
<meta name="description"contents="整个网站的描述…">
```

阐明整个网站吸引人的地方，可用逗点隔开，总长度最好不要超过 200 个 Character (约 15 个字) 。

```
<meta name="robots"content="ALL, NONE, INDEX, NOINDEX, FOLLOW, NOFOLLOW">
```

此功能是要给搜寻引擎使用的，是要用来告诉 robot 哪些网页是要去撷取的或不用去撷取的，一般都设定成 All(默认值)。

下面的 HTML 代码是一个"轮胎"领域的网站所做的网页关键词设置：

```
<TITLE>中国轮胎网-是中国首家提供橡胶轮胎信息查询服务的网站</TITLE>
……
<meta name="description" content="轮胎/轮胎企业大全/轮胎产品大全橡胶/">
<meta name="keywords" content="轮胎，轮胎进出口，…助剂">
```

除了通过调整页面和网站的内容结构来提高网站在搜索引擎中的排名外，还可以通过购买关键词来达到推广网站的目的。关键词购买的方式在各搜索引擎中都有详细的描述，这里不再赘述，但需要注意的是，关键词的选取和组合也需要认真进行设计和计算。

网站开展 SEO 工作需要对网络、网站、信息检索、文案编辑等专业的了解，并通过对网站或网页的内容结构进行设计或调整，以符合搜索引擎友好性的原则。但是也有网站的管理者以一些旁门左道的方法企图蒙骗搜索引擎，以达到提高搜寻结果排名的目的。然而，这些伎俩或许短时间内可以骗取搜索引擎的青睐，但是搜索引擎也是在不断进步以防范各种欺瞒方法的。一旦发现网站有欺骗搜索引擎的行为(Search Engine Spam)，那么该网站就会被列为黑名单，任何搜寻结果都不会出现该网站的链接。

思　考　题

(1) 对比 ASP.NET、JSP 与 PHP 的特点。

(2) 简述搜索引擎的工作原理。

(3) 简述搜索引擎优化(SEO)的主要方法。